한국 교회의 위기와 하나님 나라(天國)

서우재 지음

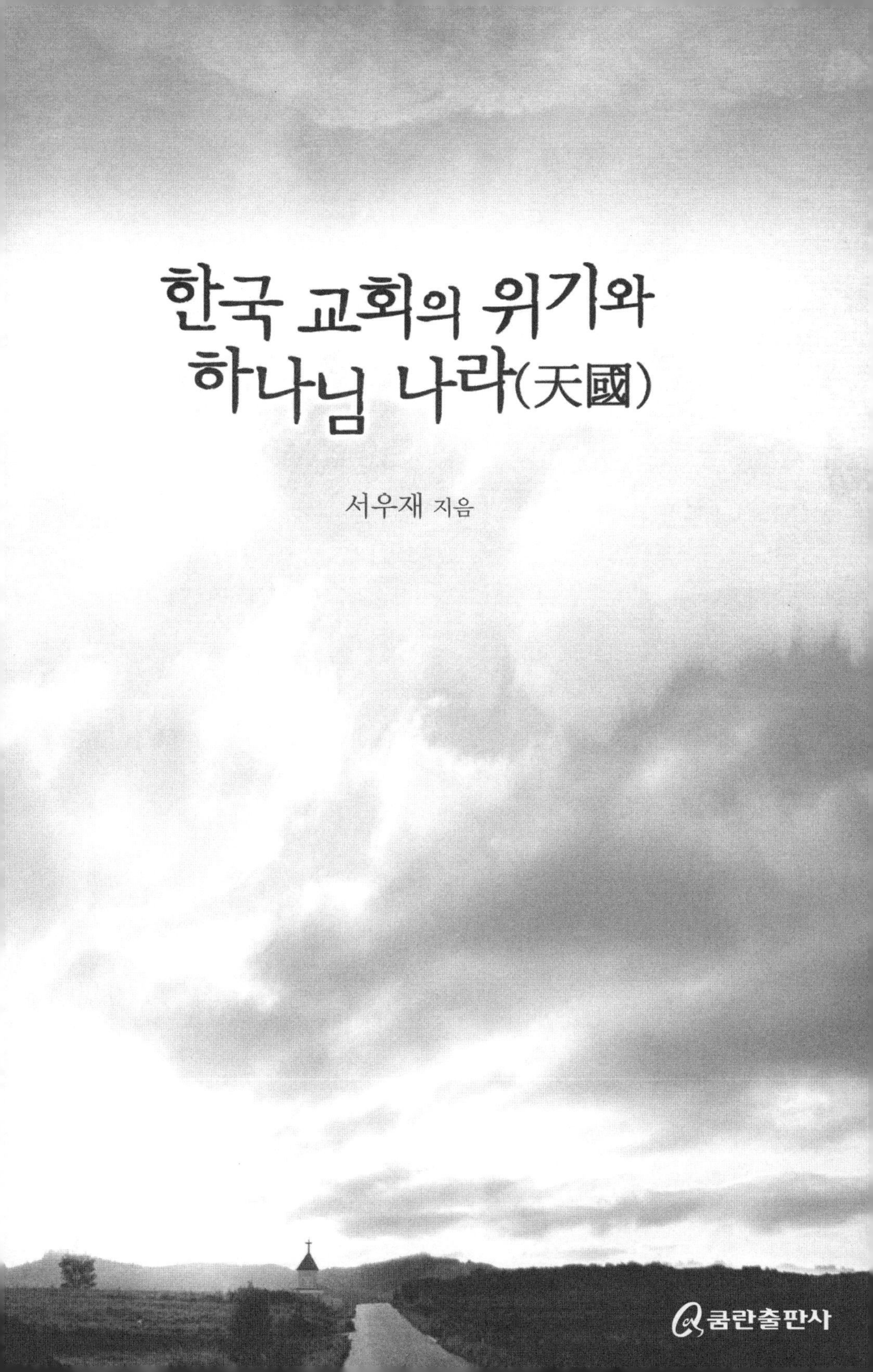

쿰란출판사

▌책을 내면서 ▌

저는 몇 년 전부터 새벽이면 새벽기도 후에 조용히 묵상으로 기도하며 하나님을 만나고 있습니다. 묵상할 때마다 하나님이 우리 한국교회와 주의 종들에게 주시는 세미한 영감을 내 나름으로 정리하여 적어 왔습니다. 그것을 모아 읽어보니 다 같이 읽고 싶은 마음이 생겼습니다.

몇 년 전에, 원고는 거의 완성했지만 차마 모든 사람에게 책으로 보인다고 생각하니 너무 부끄러웠고 겁도 났습니다. 저는 성공한 목사도 아니고 큰 교회 목사도 아니며, 그렇다고 이름난 목사도 아닙니다. 가장 작은 목사가 이런 거창한 제목으로 책을 낸다는 사실이 더 겁났던 것입니다.

그래서 시간이 흐른 뒤인, 이번에 출간을 하게 되어, 깊이 감사드립니다. 하나님이 이 책을 쓰게 하신 뜻이 분명히 있다고 믿습니다. 많은 성도들이 읽지 않더라도 뜻있는 성도들과 목회자들이 읽고 작은 감동이라도 받는다면 감사하겠습니다. 특히 작은 교회를 개척하여 눈물로 기도하시고 목회하는 목사님들과 사모님들, 또 농어촌교회에서 몇 명의 성도들 앞에서 설교하시는 목회자들과 사모님들이 이 글을 통해 작은 힘이라도 얻길 바랍니다.

한편으로는, 낮고 작은 곳에서 몸과 마음을 바치며 이름도 없이 빛도 없이 예수님을 따르는 분들의 소리를 듣고 싶었습니다. 온통 세상은 성공한 사람의 소리와 인기 있고 유명한 사람들의 소리만 들리는 것 같았기 때문입니다. 그래서 제 소망을 작은 소리지만 이 책에 담았습니다. 이 책도 부족하고 미완성이기 때문에 너무 부끄럽습니다.

모세가 왕자로 높은 곳에서 군림하고 호령할 때는 하나님을 만나지 못했습니다. 40년간 목동으로 양을 치며 낮아지고 외로운 세월을 보낼 때, 비로소 참 자신을 알았습니다. 자기의 부족함과 교만을 알아 철저히 자기를 낮출 때 하나님은 그를 만나 주셨습니다.

지금도 하나님은 이런 모세를 찾으시지만 모든 사람들은 애굽의 왕자 모세만을 흠모하고 따라가는 것 같습니다. 영성보다는 성공과 성장, 섬기는 것보다는 이름과 영광을 추구하는 우리에게는 영성이라는 말은 너무 먼 것 같습니다. 한국 교회 성도들도 영성의 목사보다는 빨리 부흥시키고 성장시키는, 능력 있고 인기 있는 목사들을 더 좋아하는 것 같습니다.

한국 교회가 부끄러운 일을 당하는 것을 보고도 사람들은 우선 교회가 부흥하고 성장하는 가시적인 것을 더 좋아합니다. 다른 종교는 영성에 대해 얼마나 많은 관심을 가지고 많은 투자를 하는지 모릅니다. 서점에 가보면 다른 종교계에서는 영성에 대한 책들이 쏟아져 나오고 있습니다.

그러나 우리 기독교만은 서점에서 영성을 다루는 책을 구하기가 쉽지 않았습니다. 이 책을 통하여 영성과 하나님 나라[天國]에 대한 관심과 연구가 더 많아지기를 기원합니다.

오랫동안 많은 책과 설교 테이프를 통하여, 요사이는 인터넷으로 아침 묵상 시간에 은혜를 받게 도와주신 김진홍 목사님께 감사를 드립니다. 그리고 모새골에서 짧은 3박 4일이었지만 묵상으로 영성에 눈을 뜨게 해 주신 임영수 목사님께도 감사드립니다. 지금까지 저를 지도해 주시고 도와주신 부산남노회 여러 목사님들과 장로님들께도 진심으로 감사드립니다. 그 사랑과 도움은 잊지 않을 것입니다. 특히 고은태 목사님, 장기진 목사님, 그리고 정성훈 목사님께는 사랑의 빚을 많이 지고 있습니다.

또한 한 번도 동문회에 참석하지 못했는데도 늘 소식을 전해 주고 기도해 주신 장신대 신대원 72기 동문들에게 미안하고 또 감사합니다.

이 책이 나올 수 있도록 힘과 용기를 주신 애광교회 안진환 장로님과 나의 사랑하는 친구 오영서 장로님께 감사드립니다. 미국에서 동생을 위해 기도해 주시고 관심을 가져 주신 권오경 원로목사님과 동생 권오복 장로님에게도 감사드립니다.

또 신학교 때부터 저를 동생같이 사랑해 주시고 지도해 주신 대구 봉무교회 원로 김용길 목사님과 사모님께 특별히 감사드립니다.

무엇보다 지금까지 저와 함께 작은 교회를 함께 울고 함께 웃으며 주님의 몸 된 교회를 섬겨 온 사랑하는 부산 사직교회 성도님들에게 너무 고맙고 감사합니다. 그 사랑은 천국에 가서도 잊지 않을 것입니다. 마지막으로 무능한 남편과 아버지였지만 옆에서 말없이 항상 함께한 사랑하는 아내와 아들딸들, 진심으로 고맙고 감사합니다.

이 글을 읽는 독자들에게도 다시 한번 저의 부족함을 용서하면서 읽어주시길 부탁드리면서 은혜 받았으면 하는 마음으로 감사의 말씀을 드립니다.

2012년 8월 30일

서우재 목사

▌차례▐

제2부 영성으로 가는 길

제3부 영성의 말씀

▌서론 ▌

지금 한국 교회는 큰 위기라 생각합니다. 실제로 한국 교회의 위기는 생각보다 훨씬 심각합니다. 그런데 아직도 그것을 깨닫지 못하는 사람들이 있다는 사실이 참으로 안타깝습니다. 남의 탓, 세상의 탓, 다른 종교나 언론의 탓으로만 돌리는 사람들이 있는 것을 보면 가슴이 답답할 때가 많습니다.

시간이 지나가면 괜찮을 거라고 생각하는 사람들도 있습니다만 이런 생각은 큰 오산입니다. 이럴 때 우리 지도자들과 성도들이 어떤 마음과 자세로 나아가야 할지에 대한 깊은 회개와 고민이 있어야 한다고 생각합니다. 교회의 비리와 부정적인 기사를 볼 때마다 마음이 너무 아픕니다.

이때 우리가 어떤 자세로 이런 위기를 대처하고 나아가야 하는지 깊이 기도해야 할 것입니다. 이런 위기가 왜 왔는지 우리가 바로 알아 회개하고 고치며 반성한다면 더 나은 교회로, 하나님이 원하는 교회로 나아갈 수 있습니다. 그러나 아직도 교회를 죽이려고 하는 것이라고 남의 탓만 하고, 우리가 하던 식만 계속 고집한다면 한국 교회가 이 사회와 이 나라에서 설 곳을 잃어버리고 말 것입니다.

여러 가지 원인이 있지만 가장 큰 원인은 한국 교회 안에서 찾아야 하고, 우리 지도자들과 성도들 안에서 찾아야 한다고 생각합니다. 우리 성도들의 신앙 안에 외향적이고 과시하고자 하는 마음이 너무 많지 않았나 생각합니다. 즉, 내적인 영성과 성숙함이 부족했다고 생각합니다. 외적으로는 많은 부흥과 발전이 있었지만, 우리 성도들의 내적인 성숙과 허약한 영성으로 인해 이런 위기가 닥쳤다고 믿습니다.

한국 교회의 위기는 목회자들의 영적 위기요, 성도들의 영적 위기라고 할 수 있습니다. 이런 위기를 잘 깨달아 바르게 대처한다면 더 크게 발전하고 성숙하는 계기가 될 것입니다. 위기는 기회라는 말이 있습니다. 지금 한국 교회는 영성 중심으로 가는 좋은 기회라고 믿습니다. 이런 때 우리가 정신을 차린다면 더 나은 한국 교회를 만들 수 있는 절호의 찬스입니다.

목회하면서 우리 성도들의 속마음이 변화된 모습을 보이지 않는 경우에 실망할 때가 참으로 많았습니다. 목회는 교인들이 예수님을 믿고 예수님을 닮아 변화되는 것이라고 생각합니다. 주일도 잘 지키고, 설교도 잘 듣고, 기도도 잘하는데, 사람이 변화되지 않은 것은 큰 문제라고 생각합니다.

예수님은 이 땅에 오신 목적이 인간의 생명 구원이었습니다. 그리고 사람이 거듭날 때 참된 구원의 역사가 일어난다고 하였습니다. 어떻게 하면 성도들의 겉과 속이 다 변하여 참된 그리스도인을 만들 수 있을까, 이것은 목회자들의 최대 관심사이며 기도 제목이라 할 수 있습니다. 게다가 이는 모든 한국 교회의 문제라고 생각합니다. 실제로 목회하면서 나 자신부터 깊이 성찰하며 기도해 보면, 내 영혼의 메마름, 그리고 예수님과 너무 다른 나를 발견하고 놀랄 때가 많았습니다.

성령님을 만나면 텅 빈 내 마음과 영혼이 채워지고, 율법적이고 외식적인 신앙이 은혜와 사랑의 신앙으로 변하는 것을 알게 됩니다. 하나님과의 만남이 이렇게 좋은 것을 이제야 알게 되었습니다. 영성은 하나님과의 만남에서 이루진다는 것을 깨닫게 되었습니다.

한국 교회의 위기는 영성의 부족에서 온 것입니다. 우리 성도들과 한국 교회가 잃어버린 영성을 다시 회복한다면 지금까지 추락한 한국 교회가 한 단계 더 성숙한 모습이 될 것이라 확신합니다. 한국 교회의 위기는 목회자들과 성도들을 위해 하나님이 주신 연단과 기회입니다.

이런 위기를 통하여 하나님이 한국 교회를 얼마나 사랑하시는지를 깨달아야 합니다. 우리가 이때 새롭게 거듭난다면 하나님은 우리를 더 예쁘게 보실 것입니다. 이 위기에서 벗어나는 길을, 교회 밖이 아닌 교회 안에서, 나의 영혼 속에서 찾는다면 더 큰 기회와 축복의 길이 열릴 것입니다.

한국 교회의 위기가 영성으로 돌아오는 축복의 길에 서기를 기원합니다.

제1부 한국 교회의 위기

지금 한국 교회의 위기는 기독교 전체의 위기라고 할 수 있습니다. 작은 교회를 목회하는 목회자들은 실제로 이를 절실히 느끼고 있습니다. 큰 교회에서는 아직 그것을 잘 느끼지 못하지만 작은 교회는 지금 피부로 느끼고 있습니다. 이 위기가 앞으로 점점 큰 교회에까지 영향을 미칠 것은 당연할 것입니다.

따라서 작은 교회, 큰 교회 할 것 없이 목사나 성도들이 다 함께 생각하고 한마음으로 대처해야 합니다. 지나치게 교파만 따지거나 내 교회만 생각한다면 이 큰 위기를 이겨 나갈 길이 없습니다.

한국 교회의 위기를 잘 보여주는 예로 먼저 전도가 안 되는 것을 알 수 있습니다. 예수 믿으라고, 교회 나오라고 하면 너무 냉담한 반응입니다. 이전에도 전도가 어려웠지만 이렇게까지는 아니었습니다. 그런데 몇 년 전부터 모든 국민들의 반응이 더욱 싸늘해졌습니다. 교회에 대한 부정적인 면이 너무 많이 드러났고, 그것이 전도의 문을 막았기 때문입니다. 여기에는 언론과 여러 사회적인 이유도 많이 있습니다. 무엇이 이렇게 국민들이 교회를 외면하고 혐오하게 만들었을까요?

바로 우리가 그렇게 만들었습니다. 다른 사람이 아니라, 다른 종교나 언론이 만든 것이 아니라, 우리가 이렇게 만든 장본인이라는 것을 알아야 합니다.

그래서 저는 한국 교회의 위기를, 이제부터 여러 가지 원인으로 진단해 보았습니다.

1. 남을 정죄하고 좁은 마음을 가졌습니다

우리는 스스로를 선택받은 선민이고, 다른 종교나 신앙이 없는 사람들은 이방인, 하나님의 심판받을 사람으로 취급하였습니다. 우리는 예수님을 믿는 성도들입니다. 예수님의 사람은 남을 정죄하는 것이 아니라, 다른 사람들을 사랑하고 섬기는 대상으로 삼아야 할 것입니다. 우리는 지금까지 남을 너무 정죄하고 판단해 온 것이 아닌가, 깊이 생각해 볼 문제입니다.

바리새인들은 늘 부정적으로 남을 판단했습니다. 장애가 있는 이를 보아도 "저것은 누구 죄입니까?"라고 물었습니다.

그러나 우리 예수님은 그가 누구의 죄 때문이 아니라 하나님의 영광을 위해 장애인이 되었다고 대답하셨습니다. 예수님은 남을 정죄하신 것이 아니라, 모든 것을 사랑과 하나님의 영광으로 보셨습니다. 그런데 우리는 우리만이 하나님의 선택받은 사람이고 다른 모든 사람들은 선택받지 못하고 저주받은 사람들이라고 생각했습니다. 그들을 전도의 대상인 동시에 구원받아야 할 불쌍한 영혼들이라고만 생각해 온 것입니다.

이 세상을 사랑하사 십자가에서 죽으신 예수님은 모든 사람들을 위해서 죽으신 것입니다. 사람들을 미리 정죄하는 것은 우리의 조급한 생각입니다.

이런 조급한 생각 때문에 다른 사람들에게는 우리가 교만해 보였고, 남을 심판하는 종교를 믿는 사람으로 인식되었습니다. 구원은 하나님이 하시는 것이라고 하면서도, 우리가 구원자인 것처럼 남을 판단한 것은 반성해야 합니다. 우리는 세상과 사람들을 사랑해야 할 의무가 있지, 심판할 자격은 없습니다. 심판과 구원은 오직 우리 주 예수님만이 하실 수 있습니다.

우리도 죄를 짓고 잘못을 하면 하나님과 주님께 책망을 받을 것입니다. 우리는 이웃을 사랑하고 그들과 사랑을 나눌 동반자라는 사실을 잊어서는 안 됩니다. 하나님이 이 세상을 사랑하셨는데, 우리는 이 세상을 너무 정죄하였고 심판하고자 했습니다. 이를 깨닫고 반성하며 고쳐야 합니다. 물론 세상의 죄악과 종교를 따라가라는 말은 아닙니다. 이 세상 속에서 사람들과 함께 살고, 그들과 함께 복잡한 지구촌에서 동반자로 살아가야 한다는 말씀입니다.

죄는 미워하되 사람은 사랑하라는 말은 말처럼 쉬운 것이 아닙니다. 그러나 우리는 그렇게 해야 하나님의 사랑과 하나님 나라를 실현할 수 있습니다.

예수님은 네 이웃을 네 몸과 같이 사랑하라고 하셨습니다. 그 이웃은 모든 사람, 다른 종교를 가진 사람도 포함된다는 것을 알아야 할 것입니다. 교회에 다니는 사람만 내 이웃으로 생각하라는 말이 아닙니다. 종교가 없는 사람도 있고, 다른 종교를 가진 사람들도 많이 있습니다. 그런데 우리는 너무 골라가며 사랑해 온 것 같습니다.

이제 이런 마음을 버리고 모든 사람을 내 이웃으로 생각하고 우리의 친구로 만들어야 합니다. 이것이 최고의 율법이고 사랑이며, 전도법이라고 생각합니다. 그런데 우리는 기독교만이 구원이 있다고, 다른 종교는 구원도 없을 뿐만 아니라 우상으로만 생각하여 적대시하거나 공격의 대상으로 삼은 것이 아닌가 생각합니다. 이것이 세상 사람들에게는 기독교를 편협한 종교로 인식하게 만드는 요인이 되고 말았습니다.

우리는 예수님을 믿음으로 구원을 얻고 영생을 얻습니다. 그러나 다른 사람을 정죄하고 다른 종교를 공격할 자격까지도 우리가 가진 것처럼 생각해서는 안 됩니다.

우리는 예수님만이 길이요 진리요 생명이라는 것을 믿습니다. 그렇다고 다른 종교를 무시하거나 약점을 건드리는 것은 좋은 방법이 아닐 것입니다. 모든 심판과 평가는 하나님이 하십니다. 우리가 심판자가 되어서 남을 정죄하고 다른 종교를 심판하는 것은 조급한 마음에서 나온 것이 아닌가 생각합니다. 우리도 잘못하면 하나님의 심판을 피할 수 없다는 것을 알아야 합니다.

예수님만 믿으면 아무리 잘못하고 남을 정죄하여도 괜찮을 거라는 생각은 큰 잘못입니다. 예수님은 바리새인들을 책망하시면서 남을 정죄하지 말라고 하셨습니다. 남의 눈에 있는 티는 볼 줄 알면서 자기 눈에 있는 들보는 보지 못하는 그들을 책망하셨습니다. 우리는 그런 죄를 짓지 말아야 합니다. 자기들만이 구원이 있고 선택받은 민족이라 생각하며 교만했던 바리새인들에게, 이 돌들로도 아브라함의 자손을 만들 수 있다고 하셨습니다.

선한 사마리아인의 비유는 우리에게 큰 충격을 주었습니다. 참된 이웃은 제사장도 서기관도 아니라고 하셨습니다. 유대인들이 혐오하고 멸시하는 다문화인인 사마리아인이 참된 이웃이라고 하셨습니다. 즉, 행함이 없는 믿음은 죽은 믿음임을 가르쳐 주신 것입니다. 우리 또한 바리새인의 사고로는 절대로 이러한 예수님의 사랑과 은혜를 이해할 수 없을 것입니다.

우리 교회가 이 세상을 바라보는 눈이 달라져야 할 것입니다. 이 세상 사람들이 정죄의 대상이 아니라, 우리가 사랑하고 섬겨야 할 대상이란 사실을 깨닫고, 세상을 섬기시다가 십자가에서 죽으신 예수님을 본받아야 할 것입니다. 예수님은 "의인을 부르러 온 것이 아니라 죄인을 부르러 오셨다"고 말씀하셨습니다. 이 말씀을 다시 생각합시다.

지금까지 우리는 교회를 다니지 않는 사람을 하나의 전도의 표적, 정복해야 할 땅이라고 생각하며 살았습니다. 그들도 나의 이웃이요 나의 동반자라고 생각하지 못한 것이 우리의 잘못이었습니다. 더 나아가, 믿지 않으면 다 마귀에 속한 사람으로 생각하였습니다.

그렇게 그들을 구별하고 멀리한다면 어떻게 그들과 함께 살아가고 소통하며 전도할 수 있을까요? 우리끼리만 사랑하고 좋아한다면 어떻게 그들을 품고 전도할 수 있습니까? 전도하기 전에 먼저 그들과 소통하고 사랑으로 그들 속에 들어가야 하지 않겠습니까?

2. 목회자가 변해야 교회가 살고 나라가 삽니다

또 사람들이 교회를 외면하는 이유 중에 하나가, 국민들을 실망시킨 목회자들의 모습이 있습니다. 특히 큰 교회 목사들은 자기 교회뿐만 아니라 한국 교회의 얼굴이라고도 할 수 있습니다. 그런 목사들의 그릇된 말과 행동은 교인들만 실망시키는 것이 아니라 일반 국민들의 마음까지 아프게 하고 있다는 것을 알아야 합니다.

요사이 인터넷이나 언론에 나타난 목회자들의 부정적인 모습이 모든 국민들의 가정까지 배달되고 있습니다. 무리하게 자기 아들에게 교회를 물려주려고 하다가 어려움을 당하는 교회가 하나 둘이 아닙니다. 진정으로 아들을 사랑하는 것이 무엇인지 모르는 것 같습니다. 교회를 하나의 자기 기업으로 생각하는 인식부터가 성경과는 거리가 멉니다.

나를 따라오려거든 자기를 부인하고 자기 십자가를 지고 나를 따라오라고 하시고, 좁은 문으로 들어가라고 하신 주님의 말씀은 찾아볼 수 없게 되었습니다. 자기 아들과 사위를 편하고 넓은 길로 가라고 인도하는 목사들을 보면 예수님을 따라가는지, 아니면 재벌 회장의 길을 가는지 모를 정도입니다.

그런가 하면 은퇴하면서 교회에 너무 큰 돈을 요구하여 성도들의 마음을 아프게 하고 짐을 주는 목사들은 일반 사람들도 이해하지 못할 지경입니다. 교회는 예수님의 몸이라고 하면서 평생 교회를 섬겨 온 목사들이 어떻게 자기가 평생 섬기던 교회를 떠나면서 성도들의 마음을 아프게 하고 짐을 줄 수 있습니까.

요한복음 10장 11절에 보면, 선한 목자가 어떤 것인지 예수님은 말씀하고 계십니다. 선한 목자는 양을 위해서 목숨을 버리는 목자라고 하셨습니다. 그래서 예수님은 양을 위해서 십자가에서 죽으신 것입니다. 자기 하나 살기 위해 도망가지 않고, 사랑하는 양들을 위해서 자기의 목숨도 버리신 것이 선한 목자였던 예수님이셨습니다. 우리 목회자들도 선한 목자가 되어 성도들과 교회를 위해서 희생해야 합니다.

저는 이 말씀을 읽고 묵상하면서 깊이 회개하게 되었습니다. 내가 삯꾼 목자인지, 아니면 강도인지 말입니다. 이 말씀은 예수님이 우리 목회자들에게 주신 말씀이라 생각합니다. 모든 목사들은 선한 목자가 되어야 할 것입니다. 선한 목자는 양을 위해 목숨까지 버릴 각오와 마음이 있어야 합니다. 그래야 교회가 살고 나라가 살 것입니다.

목회자는 뭔가 세상의 사람들과는 다르다는 것이 일반 국민들의 생각입니다. 그런 신비롭고 거룩한 모습이 깨트려질 때 국민들은 교회에 대한 호감이 무너지고, 도리어 멀리하며 이전에 갖고 있던 마음이 혐오하는 마음으로 변할 것입니다.

지금 전도의 문을 막고 있는 것이 다른 사람이 아닌, 우리 교회의 지도자인 목회자들이라고 하면 너무 가슴이 아프지 않습니까. 우리가 천국의 길을 막고 있다면 이보다 더 큰 죄는 없을 것입니다. 바리새인들을 향하여 너희가 천국 문을 막고 있다고 책망하신 예수님의 말씀이 들리지 않습니까.

아내를 죽이는 목사가 없습니까. 자기 자식을 때리고 굶겨 죽이는 가짜 목사가 없습니까. 교회 공금을 수십 억 횡령하여 구속되는 목사가 없습니까. 어디 가서 목사라고 하기에 너무 부끄러운 일들이 터지는 것을 보면 얼굴을 들고 다니지 못할 지경까지 왔습니다.

이런 사건을 지켜보면서 국민들의 입에서는 정말 세상 말세라는 한탄이 나오고 있습니다. 나는 아니라고 하면 해결되겠습니까. 이 모든 책임은 우리 목회자들과 한국 교회가 져야 하지 않겠습니까. 우리의 책임이며 우리의 죄라는 사실을 깨달아야 할 것입니다. 앞으로 이런 사건이 또 얼마나 터질지 누가 알겠습니까. 많은 한국 교회 성도들이 신문이나 뉴스를 보면 마음이 조마조마할 것입니다. 또 무슨 사건이 터져서 한국 교회와 예수님의 얼굴에 욕을 보일지 말입니다.

예수님은 믿는 자들이 세상의 빛이고 소금이라 하셨습니다. 그런데 이런 지도자들이 세상의 소금과 빛이 아니라 도리어 어둠과 더러운 냄새를 내고 있으니 주님의 마음은 어떠실까요. 주님의 몸 된 교회를 욕되게 하고 주님의 영광을 더럽히는 사람이 어떻게 주의 종이라고 할 수 있습니까.

얼마 전에 한기총 회장이 부정 선거로 법원에서 직무 정지를 당하는 사건을 보았습니다. 아직도 정신을 못 차리고 서로 회장을 하려고 싸우는 모습은 참으로 한심하기 짝이 없었습니다.

회장이 무엇인지 그런 부정을 하고 싸우면서도 그 자리를 차지하려고 그렇게 추태를 보이고 한국 교회와 성도들을 욕보입니까. 그런 높은 자리에 있는 분들이 불법을 하여 직무가 정지되는 일은 한국 교회의 치부를 드러낸 사건이라고 봅니다. 그렇지 않아도 언론들은 한국 교회의 비난거리를 찾고 있는데 이런 추태를 보이고 있으니, 지금이 한국 교회의 최대 위기라고 할 수 있습니다.

한기총 회장 자리가 어떤 자리입니까. 높은 자리, 영광의 자리는 서로 차지하려고 야단입니다. 교단마다 총회장을 서로 하려고 얼마나 많은 돈을 뿌리고 부정을 합니까. 십자가의 자리였다면, 욕먹는 자리였다면 누가 돈을 뿌리고 그런 자리를 차지하려고 할까요. 다 피하고 도망하고 말았을 것입니다. 그러나 자기 이름을 내고 자기 영광을 위해서 법정에까지 가서 싸우는 것을 보면 말이 나오지도 않습니다. 주님을 위해서 자기를 희생할 사람은 없고 자신과 자기 교단을 위해 싸우는 것이 하나님의 종일까요.

그래서 이런 위기가 찾아온 것이 아닙니까? 아직도 이것이 얼마나 큰 죄인지 모르고 회개하지 않고 있다는 것이 큰 문제입니다.

이에 반해 다른 종교는 세상 사람들의 눈에 너무 좋게 비치고 있습니다. 천주교는 김수환 추기경의 죽음으로 그의 깨끗한 삶과 한국 사회에 끼친 영향력을 되새기며 신선한 감동을 주고 있습니다. 불교도 법정 스님의 죽음으로 무소유의 삶이 무엇인지 불자들만이 아니라, 모든 국민들이 큰 관심을 가지고 마음을 열게 하고 있습니다.

그런데 기독교의 지도자들이 욕심 때문에 서로 높은 자리에 앉으려고 싸우는 모습은 무엇이라고 표현할 수 있습니까. 예수님과는 너무 다른 모습의 목회자들을 보고 성도들과 국민들이 어떻게 생각하겠습니까. 지금 전도의 문을 지도자들이 스스로 막고 있다는 것을 깨달아야 합니다.

스님이 평생 자기 것 하나 없이 너무 청빈하게 살다 간 그 모습을 보고 사람들이 어떤 생각을 할까요. 그런데 우리는 우리 종교가 더 낫다고, 우리가 생명이 있는 종교라고 전도할 면목이 있을까요. 지금 교회 지도자들의 행태는 우리를 너무 슬프게 하고 있습니다. 한국 교회에 초를 뿌리는 사람은 다른 종교나 언론이 아니라, 우리 지도자들 자신이라는 것을 알아야 합니다.

저는 이런 때에 우리 교회가 이런 일들을 어떻게 받아들이고 헤쳐 나가야 하는지, 이 위기를 어떻게 이겨서 더 성숙한 단계로 나아가야 하는지 깊은 고민이 있어야 한다고 생각합니다. 이런 위기를 이기는 방법은 여러 가지가 있을 것입니다. 각 교회나 목사들마다 보는 관점이 다르고 해결 방법도 다양할 것입니다.

몇 해 전 광복절을 맞아 범교회적인 대규모 기도와 회개의 집회가 있었습니다. 시청 앞에서 100만 명이 모여 회개하고 기도하는 집회를 가졌습니다. 그때 시청 앞에서 수많은 성도들이 모여서 한마음으로 기도하고 회개했습니다. 단상의 목사들도 무릎을 꿇고 눈물로 회개하는 것을 보았습니다.

나는 그 집회를 보면서 착잡한 마음이 들었습니다. 이런 집회를 통해서라도 회개하고 반성하는 것은 다행이라고 생각합니다. 그러나 이것이 일회성 집회가 되지 않고 계속적인 회개 운동과 영성 운동이 되어야 한다고 생각합니다. 우리 교회가 이런 집회는 자주 하면서도 그것으로 끝나 버릴 때가 참 많다는 것이 아쉽습니다. 계속적으로 회개와 개혁 운동이 일어나야 합니다.

그리고 실천하는 지도자들이 나와야 할 것입니다. 회개의 열매가 하나 둘 나타나야 이런 위기를 이길 수 있다고 믿습니다. 저는 한국 교회의 위기가 지금 일어난 것이 아니고, 오래전부터 시작되었는데 이제야 드러나고 있는 것이라고 생각합니다. 어디서 이런 위기가 생겼는지, 왜 일어났는지, 어떻게 이 위기를 전화위복으로 바꿀 것인지 깊이 연구해서 각 교단과 교회마다 기도하며 실천해야 합니다. 목회자들이 먼저 영성을 회복하여 예수님과 같은 마음과 사랑으로 목회해야 이런 위기가 더 오래가지 않을 것입니다.

이름 없이 빛도 없이 감사하며 주님을 따라가려고 신학을 하고 목사 안수를 받았을 것입니다. 그런데 그런 마음은 어디 가고 이제 명예와 돈과 편한 길만 가려고 합니까. 이는 주님의 종이라고 할 수 없습니다. 목회자들이 먼저 자신을 돌아본 후에 깊이 회개하고 각성하지 않으면 한국 교회는 희망이 없습니다. 날마다 자신을 쳐서 주님께 복종하는 사도 바울 같은 목회자들이 되어야 이런 위기에서 벗어날 수 있습니다.

저는 이런 위기에서 어떻게 해야 하는지 나름대로 깊이 묵상하며 회개하고 또 반성하고 있습니다. 한국 교회의 위기는 앞으로 더 오래 지속될 것입니다. 하루아침에 해결될 문제가 아니기 때문입니다. 그때까지 욕도 먹고 비난도 감수하면서 끝까지 섬기며 희생의 길을 가야 합니다.

우리는 너무 오랫동안 우리도 모르게 곪아왔고 병들어 왔습니다. 이 병이 우리가 생각하는 것 이상으로 깊은 병이라는 것을 알아야 합니다. 한국 교회의 구조적인 문제, 잘못된 관습의 문제, 지도자들과 성도들의 문제 등 여러 폐단들이 많습니다. 이런 문제를 깨달아서 바로잡지 않으면 한국 교회는 소망이 없습니다.

병이 있다면 아프고 부끄러워도 자를 것은 잘라야 합니다. 피가

나고 살이 찢어지고 괴로워도 참고 수술을 받아야 할 것입니다. 이런 병이 있는데도 덮어버리고 진통제만 먹고 넘어간다면, 한국 교회는 다시 일어날 기회조차 잃어버리고 더 큰 중병에 걸리고 말 것입니다.

많은 지도자들과 성도들은 시간이 지나가면 나을 거라고 막연하게 생각합니다. 저는 이 상황은 절대로 시간이 간다고 해결될 부분이 아니라고 생각합니다. 병을 그대로 가지고 간다면 아무리 오랜 시간이 지나도 나을 수 없습니다. 더 큰 병에 걸리고 맙니다. 아무리 부끄럽고 괴로워도 우리의 치부를 드러내 놓고 수술을 받아야 할 것입니다.

근본적인 변화가 없다면, 그것도 목회자들이 먼저 변하지 않는다면, 한국 교회는 다시 일어날 수 없을지도 모릅니다.

3. 어떻게 이 위기를 이길 수 있을까요?

가장 먼저, 우리 목회자들과 성도들이 예수님께 돌아와야 합니다. 종교 개혁가들이 성경으로 돌아가자고 외쳤듯이, 지금 한국 교회도 예수님께로 돌아와야 삽니다. 예수님의 마음과 예수님의 생각 그리고 예수님의 삶으로 돌아와야 삽니다.

모든 종교는 믿음의 대상이 있습니다. 우리는 예수님을 믿고 따라가는 성도들입니다.

그런데 예수님을 닮아 가려는 사람도 예수님같이 살려는 사람도 별로 없어 보입니다. 모든 성도들이 성령 충만한 사람, 성공의 사람, 축복의 사람이 되려고 기도하고 교회에 다니는 것 같습니다.

목회하는 목회자들도 예수님같이 목회하려는 사람은 별로 보지 못했습니다. 능력의 목사, 큰 교회 목사, 세계적인 비전을 가진 목사는 많았지만 예수님처럼 목회하려는 목사는 거의 볼 수가 없었습니다. 이름도, 빛도, 욕심도 없이 목회하고 선교하는 목회자는 이 시대에 바보나 무능한 자로 취급받기 때문이었습니다.

지난날 우리 선배 목사님 가운데는 예수님처럼 살다 가신 분이 많이 계셨습니다. 그런 분들의 목회 스타일을 본받으려는 목사들이 별로 없다는 것이 가슴 아픈 일입니다.

한경직 목사님은 이야기로만 들었지만, 정말 예수님 비슷하게 사시다가 가신 분이었습니다. 한 목사님이야말로 정말 무소유로 사시다가 모든 것을 교회와 성도들에게 다 주고 가신 분이라고 생각합니다. 그 큰 교회를 수십 년 담임하였지만, 그의 소유는 아무것도 없었다는 사실이 믿어지지 않았습니다. 그분이야말로 이 시대에 바보라고 생각합니다. 기념관을 지으려고 그분의 유품을 찾아보니 아무것도 없어서 그만 포기했다는 말을 듣고, 정말 예수님처럼 모든 것을 이 세상에 두고 가신 분이 아닌가 생각합니다.

손양원 목사님은 사랑과 용서의 종이었습니다. 두 아들을 죽인 원수를 용서하고 자기 아들로 입적하여 아들로 만든 것은, 세계 역사에도 찾아볼 수 없는 사건이 아닐 수 없었습니다. 예수님의 사랑이 아니면 어떻게 그렇게 할 수 있겠습니까. 모든 사람들이 혐오하는 한센병 환자들과 함께하시면서 그들을 자기 생명처럼 사랑하신 그의 사랑은, 오직 예수님에게서 온 것이 아니면 불가능한 사랑입니다.

주기철 목사님의 순교는 우리의 마음을 뜨겁게 하고도 남습니다. 일본 신사에 절하지 않고 신앙을 지키시다가 옥중에서 순교하신 숭고한 인품과 신앙의 절개는 한국 교회 역사에 길이 빛날 것입니다. 거의 모든 교회들이 신사에 참배할 때 끝까지 신사 참배를 거부하시고 죽음을 택하신 그 거룩함에 고개가 숙여집니다. 지금 이런 일을 당한다면 몇 분의 목회자들이 순교할 수 있을까요.

이런 선배 목사님들의 모습을 본받아 이 세상에서 빛이 되고 소금이 되어 작은 예수로서 살려는 목회자들은 눈에 잘 안 보입니다. 세계적인 교회, 세계적인 비전 센터를 짓고 세계적인 부흥사가 되려고 발버둥치는 모습만 보입니다. 주님을 위해서 한다고 하지만 깊이 들어가 보면 자기의 영광과 자기의 욕심이 숨어 있다는 것을 알 수 있습니다.

제 자신도 그런 욕심과 야망으로 살아왔습니다. 예수님의 마음으로 목회하지 못하고 살아온 것을 깊이 회개하고 있습니다. 지금이라도 우리가 깊이 반성하고 회개하여 예수님께로 돌아와야 교회가 살고, 나라가 살 것입니다.

저는 지금까지 목회하면서 마음 한구석에 '무엇이 참된 목회일까?' 하고 늘 의문을 가지고 살아왔습니다. 교회 건물이나 교인 수, 헌금에 더 신경이 갔습니다. 그것이 내 마음을 좌우하기도 했습니다. 큰 건물에 많은 성도들을 모시고 목회하는 것이 얼마나 큰 영광입니까. 이것이 나의 꿈이었고, 많은 사업을 하여 교회 이름을 내고 나의 이름도 내기를 바랐던 것입니다. 성공한 목회자를 보면 부러워했고, 그런 목회자가 되기를 바랐던 것이 저의 꿈이었습니다.

그러나 현실은 너무 어려워서 그 목표가 달성되지 않으면 실망하고 좌절했습니다. 많은 목회자들이 저와 같은 마음을 가지고 목회 현장에서 뛰고 있을 것입니다. 외형적인 성공과 교회 성장이 우리의 목표가 되어 버렸습니다. 이것이 하나님이 원하는 것이라고 생각했습니다. 이런 고정 관념이 한국 교회를 지배하고 있다고 해도 과언이 아닙니다.

그러므로 교회가 영적인 성숙보다는 외형적인 성장에 치우쳐 있다는 것이 큰 문제입니다. 영적인 문제나 영성을 목회의 목표로 삼는 교회나 목회자들은 드뭅니다.

예수님은 먼저 그의 나라와 의를 구하라고 하셨습니다. 이 말씀은 먼저 하나님 나라와 그의 의를 먼저 생각하며 목회하라는 의미입니다. 즉 성도들의 마음, 영적인 치유, 그 영혼에 대한 사랑과 영혼의 성숙을 위해서 목양하고 목회하라는 명령이라고 생각합니다.

지금 한국 교회의 위기는 여기에서 비롯되었다고 해도 과언이 아닙니다. 예수님을 닮은 목회자, 예수님을 닮은 성도들이 절실한 때가 지금입니다. 어떤 목사님이 이런 고백을 하는 것을 들었습니다. 자기는 수십 년을 목회했는데, 그동안 변화된 사람은 거의 찾아볼 수 없었다고 말입니다. 충격적인 고백이 아닙니까. 교회도 잘 나오고 예배도 잘 드리고 헌금도 잘하는 충성스런 성도들은 많아도, 참으로 변화된 사람, 인격과 마음과 사고가 변화된 사람은 없었다는 말입니다. 자기중심적인 이기주의로 모든 것을 이해득실을 생각하면서 살아가는 것은 어제나 오늘이나 별로 변함이 없다는 것입니다.

예수님이 이 땅에 오신 목적이 무엇입니까. 우리를 변화시켜서 구원하시기 위해서입니다. 그래서 거듭나라고 하셨습니다. 거듭나지 않으면 천국에 갈 수도, 볼 수도 없다고 하셨습니다.

이 거듭남은 겉모습이 아닙니다. 주일날 교회에 나오고 충성하여 집사나 권사, 장로가 되는 것을 말하는 것이 아닙니다. 우리의 속사람이 변화되는 것을 말합니다. 세례 받으면 변합니까. 집사가 되면 변합니까. 장로나 목사가 되면 변하는 것입니까.

목회자나 성도들도 이제 예수님께로 돌아와야 합니다. 그래야 교회가 살고 나라가 삽니다.

4. 참 포도나무에 붙어 있어야 변합니다

예수님만이 변화의 인자이십니다.

예수님을 만나면 예수님을 닮는 것이 정상입니다. 그런데 예수님을 만났다면서 변한 부분이 없는 것이 지금의 목회자들이며 성도들입니다. 교회에 오면 예수님을 만나야 합니다. 그런데 예수님보다는 보이는 자기 목회자를 만나는 사람들이 더 많습니다.

늘 자기 교회 목회자의 설교를 듣고 기도와 가르침을 받으면 그 목회자의 모습을 닮아가는 것은 당연한지도 모릅니다. 목회자들은 예수님을 소개하고 중매하는 역할만을 충실히 해야 할 것입니다. 중매쟁이는 두 사람을 소개하여 결혼하면 결혼 생활을 잘하도록 도와주고 축복해 주면 됩니다. 그런데 두 사람이 만났음에도 계속적으로 그들 가운데 얼쩡거린다면 방해꾼이 되고 맙니다. 참 포도나무 되시는 예수님과 성도들이 사랑하고 함께 살아가게 만들어야 합니다.

그런데 우리나라 교회를 보면, 특히 큰 교회나 인기 있는 목회자들의 교회를 보면 성도들이 자기 목사에게 붙어 있는 경우가 참 많습니다. 다시 말해서, 예수님보다는 그 목회자를 더 존경하고 사랑하고 믿는 것을 종종 보게 됩니다. 물론 그들은 아니라고 할 것입니다. 그러나 그들의 말과 행동을 보면 그렇게 보이게 됩니다.

예수님을 사랑하고 믿어야지, 자기 교회 목회자를 더 사랑하고 믿는 것은 하나의 우상이요 잘못된 신앙입니다.

여러분도 내가 어디 붙어 있는 가지인지, 나의 포도나무가 예수님인지 아니면 우리 교회 목회자인지 자기 자신을 살펴보기 바랍니다. 예수님은 눈에 보이지 않으니까, 보이는 목회자를 모델로 삼아 신앙생활 할 수 있습니다. 그러나 믿음이 성숙하면 이제 보이지 않는 예수님을 만나야 변화의 역사가 일어나는 것입니다. 보이지 않는 성령님과 함께하는 성도가 되어야 성숙한 성도라고 할 수 있습니다.

그런데 오랫동안 교회에 다녀도 성숙한 모습으로 변화되지 않는 것은 문제가 있기 때문입니다. 변화의 인자 되시는 예수님께 붙어 있지 않으면 참된 변화는 기대할 수 없습니다. 참 목자는 우리 성도들을 사랑하시는 예수님과 서로 연합하여 일어서게 만들어야 합니다. 교회 건물이 없어도, 목회자가 없어도, 어디에 가더라도 예수님과 함께 살 수 있는 사람으로 만드는 것이 우리 목회자들이 해야 할 사명이라고 생각합니다. 목회자의 사람이 아니라, 예수님의 사람으로 만들어야 참된 목자라고 할 수 있습니다.

성도들이 사도 바울에게 나는 '바울에게', 나는 '아볼로에게'라고 했을 때, 그가 성도들을 향해 단호하게 오직 예수님에게 붙어 있어야 한다고 권면한 것을 우리는 기억해야 합니다. 우리 목회자들도 성도들을 예수님의 사람으로 만들 책임이 있습니다. 예수님과 성도들이 깊은 사랑의 관계가 되도록 목회자는 도와주고 격려해 주어야 참된 목자라

할 수 있습니다.

이때 세례 요한의 말이 생각납니다. "그는 흥해야 하고 나는 쇠해야 한다." 세례 요한은 예수님과 인간들이 만나면 그것으로 그가 할 사명은 다했다고 생각했습니다. 그래서 자기의 제자들도, 인기도, 명예도 다 예수님께로 돌리고, 자기는 이름 없이 빛도 없이 헤롯의 형장의 이슬로 사라졌습니다.

이런 모습을 보셨기 때문에 예수님은 최고의 칭송을 한 것이 아닙니까. 세례 요한에 비하면 우리는 너무 많은 영광을 차지하려 하지 않습니까. 자신을 성찰해야 할 것입니다. 자기가 고생하고 전도해서 부흥 성장시켰다고, 모든 영광을 내가 받으려는 그 욕심을 버리지 않으면 참된 예수님의 종이 아닙니다.

요한복음 15장에 보면 예수님께서는 나는 참 포도나무요 너희는 가지라고 하시면서 가지가 포도나무에 붙어 있지 않으면 아무 열매도 맺지 못한다고 하셨습니다. 그러면서 내 안에 거하라, 나도 너희 안에 거하리라, 가지가 포도나무에 붙어 있지 아니하면 스스로 열매를 맺을 수 없음같이 너희도 내 안에 있지 아니하면 그러하리라고 하십니다.

예수님 안에 있어야지, 목회자 안에 있거나 교회 조직 안에만 남아 있으면 그것은 참 포도나무에 붙어 있는 가지가 아닙니다. 예수님 안에 있다는 것은 그의 사랑 안에 있다는 말입니다. 예수님이 우리를 사랑한 것같이 우리도 예수님을 사랑해야 합니다. 예수님보다 더 사랑하는 것이 있다면 그것은 무언가 잘못된 사랑입니다.

어린아이는 부모나 어른들의 손을 잡아야 일어날 수 있습니다. 그러나 조금 자라면 스스로 일어나고 걸을 줄 알아야 성숙해집니다. 커서도 계속 간섭한다면 그 아이를 잘못 키우고 맙니다. 아이들이 커서 자신의 의견을 내면 부모들이 섭섭해 한다고 합니다. 아직도 자식을 내 새끼라고 생각하기 때문입니다.

우리 목회자들도 자기가 세운 집사나 장로들이 바른 소리를 하면 섭섭해 한다고 합니다. 아직도 자기 사람으로 착각하는 목회자들이 많기 때문입니다. 참된 부모나 목회자는 그런 말을 하면 속으로 '아, 이제 저 집사가 바로 서 가는구나' 하고 기뻐하고 격려해 줘야 합니다. 우리가 섬긴 성도들이 내 양이 아니라 주님의 양이기 때문입니다.

우리가 왜 이단은 나쁘다고 하고 그들을 배척합니까. 그들은 자기를 추종하는 사람들을 자기에게 붙어 있게 만듭니다. 예수님을 소개하면서도 교인들을 자기의 가지로 만들어 자기의 종같이 부려먹는 모습을 많이 보았습니다. 모든 이단들은 사람들이 교주의 나무에 붙어 있기를 강요하고 있습니다. 몸도 마음도, 그리고 재산까지 교주에게 바쳐야 축복을 받고 영생을 얻는다고 가르칩니다. 이런 것을 이단이라고 합니다.

가정까지 버리고 교주에게 맹종하는 것을 보지 않았습니까. 그것이 사회 문제가 되어 많은 물의를 일으키고 있지 않습니까. 부모와 가족을 떠나서 자기 교주를 따라가다가 패가망신하는 것을 많이 보지 않았습니까.

그런 것을 보았으면서도 우리 교회가 그런 길로 간다면 큰일입니다. 인기 연예인들같이 성도들을 자기 팬으로 만들려는 유혹을 떨쳐 버려야 합니다. 참된 포도나무 가지인 예수님께 붙어 있는 성도들을 만들어야 합니다.

어느 목회자가 성도들을 주님의 제자로 키우는 것이 아니라 자기의 종으로 키우고 가르치려 하는 모습을 보았습니다. 자기 말이라면 무슨 짓이든 다 한다고 자랑하고 다니는 것을 보고 도저히 말이 나오지 않았습니다. 목사의 말이라면 무슨 일이든지 다 하는 성도가 참된 주님의 제자일까요, 아니면 그 목사의 종일까요.

이런 식으로 우리 상식이나 사회 규범으로도 도저히 이해하지 못할 짓을 하여 사회에 물의를 일으키고, 교회 전체에 욕을 먹이는 목회자들을 보면 울분이 납니다. 말은 모든 영광을 하나님께 돌린다고 하면서도 모든 영광을 자기가 받으려는 지도자들 때문에 한국 교회가 이런 위기를 당하고 있다고 생각합니다.

우리 교회가 이런 잘못을 범하지 말아야 합니다. 예수님만이 참 포도나무요 생명나무입니다. 목회자는 예수님의 종이요 예수님을 소개하고 가르치는 제자일 뿐입니다. 사도 바울은 물을 주고 거름을 주는 자는 아무것도 아니라고 하면서, 자라게 하시는 이는 오직 예수님이라고 하였습니다. 우리 성도들도 이런 목회자들을 분별할 줄 알고 무조건 따라가는 성도들이 없어야 할 것입니다. 곡식 가운데도 가라지가 있고 목자들 가운데도 삯꾼이나 강도들이 있다는 것을 분별하는 영안이 열리기를 바랍니다.

사도 바울은 자기는 중매쟁이라고 하면서 모든 영광을 예수님께 돌렸습니다. 우리 목회자들도 성도들이 예수님을 깊이 만나고 사랑하게 만들어야 변화의 역사가 일어날 것입니다.

물론 교회에 와서 친구도 만나고 좋은 사람들도 만나야 합니다. 좋은 목회자의 지도를 받고 신앙생활 하는 것도 중요합니다. 그러나 신앙이 성숙해지면 점점 참 포도나무 되시는 예수님을 알게 되고, 그분에게 빠져야 합니다. 그러면 점점 성도들 속에서 변화의 역사가 일어날 것입니다.

예수님 외에 다른 사람에게 붙어 있으면 아름다운 변화도, 풍성한 열매도 기대할 수 없습니다. 미쳐도 예수님에게 미친다는 사도 바울의 말씀을 깊이 묵상하시기 바랍니다. 미쳐도 예수님에게 한번 미쳐 보시기 바랍니다.

그래서 예수님도 소경이 소경을 인도할 수 없다고 하셨습니다. 목회자들이 영의 눈을 떠야 목회자의 양을 만들지 않고 예수님의 양, 참 포도나무 되시는 예수님에게 붙어 있는 가지를 만들 수 있습니다.

우리도 자신을 잘 성찰해 봐야 합니다. 사도 바울은 내가 정말 구원을 받았는지, 예수님께 잘 붙어 있는 믿음인지 살펴보라고 했습니다. 내가 예수님의 사람인지 아니면 목회자의 사람인지 성찰하여 보시기 바랍니다.

5. 믿음과 행함

우리는 "오직 믿음" 이라는 말을 많이 씁니다. 종교 개혁가들이 내세운 표어 가운데 하나입니다. 오직 예수, 오직 성경, 오직 믿음 이 단어를 중세 종교 개혁가들은 많이 사용했습니다.

당시 교황청이 베드로 성당을 짓는 데 자금이 모자라 많은 헌금을 강요하기 위해서 연옥설을 만들고 면죄부를 강매하였습니다. 돌아가신 부모님이나 형제들을 위해서 면죄부를 사는 즉시 지옥에서 연옥으로, 연옥에 있던 사람은 천국으로 올라간다고 하였습니다. 이렇게 말도 되지 않는 감언이설로 성도들을 현혹하여 건축 헌금을 내게 하였습니다.

종교 개혁가들은 성경에 없는 말로 사람들을 현혹하여 헌금을 강요하는 이러한 모습에 통탄했습니다. 구원을 돈으로 사고파는 로마 교황청의 행태를 보고 너무나 큰 충격을 받았습니다. 그래서 오직 믿음으로만 구원을 얻고 오직 예수님으로만 우리가 죄 사함을 받는다는 것을 역설한 것입니다.

이 말을 잘못 이해해서 행함이나 착한 행실을 가볍게 여긴다고 생각하는 사람들이 있습니다. 성경 말씀은 믿음과 행함을 균형 있게 말씀하고 있습니다. 행함이 없는 믿음은 영혼 없는 육체와 같다고 하였습니다. 믿음은 없고 행함만 있어도 그것은 자기의 힘과 노력으로 구원 얻으려는 교만입니다. 교만한 자도 구원을 얻을 수 없을 것입니다.

우리는 너무 믿음을 강조하다 보니 행함을 뒤에 두는 경향이 있습니다.

사도행전 10장 4절에도 보면, 고넬료의 기도를 받으신 하나님은 그의 기도와 함께 구제가 하나님 앞에 상달되어 기억하신 바가 되었다고 하였습니다. 하나님은 기도와 함께 구제하는 고넬료의 기도를 들으시고 응답하신 것입니다. 믿음과 행함은 떨어질 수 없는 관계입니다. 진정으로 믿으면 진정으로 행할 것입니다. 믿음과 행함이 다른 것은 외식이요 참으로 믿지 않았기 때문이라 생각합니다. 우리가 천국 가는 것은 우리의 착한 행실이 아니라, 예수님의 십자가의 피로 원죄를 용서받았다는 사실을 믿음으로 구원 받습니다. 예수님을 진심으로 믿는다면 주님의 말씀 그대로 사는 것은 당연한 일입니다.

사람이 한번 죽는 것은 정한 이치라고 하였습니다. 그리고 그다음에는 심판이 있다고 하였습니다. 그 심판은 어떤 심판일까요? 믿음과 행함이 일치했는지 평가하는 것이 아닐까요? 우리가 무엇을 믿으면 그에 따른 행함은 당연히 따라야 합니다. 믿는다고 하면서 행함이 없었다면 그것은 주님을 진심으로 믿었다고 볼 수 없습니다. 예수님을 진정으로 믿으면 그분같이 사랑하고 예수님같이 살게 되는 것은 당연하지 않습니까.

예수님도 입으로만 "주여! 주여!" 하는 자가 천국에 들어가는 것이 아니라고 하셨습니다. 하늘에 계신 아버지의 뜻대로 행하는 자가 천국에 들어간다고 하셨습니다. 진정으로 믿으면 믿음대로 행하게 됩니다. 믿음과 행함을 별개로 생각할 수 없습니다.

지금 한국 교회가 위기를 맞은 것은 우리 지도자들의 말과 행동이 일치되지 않아서 사회의 원성을 많이 듣기 때문일 것입니다. 예수님은 말씀과 행함이 일치하신 인류의 구세주셨습니다.

지금 중동에서는 국민들이 자유를 위해 혁명을 일으키고 있습니다. 억압당하던 국민들이 일어나서 독재자들을 몰아내고 있습니다. 대통령이나 왕이라는 자리를 지키고 누리기 위해서 국민들을 속이고 억압하고 죽였습니다. 국민들이 그렇게 못사는데도 그들은 재산을 모아 놓고 호화판으로 살았던 것이 속속 드러나고 있습니다. 겉으로는 국민들을 위한다고 하면서 그들의 가족들은 서방의 어떤 재벌보다 더 호화롭게 살았습니다. 이것이 세상의 왕들입니다. 결국 국민들은 울분을 참지 못해 폭동을 일으켰습니다. 그런 와중에도 그들은 권좌를 버리지 않고 버티다가, 국민을 상대로 전쟁을 하고 많은 사람을 죽이고 자기도 죽고 가정은 풍비박산이 나고 말았습니다.

평화의 왕으로 오신 우리 예수님은 어땠습니까. 하늘 권좌를 버리고 이 세상의 죄인들을 섬기고 사랑하기 위해서, 희생하기 위해서 이 땅에 오셨습니다. 그런 왕을 세상의 사람들은 이해하지 못했고 도리어 박해하여 죽였습니다. 왜 이렇게 좋은 분을 죽였을까요? 자기들의 지식과 상식으로는 이해하지 못했던 것입니다. 그런 왕이 어디 있을 수 있냐고 말입니다.

세상 사람들이 볼 때는 예수님을 이해할 사람은 아무도 없었습니다. 왕이라면 거만하게 백마를 타고 군대를 호령하며 그 위에 군림해야 하는데, 우리 왕은 나귀를 타고 왔으니 백성들이 깔보고 업신여겼고 끝내 죽이고 만 것입니다. 예수님도 세상 왕같이 국민을 억압하고 군대를 끌고 다녔다면 대접을 받았을지도 모릅니다.

그러나 평화의 왕은 그런 왕이 아니었습니다. 섬기고 나누고 희생하는 왕이었습니다. 그러니 세상 사람들이 예수가 무슨 왕이냐고 무시했습니다. 마치 작은 교회에서 목회하면 성도들이나 세상 사람들이 저게 무슨 목사냐고 무시하듯이 말입니다. 큰 교회에서 좋은 승용차를 몰고 많은 부목사들과 장로들을 수행하고 다녀야 대접받고 환영받습니다. 그때나 지금이나 약하고 가난하면 무시하는 세상이었습니다.

성령의 은혜를 받지 못하면 예수님을 이해할 수 없고 믿을 수 없었습니다. 지금도 교회가 이렇게 많고 성도들도 많지만, 예수님을 이해하고 예수님같이 산다면 도리어 무시하고 나약한 인간으로 낙인찍힐 것입니다.

세상의 왕, 대통령들과 예수님은 너무나 달랐습니다. 세상의 왕은 자기의 영광을 위해 살았습니다. 그리고 다른 사람을 종으로 삼고 자기 말을 듣지 않으면 다 죽였습니다. 그러나 참된 왕이신 예수님은 자기의 영광을 버리고 백성들을 살리기 위해 자기가 대신 희생하셨습니다. 자기가 종이 되었고, 자기가 섬겼고 자기가 욕을 먹고 죽은 것입니다. 세상의 왕들과는 정반대로 사셨던 분이 우리 예수님 아닙니까. 그래서 예수님을 참된 평화의 왕이요 사랑의 왕이라고 합니다.

이런 참된 왕을 믿고 사는 우리는 참으로 복 받은 사람입니다. 그것도 모르고 무조건 축복해 달라고 구걸하지 맙시다. 우리는 이런 왕을 모시고 사는 것만으로도 복 받은 사람이요, 행복한 사람이라는 것을 알아야 합니다.

예수님은 말씀과 행함이 일치하신 분입니다. 세상에 이런 왕이 어디 있습니까. 자기 살과 피를 주기 위해 이 세상에 오신 하늘의 왕이 예수님입니다. 평화의 왕, 하늘에서 오신 우리의 왕은 만백성을 살리기 위해서 자기가 욕먹고 죽어 십자가에서 피흘리셨습니다. 이 큰 은혜를 우리는 알아야 합니다.

예수님이 그들과 다른 것은, 그분은 한번 하신 말씀은 자기에게 희생이 있어도, 죽음이 온다 해도 그대로 행하셨다는 것입니다. 십자가의 죽음을 앞두고 수제자 베드로는 적극적으로 말렸습니다. 그러나 예수님은 그를 보고 "사탄아, 물러가라"고 야단치셨습니다. 너는 나를 넘어지게 하는 자라고 하셨습니다. 십자가는 우리를 위해, 그 구원의 약속을 지키기 위해 몸을 찢고 피를 흘리셔야 했던 무서운 형벌이 아닙니까.

죽어서는 안 된다고 하는 제자들의 걱정스런 말도 예수님은 단호히 물리치시고 물러가라고 하셨습니다. 말씀과 행함이 일치하신 분이 예수님 외에 세상 어디에 있습니까. 모든 사람들은 치우쳐서 자기에게 유리한 대로 살아가려고 합니다. 그러나 예수님만은 자기가 죽을지라도 하나님과 약속을, 우리와 하신 약속을 지키신 분입니다. 그러므로 우리도 믿는다고 입으로만 하지 말고, 믿음대로 살아가야 합니다.

예수님은 하늘 보좌를 버리시고 낮고 천한 자리에서 우리를 섬기시려고 모든 것을 포기하셨습니다. 그런데 우리는 늘 높은 자리를 탐내고 높은 데서 내려올 줄 모르고 있다는 것은 참으로 부끄러운 일 아닙니까? 우리도 믿음과 행함이 일치되어야 할 것입니다.

신학교 때 어느 어린이 설교집에서 읽었습니다. 기독교와 불교, 그리고 유교에 대한 설명이었습니다. 어떤 사람이 강물에 빠졌습니다.

그때 그 옆으로 지나가던, 긴 담뱃대를 들고 두루마기를 입은 양반이 그걸 보았습니다. 강물에 빠진 젊은이에게 야단을 칩니다. "애 이놈, 왜 길로 똑바로 가지 않고 먼 산을 보다가 강물에 빠졌느냐 내가 그렇게 대로로 가라고 가르치지 않았느냐" 하고 말입니다. 다음부터는 정신을 차리고 똑바로 가라고 야단을 치고 가 버렸습니다.

그 어른이 지나간 다음에 이번에는 머리를 빡빡 깎은 분이 회색 장삼을 입고 지나가다가 물에 빠진 사람을 보고는 두 손을 모아 빌었습니다. "불쌍하다. 어쩌다가 저 중생이 저렇게 되었는가? 어쩌면 좋을까?" 하면서 합장을 하고 가고 말았습니다.

그리고 얼마 안 지나서 긴 머리에 구레나룻 수염을 한 젊은 사람이 물에 빠진 사람을 보자마자 그냥 물에 들어가서 그 청년을 건져 왔다고 하였습니다.

저는 신학교 때 어린이 설교집에서 이런 설교를 읽어본 후, 예수님이야말로 믿음대로 행하신 분이라는 사실을 잘 설명해 준 설교라고 생각했습니다. 그런데 우리 교회가 지금 예수님같이 물에 빠진 사람을 보고 희생하며 물에 들어가는 사람이 몇이나 될까요. 서로 눈치만 보고 몸을 사리고 있지 않습니까. 도리어 어려운 사람을 보면 피하고 도망가는 제사장이나 서기관들은 아닌지 돌아봐야 할 것입니다.

6. 정직한 믿음, 정직한 사람

영성은 정직에서 나옵니다. 기독교는 정직한 종교라고 할 수 있습니다. 예수님이 진실을 가장 좋아하셨기 때문입니다. 성경에 보면 '아멘, 아멘'이라는 말씀이 많이 나옵니다. 교회에서도 아멘을 얼마나 많이 사용합니까. 기도하고도 아멘, 찬송가 끝에도 아멘, 말씀을 듣고 은혜 받으면 아멘이라고 합니다. 부흥회 때는 부흥 강사들이 아멘을 얼마나 강조하는지 모릅니다. 어떤 강사는 아멘이 적으면 설교를 하지 않는 사람도 보았습니다. 아멘을 많이 해야 은혜 받는다고 강요하는 부흥사도 있습니다. 성도들의 화답을 이끌어 내어 부흥회 분위기를 만들려는 목적인 줄 압니다.

이렇게 성도들의 입에서 "아멘 할렐루야"가 습관처럼 튀어나올 정도가 되었습니다. 아멘은 '진실로진실로'라는 말씀입니다. 진실은 정직을 말합니다. 예수님을 믿는 사람은 정직해야 하고 거짓말을 해서는 인 된다는 것입니다. 십계명에도 너희는 거싯 증거를 하지 말라고 했습니다. 요사이 거짓말이 이 세상을 얼마나 혼란케 하는지 모릅니다. 몇 년 전에 있었던 광우병 촛불 집회는 온 나라를 혼란으로 몰아넣었습니다. 미국 소고기를 먹으면 광우병에 걸린다고 하는 거짓말이 모든 국민들을 분노케 하였습니다. 이 정권이 싫어서, 미국이 싫어서 만든 거짓말이었습니다. 그들은 이런 거짓말을 만들어 국민들을 선동하고 이 나라를 전복시키려고 했습니다. 정부를 비난하고 대통령을 욕하는 사태까지 일어났던 것입니다.

그들은 거짓말이라는 것을 다 알면서 이런 유언비어를 만들어 국민들을 현혹했습니다. 지금은 안 걸려도 20년, 30년 후에 병균이 잠복했다가 드러난다고 그들은 선전했습니다. 이렇게 거짓말을 해도 법정에서는 큰 죄로 여기지 않아 처벌도 받지 않습니다. 그러니 앞으로 얼마나 거짓이 판을 칠지 아무도 모릅니다.

이런 사회가 되면 사람들이 점점 거짓의 영에 미혹되어 마음이 어두워지고 악해집니다. 지금도 우리 사회는 거짓말이 참말보다 더 신뢰를 얻을 때가 많습니다. 인터넷이나 각종 언론에서는 거짓과 악의에 찬 글들이 도배되고 있습니다. 그리고 이런 글까지 언론의 자유라는 미명 아래 법의 보호를 받는 시대가 되었습니다. 해군 천안함이 북한의 잠수정에 폭침되었는데도 그것을 믿지 않고 북한이 한 것이 아니라는 사람들이 얼마나 많습니까.

인간의 마음이 병들면 이런 거짓말을 믿고 또 자기도 거짓말을 합니다. 이 정부가 밉고 싫으면 어떤 거짓말이라도 해서 선동하는 것이 악한 인간들의 마음입니다. 얼마나 무서운 세상입니까.

우리나라는 내 편이 아니면 어떤 거짓말을 해도 괜찮다는 생각이 만연합니다. 이런 거짓말이 얼마나 큰 죄인지 성경 말씀은 증거하고 있습니다. 요한계시록 21장 27절에 보면 "무엇이든지 속된 것이나 가증한 일 또는 거짓말하는 자는 결코 그리로(천국) 들어가지 못하되 오직 어린양의 생명책에 기록된 자만 들어가리라"고 하였습니다.

거짓말을 하는 사람은 결코 천국에 들어가지 못한다고 분명하게 말씀하고 있습니다. 거짓말이 얼마나 큰 죄이기에 천국에도 들어가지 못하게 하였을까요. 그런데 우리는 거짓말을 크게 생각하지 않고 있습니다. 우리 성도들은 거짓말을 회개할 줄 알아야 합니다. 사람이 정직하지 않으면 모든 인격이 무너지고 신뢰가 가지 않습니다.

아담이 에덴동산에서 쫓겨난 것도 거짓말 때문이라고 생각합니다. 선악과 열매를 먹으면 죽는다고 하였지만 뱀은 결코 죽지 않는다는 거짓말로 아담과 하와를 유혹하였습니다. 그 거짓말에 넘어간 두 사람은 선악과를 따먹고 말았습니다. 거짓말은 마귀들의 가장 무서운 무기입니다.

지금도 악한 마귀들은 우리를 거짓으로 미혹하고 있습니다. 많은 성도들이 이런 거짓의 영에 걸려 넘어져 믿음에서 떨어지는 것을 많이 보았습니다. 거짓의 영에 빠지면 이단에 넘어가고 맙니다. 또 다른 종교로 개종하면서 자기가 다녔던 교회를 악의적으로 욕하고 저주하는 것을 볼 수 있습니다. 기독교를 악질적으로 저주하는 사람들을 보면 주로 교회에 다녔다가 개종한 사람들이 많습니다. 이런 것을 보면 거짓의 영이 얼마나 악랄한지 알 수 있습니다.

악령들은 선악과를 먹어도 결코 죽지 않으리라고 지금도 우리를 유혹하고 있습니다. 죄를 지어도 거짓말을 해도 결코 망하지 않는다고 거짓으로 우리를 얼마나 유혹하는지 모릅니다. 우리는 그 거짓말에 넘어가서 얼마나 많이 죄를 지었습니까. 깊이 회개하고 돌아서야 합니다.

물론 거짓말을 하면 재미가 있고 스릴도 있습니다. 허나 그러면 자꾸 더 큰 거짓말을 하게 됩니다. 하나의 거짓말을 하면 그 거짓말을 합리화하기 위해 수많은 거짓말을 해야 합니다. 그래서 성경은 거짓말하는 자는 천국에도 못 간다고 하였습니다.

그런데 우리는 불리하면 거침없이 거짓말을 하는 습관이 있습니다. 거짓말이 얼마나 큰 죄인지 깊이 깨닫고 나에게 손해가 되고 불리해도 진실을 말하는 습관을 길러야 우리의 신앙이 영성으로 깊이 들어갈 수 있습니다. 그렇지 않으면 거짓의 영에 사로잡혀서 자기에게 유리한 말만 하게 됩니다. 그리고 이를 죄로 생각하지 않게 되어 하나님과의 관계가 자꾸 멀어지는 큰 죄를 짓게 되는 것입니다. 지금까지 한 거짓말에 대해 우리는 깊이 회개해야 합니다.

옛날에는 교회의 집사나 장로라고 하면 세상 사람들도 믿어 주었습니다. 적어도 거짓말은 안할 거라고 생각했습니다. 그런데 지금은 목회자까지도 못 믿겠다고 하는 것이 세상 인심 아닙니까. 이것이 세상 사람들의 잘못입니까, 우리의 잘못입니까. 아니면 이것이 다른 종교의 모함일까요.

서울의 어느 큰 교회 목사는 교회 후임으로 아들은 절대로 안 세운다고 방송에서 말을 하고도 버젓이 자기 아들을 후임으로 앉히는 것을 보았습니다. 어떤 목사는 65세가 되면 조기 은퇴를 하겠다고 하였습니다. 그러나 65세가 되자 마음이 변하여 법대로 하겠다고 하며 물의를 일으켰습니다.

주의 종이요 하나님의 사람이라고 하면서 자기가 말하고 약속한 것을 이렇게 뒤집어 버리는 것을 어떻게 생각해야 합니까. 세상 격언에 "남아 일언 중천금"이라는 말이 있습니다. 하나님의 종의 말이 이렇게 쉽게 변하면 누가 목회자의 말을 믿고 따르겠습니까.

큰 교회의 목회자는 그 교회의 어른만이 아닙니다. 그 지역 사회, 그리고 한국 교회를 대표하는 중요한 사람입니다. 그런 사람이 한 말은 중요하며 무게가 있어야 합니다. 한국 교회 지도자들의 말이 너무 가벼워서 언론과 세상 사람들에게 놀림감이 될 때가 많습니다.

예수님의 말씀에는 능력이 있었습니다. 그 말씀은 바리새인들과 같지 않았기 때문이었습니다. 바리새인들은 말은 청산유수였으나 행함이 뒤따르지 못하였습니다. 그러나 예수님은 말씀과 행함이 같았고 정직하셨습니다. 지금도 이 사회는 거짓으로 사람을 유혹하고 현혹합니다. 그러나 교회까지 거짓의 영에 넘어가서는 안 됩니다. 교회를 진리의 기둥이라고 말씀하신 것이 바로 이런 이유 아닙니까.

세상은 거짓의 물이 들어도 교회가 진리의 기둥이 되어 진실과 정직으로 바로 설 때 이 나라와 사회가 희망이 있습니다. 교회까지 정직하지 못하다면 우리가 어디서 진리의 길을 찾을 수 있겠습니까?

어느 교회 장로가 부정한 문제로 당회의 치리를 받게 되었습니다. 정말 진실하고 정직한 장로라면 그 치리를 받은 후에 근신하고 회개하여 겸손한 자세로 자신을 돌아보고 새로운 사람이 되어야 마땅합니다. 그러나 자기는 그런 일을 하지 않았다고 하면서 가까운 교회로 옮겨가서 장로 행세를 한다고 합니다. 이것이 지금 우리 한국 교회와 성도들의 모습입니다. 이제 교회 치리는 유명무실한 시체가 된 지 오래입니다.

몇 년 전에도 회계를 보다 문제를 일으켜 물의를 빚은 장로가 있었습니다. 그러면 자숙하고 깊이 회개할 줄 알아야 합니다. 그런데 몇 년 뒤 그가 더 큰 교회 장로가 되어 있는 것을 보고 저는 깜짝 놀랐습니다. 큰 교회에서 장로를 하고 있으니 승진한 것입니까?

그가 믿는 하나님은 어떤 하나님입니까. 이전에 다니던 교회의 하나님과 지금의 하나님은 다른 분입니까. 물론 죄를 지었다고 해서 늘 고개 숙이고 풀이 죽어서 살아야 한다는 말은 아닙니다. 자기의 죄와 실수를 너무 가볍게 여기고 있다는 것입니다. 어느 단체의 돈이든지 그것은 성도들이 하나님께 바친 귀한 헌금입니다. 하나님께 드린 헌금에 대해 문제를 일으켰다면 책임을 져야 하고 자숙하는 모습을 보여야 할 것입니다. 설령 다른 교회에서 장로로 추대한다고 해도 정말 정직한 장로라면 사양하고 하나님 앞에 깊이 회개하며 근신하는 장로가 되어야 할 것입니다.

죄를 지었으면 치리를 해야 하고, 치리를 받고 깊이 자숙하는 사람이 정직한 장로요 정직한 성도입니다.

정직을 잃어가는 지금 한국 교회의 모습이 너무 안타깝습니다. 자기에게 불리하면 언제든지 거짓말을 밥 먹듯이 합니다. 이런 사람들이 천국에 갈 수 있을까요. 성경은 거짓말하는 자는 결코 천국에 들어가지 못한다고 분명하게 말하고 있습니다.

하나님은 정직하고 진실한 영이십니다. 하나님의 영을 받은 사람은 진실한 말을 합니다. 정직하게 행동할 것입니다. 혹시 거짓말을 했으면 하나님 앞에 깊이 회개하고, 자숙하고 사람들에게는 사과할 줄 알 것입니다. 그리고 책임을 질 것입니다.

이에 반해 사탄은 거짓의 영입니다. 지금 성도들은 거짓으로 자기를 변호하고 거짓말이 뭐 큰 죄냐고, 괜찮다고 담대하라고 하는 마귀의 말에 속고 있습니다. 그런 사람들의 말은 천사 같으나 속에는 거짓의 영이 도사리고 있기에 자기에게 유리하게 거짓말하며 거짓된 행동을 합니다.

사람은 속일 수 있습니다. 그러나 하나님을 속일 수는 없습니다.

7. 거짓은 회개를 막습니다

예수님은 아무리 자기에게 불리하고, 죽음이 있다고 해도 정직과 진실의 길로 나아가셨습니다. 자기 하나 살려고 넓은 길로 가시지 않았습니다. 거짓이 왜 큰 죄입니까. 정직이 없는 곳에는 회개가 있을 수 없기 때문입니다. 늘 거짓말로 꾸미고 변명하면 되기 때문에 어려운 회개의 길을 가지 않습니다. 변명과 궤변으로 요리조리 피하기만 하다가 회개도 반성도 하지 못하고 지옥으로 떨어지고 말 것입니다. 이런 사람이 교회만 다닌다고 천국에 갑니까? 그런 사람이 가는 곳이 천국일까요?

예수님이 왜 바리새인들에게 화가 있을 것이라며 저주를 하셨습니까? 그들은 말로 모든 것을 얼버무리는 죄를 지었습니다. 잘못을 하였어도 회개할 생각보다는 말로 모든 것을 합리화하였기 때문에 예수님은 그들에게 화가 있다고 하였습니다. 그래서 예수님은 그들의 말은 들어도 행동은 본받지 말라고 하였습니다.

바리새인들이 왜 거짓말과 거짓된 행동을 하였을까요? 바로 욕심 때문입니다. 탐욕은 거짓의 원인입니다. 탐욕이 없다면 진실로 돌아옵니다. 그러나 탐욕이 있는 사람은 진실한 말을 할 수가 없습니다. 욕심이 잉태하여 죄를 낳고, 죄가 장성하면 사망에 이른다고 하였습니다. 자기 속에 있는 탐욕을 감추기 위해서는 계속 거짓말을 해야 합니다. 그렇게 양심을 속이고 하나님을 속이다가 결국 지옥으로 떨어지고 말 것입니다.

많은 교회가 이단들 때문에 골머리를 앓고 있습니다. 이단들이 왜 나쁘고 왜 이단들을 경계해야 합니까. 이들은 거짓의 영을 받았기 때문에 모든 것을 거짓으로 가르치고 있습니다. 겉으로 보면 기성 교회와 다르지 않습니다. 그러나 속으로 들어가 보면 거기에는 거짓의 영이 가득하기에 우리의 영혼을 거짓으로 인도하고 맙니다. 거짓의 영에 빠져 버리면 거기서 나오기가 너무 힘듭니다.

지난날 휴거를 믿는 성도들이 사회를 크게 흥분시켰던 적이 있었습니다. 그때 지금은 예수님이 오실 때가 아니라고 해도 그들은 끝까지 휴거를 믿고 기다리다가 큰 낭패를 당하였습니다. 그러면 회개하고 돌아와야 하는데, 또 다른 핑계를 대고 거짓으로 빠지고 마는 모습을 보았습니다.

이단에 한번 빠지면 다시 돌아오기가 참으로 힘듭니다. 우리가 볼 때는 황당하기만 한 그 교리를 확신하는 것을 보면 참으로 거짓의 영이 얼마나 무서운지 알 것 같습니다. 그들의 교주가 성령님, 예수님이라고 믿는 것을 보면 거짓의 영에 완전히 빠져버린 것입니다. 우리도 늘 깨어 기도하고 말씀에 바로 서야 할 줄 믿습니다.

그러므로 거짓은 회개의 길을 막아버리고 결국에는 멸망의 길, 지옥으로 떨어지게 만듭니다. 예수님이 유대인들을 그렇게 가르쳐도 그들이 회개하지 못한 것은, 그들 속에 탐욕과 거짓의 영이 있었기 때문이었습니다. 지금도 우리 사회에 이런 탐욕이 진실과 회개를 가로막아 하나님의 나라를 보지 못하게 합니다.

거짓의 영은 이 세상만 사로잡은 것이 아니라 교회까지 침투하여 성도들의 마음속에도 들어옵니다. 이를 알고 비록 부끄럽고 수치스러울지라도 회개하는 것이 성령의 역사입니다. 성령의 역사는 진실과 정직의 역사라는 것을 알아야 합니다. 일찍이 도산 안창호 선생님도 죽어도 정직한 말을 하라고 말씀하였습니다.

1907년 평양의 장대현교회에서 일어난 성령의 역사는 바로 회개의 역사에서 일어났습니다. 어느 성도가 부흥 사경회 때 말씀을 듣고 마음이 찔려 자기가 지금도 음란한 생활을 하고 있다고 고백했다고 합니다. 이 고백을 듣고 모든 성도들이 감동을 받고 자신들도 깊이 회개할 때 성령의 불이 임했다고 역사는 말해 주고 있습니다.

우리가 '성령을 주시옵소서'라고 기도하면서도 우리 속에 있는 탐욕과 거짓을 숨기면서 기도하면 어떻게 성령이 우리에게 역사할 수 있습니까? 먼저 진실하게 자신을 돌아보고 거짓에 사로잡힌 것을 깊이 회개할 때, 성령님은 우리에게 임재하시고 우리를 충만케 하실 것입니다. 성령은 진실의 영이십니다. 그러므로 거짓되고 욕심으로 꽉 찬 마음속에는 들어오실 수 없습니다. 우리가 진실하게 우리의 욕심을 회개할 때 성령님은 우리 안에 들어오십니다.

우리가 바리새인 같은 성도가 되지 않으려면 진실해야 합니다. 어떤 수치와 손해가 온다 해도 정직해야 합니다. 그래야 우리가 변하고 회개할 기회가 오는 것입니다. 많은 사람들이 무슨 죄를 회개해야 하는지 모릅니다. 거짓말이 죄인 줄 모르고 사는 성도들도 참 많습니다. 예를 들어, 교회에 몇 주일 안 나와서 목회자가 물으면 바로 가르쳐 주는 성도가 드뭅니다. 쉬운 거짓말로 피해 버립니다. '손님이 왔어요', 아니면 '급한 일이 생겼어요', '친척이 결혼을 했어요', 그렇지 않으면 '몸이 아파서 못 나왔다'고 둘러댑니다.

이것이 으레 하는 거짓말입니다. 이렇게 모든 것을 거짓말로 좋게 넘기다 보면 점점 노하우가 생겨서 더 큰 거짓말로 발전합니다. 거짓말을 하면 쉽고 편하게 넘어갈 수 있기 때문입니다.

이제 우리 교회가 정직한 운동을 해야 합니다. 한국 교회에서부터 정직한 말과 행동으로 본을 보이고 이 사회와 나라가 정직한 나라, 정직한 사회가 되어야 나라가 삽니다.

《끝나지 않은 여행》을 쓴 미국의 유명한 기독교 정신의학자 스캇 펙 박사는 거짓은 마귀의 가장 악랄한 수법이라고 하였습니다. 거짓의 영은 늘 거짓말을 하게 만듭니다. 거짓은 자신을 속이고 하나님을 속이며 또 남을 속입니다.

악한 사탄은 인류의 조상인 아담을 거짓말로 속여 하나님의 법을 어기고 죄를 짓게 했습니다. 그렇게 재미를 본 사탄은 둘째 아담 되시는 예수님에게도 찾아왔습니다. 그러나 예수님은 시험하여 넘어지게 하는 그들의 거짓을 아시고 "사탄아, 물러가라"고 명령하셨습니다. 사탄과 마귀는 거짓의 영입니다. 무서운 흉상으로 우리에게 오는 것이 아닙니다.

예수님께서는 베드로를 통하여 십자가를 지지 않게 말린 것을 아시고 "사탄아, 물러가라"고 하셨습니다. 십자가를 친히 지시고 죽으심으로 사탄의 유혹을 이기셨습니다. 그러므로 십자가는 승리의 역사이며,

우리 죄를 용서하시고 하나님 나라로 인도할 능력이 있습니다.

죄는 무엇입니까? 거짓입니다. 거짓말을 하는 사람은 하나님의 영을 받은 사람이 아닙니다. 그는 자기도 모르게 마귀의 영에 속고 있습니다. 우리는 어서 빨리 이런 거짓의 영 속에서 빠져 나와야 합니다. 거짓을 말하는 사람은 회개할 수 없습니다. 그래서 구원이 없고 천국에 갈 수 없다는 것입니다. 거짓말을 하면 되는데 부끄럽게 회개할 필요가 없기 때문입니다. 회개하지 않는 사람은 죄 사함도 없고 구원도 없을 것입니다. "회개하라 천국이 가까웠느니라"고 하신 예수님의 말씀을 정면으로 부인하는 사람들입니다.

우리는 나의 죄와 잘못을 정직하게 인정하고 사과하며 또 회개할 줄 아는 사람이 되어야 합니다.

8. 자신을 볼 줄 알아야 합니다

한국 교회의 위기는 자기를 잘 볼 줄 모르는 데서 온 것이라고 생각합니다. 남의 눈에 티는 잘 보면서 자기의 눈에 있는 들보는 잘 보지 못하는 사람을 지금도 예수님은 책망하실 것입니다. 먼저 우리 자신을 돌아본 뒤에 남을 가르치고 비판해야 합니다. 소크라테스는 "너 자신을 알라"는 유명한 말을 했습니다. 우리 교회와 성도들은 자신을 돌아볼 줄 아는 지혜를 가져야겠습니다.

자신을 본다는 것은 참으로 어려운 일입니다. 인간의 마음이나 영혼을 거울을 보듯 볼 수만 있다면 얼마나 좋을까요. 이 글을 쓰는 저부터 저 자신을 속속들이 다 알지 못합니다. 예수님 시대에도 바리새인들에게 예수님이 귀 있는 자는 들으라고 하여도, 그들은 자신을 알지 못하고 도리어 예수님을 죽였습니다.

자신을 모르는 사람은 남을 정죄하고 남을 죽입니다. 얼굴이 더러우면 얼굴을 씻어야 하는데 그게 싫어서 거울을 깨트리는 것과 같습니다. 예수님만 죽이면 자기들의 죄가 드러나지 않을 줄 알고 십자가에 못 박았습니다. 어리석은 자들은 항상 이런 짓을 합니다.

사도 바울은 자신을 깊이 성찰하여 자신은 죄인의 괴수라는 것을 알게 되었습니다. 사도 바울이 죄인의 괴수라고 한 것은 예수님을 모를 때가 아니었습니다. 그가 예수님을 믿어 큰 은혜를 받고 변화된 다음이었습니다. 우리는 예수님을 영접하고 교회에 잘 다니다가 직분을 받으면, 이제는 다 된 것이라고 착각할 때가 참 많습니다. 계속적인 자기 관리와 성찰이 부족합니다. 예수님을 믿으면 믿을수록 자신의 부족을 깨닫는 것, 참으로 중요한 덕목입니다.

사도 바울은 큰 능력을 받았고 많은 역사를 행하였지만 날마다 자신을 쳐서 복종시키는 위대한 종이었습니다. 지금 우리 목회자들은 얼마나 자신을 돌아보고 자신을 치는지 한번 돌아봐야 합니다. 이런 자기 관리와 자기 성찰이 지금 이 시대에 절실히 필요합니다.

그런데도 우리는 내가 그래도 남보다 괜찮다고 생각하며 삽니다. 세상 사람들은 하나님을 모르고 두려워하지 않아서 그들의 죄를 잘 모를 수도 있습니다. 그러나 우리 성도들은 교회에서 하나님을 알고 예수님의 말씀을 듣고 배웁니다. 그런데도 나의 죄가 무엇인지 모른다면 우리의 신앙생활이 이상하지 않습니까.

예수님이 사역을 시작하시며 제일 먼저 하신 말씀이 “회개하라. 천국이 가까웠느니라”였습니다. 그때 유대인들은 자기 자신을 너무 몰랐습니다. 특히 상류 사회에 속한 사람들과 종교 지도자들은 자기들의 모습을 몰랐습니다. 제사장, 서기관, 바리새파 사람들은 자신들이 천국의 안방을 차지하고 있다고 믿고 살았습니다. 이 사람들은 다 최고의 지위에 속한 사람들이었습니다. 자기들은 율법적으로나 혈통적으로나 아브라함의 자손이기에 천국은 그들의 것이라고 생각하면서 서민들과 이방인들을 정죄했던 것입니다.

그런 그들에게 예수님은 이 돌들로도 아브라함의 자손을 만들 수 있다고 말씀하셨습니다. 특히 외식하는 바리새파 사람들과 종교 지도자들에게 화가 있다고 호되게 책망하셨습니다. 이 말씀은 무서운 책망의 말씀입니다. 그들은 자신을 몰라도 너무 몰랐습니다.

어떠십니까. 혹시 지금의 한국 교회를 두고 하신 말씀처럼 들리지 않습니까. 우리 교회 지도자들이 먼저 자신을 쳐서 복종시켜야 합니다. 지도자들이 영적으로 깨어서 성도들을 바로 인도하고 가르쳐야 한국 교회에 희망이 있습니다. 예수님은 소경이 소경을 인도할 수 없다고 말씀하셨습니다. 한국 교회 지도자들이 영적인 안목이 흐려져서 자신과 한국 교회의 현실을 모르고 있다는 사실이 너무 안타깝습니다.

지금 한국 교회 지도자들은 좋은 게 좋다는 식으로 살아간다는 생각이 듭니다. 좁은 길로 가려는 목회자들을 보기 어렵기 때문입니다. 좋은 환경 속에서도 좁은 길을 자청하여 가야 그것이 참 목자요 예수님의 제자입니다. 큰 교회에 시무하지만 자기를 비우고 쳐서라도 청빈한 목회자가 나와야 우리 한국 교회가 희망이 있습니다.

영국의 한 언론에서 한국에 재벌 목사들이 많다고 하는 것을 보고 놀랐습니다. 어떻게 외국 언론까지 큰 교회 목회자들이나 인기 부흥사들이 부를 축적한다고 쓰고 있을까요. 그것이 하나님의 축복인 줄 알고 살아간다면 몰라도 너무 모르는 것입니다. 예수님이 말씀하신 축복과 그들의 축복은 너무나 다르기 때문입니다.

예수님의 축복은 물질과 권력의 축복이 아닙니다. 그런데 한국 교회 지도자들은 물질과 권력을 따라가고 이를 축적하는 데 혼신의 힘을 다하는 모습입니다. 나는 축복을 받았다고 나를 따르라고 가르치고 있습니다. 허나 좁은 길로 가지 않으면 결코 예수님을 알 수도 없고 만날 수도 없습니다. 그리고 자신을 바로 알지 못하면 고통당하는 이웃을 이해하지 못하고 그들을 구원의 길로 인도할 수 없습니다.

그래서 예수님은 하늘 보좌를 버리고 낮고 천한 이 땅에 오셔서 서민들, 병자들, 문제 많은 사람들의 친구가 되셨습니다. 사도 바울도 예수님을 닮아서 수많은 고난과 박해를 받으면서도 하늘의 소망을 가지고 살았습니다. 그는 예수님을 따라 "죽어도 주를 위해, 살아도 주를 위해서 산" 사람입니다. 그런 사도 바울이 불행한 사람입니까. 예수님을 전하면서 예수님을 닮은 목회자는 보기 드물고, 사도 바울을 위대한 사도라고 설교하면서도 사도 바울을 따라가는 분들도 보기 힘듭니다.

큰 교회 목회자들과 유명한 목회자들이 자신을 치고 스스로를 비울 수 있어야 한국 교회가 살아날 것입니다.

9. 교회 세습이 국민들을 실망시킵니다

우리나라의 큰 교회들이 자기 아들을 후임으로 삼는 것이 유행처럼 번지고 있습니다. 그전에는 별로 없었는데 근래에 이런 현상이 부쩍 늘어나고 있습니다. 미국교회가 자기 아들이나 딸에게 대를 이어 교회를 담임하게 한다는 소리는 많이 들었습니다. 우리나라도 미국 바람이 불어서 그런지, 큰 교회의 목회자들이 자기 아들이나 사위에게 후임을 맡기고 나가는 것을 보게 됩니다. 그 교회는 사정이 있었겠지만 세상 사람들이 바라보는 눈은 부정적입니다.

우리나라 재벌들이 자기 아들에게 회장 자리를 물려주는 것도 국민들은 부정적으로 봅니다. 그런데 큰 교회까지 아들에게 대를 이어 물려준다면 재벌이나 교회가 무엇이 다릅니까. 재벌은 그래도 자기 지분을 가지고 합법적으로 아들에게 그룹을 맡길 수 있습니다.

이런 현상이 왜 대형 교회에서만 생기는 것입니까. 작은 교회에서 자기 아들에게 후임을 맡기는 일은 별로 보지 못했습니다. 참된 하나님의 종이라면 대형 교회에 자기 아들을 앉히려고 무리하게 하지 않고 도리어 작은 교회를 추천할 것입니다. 그것이 주님을 따라가는 길이기 때문입니다. 큰 교회를 자기 아들에게 물려주는 것도 하나의 욕심에서 나오는 것입니다. 사랑하는 아들을 고생시키기 싫어서 이런 일이 생긴 것이 아닐까요. 잘못된 자식 사랑이 교회를 어지럽게 하고 국민들에게 교회에 대한 부정적인 인상을 심어줍니다. 자기가 키운 교회라고 자기 뜻대로 목회하기 위해서 아들을 세워 목회 철학을 실현하려는 욕심도 있었을 것입니다.

좋게 보면 교회를 위해서 한다고 하지만 교회는 자기의 목회 철학을 실현하는 곳이 아니라, 하나님 나라를 실현하는 곳입니다. 아무리 좋은 뜻이라도 하나님이 원하지 않는 일이라면 과감히 포기할 줄 아는 것이 참된 주의 종입니다.

반대로 아름다운 이야기도 있습니다. 서울에 있는 어느 큰 교회에서는 당회에서 후임으로 원로목사의 아들을 원했지만 원로목사는 그것을 원치 않았습니다. 그러나 당회 장로들의 끈질긴 요청이 있었고, 마침내 당회 장로들이 미국에 있는 아들 목사를 찾아가서 후임으로 청빙하였습니다. 그러나 그 아들 목사 또한 거기는 내가 갈 곳이 아니라고 하면서 정중히 사양했다고 합니다. 아버지가 섬겼던 교회는 수천 명이 모이는 큰 교회였습니다.

저만 이런 이야기가 신선하게 들리는 것은 아닐 것입니다. 무조건 교회가 크고 대우만 좋으면 옮기려는 지금의 목회자들의 행태는 우리 주님의 마음과는 너무 다른 것 같습니다. 우리 주님은 낮고 천한 곳을 향하여 병든 곳, 문제 많은 곳을 향하여 가셨습니다. 그러나 우리는 더 높은 곳, 더 편한 곳을 향하여 끝없이 찾아갑니다. 이러한 모습은 주님 보시기에 부끄럽지 않습니까.

우리가 성령의 은혜를 받으면 낮은 곳을 향하여, 좁은 길을 향하여 가는 것이 진리입니다. 성경의 초대 교회가 그랬고, 우리나라의 초대 교회에서도 은혜를 받은 이들은 고난의 길, 십자가의 길로 갔습니다. 그런데 지금 한국 교회는 예수님과는 정반대로 가고 있는 것이 큰 문제입니다.

그래서 그런지 성도들도 넓고 편한 길만 찾아가는 이들이 많습니다. 교회를 잘 지어 놓은 곳을 찾고, 설교 잘 하고 주차장 넓은 곳을 찾아가는 성도들을 많이 보았습니다. 작고 어려운 교회는 다 피해 버리고 도망갑니다. 진정 성령을 받았다면 변화를 받고 능력을 받아 어렵고 십자가가 있는 곳을 향해 가는 것이 예수님의 뒤를 따라가는 것입니다.

그런데 우리나라 성도들은 조금만 은혜를 체험하면 큰 교회나 편한 교회를 찾아서 자기의 자리를 잡습니다. 예수님과는 정반대로 말입니다. 그러면서 성령이 충만하다 여깁니다. 그것이 축복의 길이며 성령 충만한 자의 길이라고 생각하고 있습니다. 이런 성도들 때문에 한국 교회가 욕을 먹고 있다는 것을 알아야 합니다. 어려운 십자가는 다 피하고 숨어 버리는 성도들이 많아서 지금 이런 위기를 맞고 있습니다. 참으로 성령의 은혜를 받으면 낮고 천한 곳을 찾게 됩니다. 문제 많은 곳을 찾아가 평화를 만들고 천국을 만드는 사람이 될 것입니다.

찬송가 208장을 지은 드와이트 목사님이 생각납니다. 이 목사님은 영국의 어느 시골에서 목회를 하다가 도시에서 청빙이 들어와서 허락하고, 도시 교회로 떠날 채비를 하였습니다. 시골에서 오래 시무했지만 시골 교회 성도들에게는 미안한 마음으로 성도들에게 양해를 구하고 도시에 수백 명이 모이는 큰 교회로 이사를 하게 되었습니다.

이사하는 날, 모든 성도들이 이삿짐을 나르면서 우는 것입니다. 사랑하는 목사님, 정이 들었던 목사님이 떠나니 순박한 시골 성도들의 마음이 얼마나 아팠을까요. 시골 교회라 더 있어 달라고 하기는 너무나 미안하기에 목사님이 가시는 것을 모두 허락하였으나, 이런 좋은 목사님이 떠난다니 가슴이 미어지고 눈물이 앞을 가렸습니다. 이삿짐을 다 싣고 가려는데, 목사님이 성도들의 눈물을 보고 교회에 들어가서 풍금을 두드리면서 이 찬송가를 만들었다고 하였습니다. 그 뒤에 다 실은 이삿짐을 내려놓게 하고, 다시 짐을 사택에 챙겨 넣고 그 시골 교회에서 목회를 계속했다는 글을 읽었습니다.

젊은 전도사 시절에 이 찬송가를 부르면서 저도 모르게 눈물이 났던 기억이 나는 곡입니다. 가사를 생각하며 이 찬송을 부를 때마다 아직도 눈물이 납니다.

1. 내 주의 나라와 주 계신 성전과 피 흘려 사신 교회를 늘 사랑합니다.
2. 내 주의 교회는 천성과 같아서 눈동자같이 아끼사 늘 보호하시네.
3. 이 교회 위하여 눈물과 기도로 내 생명 다하기까지 늘 봉사합니다.
4. 성도의 교제와 교회의 위로와 구주와 맺은 언약을 늘 기뻐합니다.
5. 하늘의 영광과 베푸신 은혜가 진리와 함께 영원히 시온에 넘치네.

저는 이 찬송을 부를 때마다 드와이트 목사님이 생각납니다. 지금 우리나라에서도 산골과 작은 섬에서, 그리고 도시의 작은 건물에서 세를 얻어 몇 명의 성도를 위해 눈물로 섬기는 주의 종들이 많이 있습니다. 이런 목사님들이 많아질 때 우리 한국 교회는 다시 일어날 것입니다.

10. 너무 경쟁하는 교회

우리나라에 교회와 목회자들이 너무 많다는 것은 누구나 다 아는 사실입니다. 누가 봐도 한국 교회는 국민들의 숫자에 비해서 너무 많습니다. 한 동네에 교회가 수십 개나 되는 곳 또한 많습니다. 한 건물 안에 두 개, 세 개의 십자가가 보이는 곳도 있다고 합니다. 왜 이런 현상이 벌어지게 되었습니까.

교파와 신학교가 너무 많아서 이런 현상이 나타난 것입니다. 우리나라에는 교파가 100개가 넘는다고 합니다. 그 교파마다 신학생을 배출하다 보니 서로 경쟁하게 되고, 교회 옆에 교회를, 교회 앞에 교회를 세우게 되었습니다. 아무리 종교의 자유가 있다고 해도 너무한 것 같습니다.

세상 사람들이 교회를 멀리하는 이유 중의 하나가, 교회가 너무 많고 너무 경쟁하기 때문이라고 합니다. 왜 교회 옆에 교회를 지어야 하고 교회 앞에 교회를 세워야 합니까. 장사하는 사람들도 그렇게 하지는 않을 것입니다. 상도덕보다 더 못한 것이 목회 윤리가 아닌가 생각합니다.

저는 작은 교회 바로 옆에다 큰 교회를 지은 것을 본 적이 있습니다. 오래전부터 그 자리에 아담한 교회가 있었습니다. 그런데 그 교회 담을 사이에 두고 큰 교회가 땅을 넓게 사서 웅장한 교회를 지어버렸습니다. 교회가 크고 돈도 많다고 작은 교회를 무시해 버린 것이 아닐까요. 큰 교회가 간판도 크게 달고 건물을 우뚝 세울수록 작은 교회는 더 초라하게 보였습니다. 볼 때마다 너무 안쓰러워 보였습니다.

예수님은 작은 것을 소중히 여기셨습니다. 작은 자에게 한 것이 곧 나에게 한 것이라고 하셨습니다. 힘없고 돈도 없는 작은 자, 작은 교회가 바로 예수님과 같다는 말씀입니다. 이런 큰 교회들은 예수님의 말씀보다도 자기들의 왕국을 만들고 싶은 것 아닐까요. 하나님의 이름으로 작은 교회를 무시하는 것이 그다지 큰 문제가 아니라고 생각하고 있습니다. 거기에 큰 교회를 짓는 일이 하나님의 영광이 아니라 자기들의 욕심이라는 것을 모르는 것입니다.

큰 재벌들도 중소기업과 상생하려고 노력하는 시대인데, 같은 교회끼리 교인을 두고 서로 경쟁하는 것을 하나님께서 어떻게 보시겠습니까. 교단이 다르면 같은 하나님이 아니며 같은 예수님을 믿는 것이 아닙니까.

작은 교회는 무시하고 없어져야 한다고 생각하는 큰 교회 목회자와 성도들이 많다는 것은 참으로 안타까운 일입니다. 아마 그들은 자기들은 하나님의 축복으로 이렇게 큰 교회가 되었다고 할렐루야 만세를 부를 것입니다. 작은 교회의 성도들과 목회자는 눈물 흘리는 것도 모르고 말입니다. 그들은 "할렐루야! 아멘" 하면서 좋아하고 기뻐할지 모르겠습니다.

그런 교회를 우리 주님은 어떻게 보실까요? 충성된 종이라고 축복하실까요? 아마 작은 자에게 한 것이 곧 내게 한 것이라고 책망하시지 않을까요? 그들은 아마 성경에 나오는 작은 자는 자기 교회 옆에 있는 작은 교회가 아니라고 변명할 것입니다.

한국 교회의 위기는 너무 작은 것을 무시하고 관심을 두지 않는 데 있습니다. 크고 웅장하고 화려한 곳에 하나님이 계신다고 믿고 있습니다. 작은 교회, 힘없는 교회에는 관심이 없는 예수님이라고 생각하는 것이 우리들입니다. 이런 의식과 마음이 지금의 위기를 자초했습니다. 이런 생각이 얼마나 큰 죄인 줄 모르고 있습니다.

그래서 많은 성도들은 큰 교회, 주차장이 넓은 교회, 설교 잘 하는 교회를 찾아 헤매고 있습니다. 예수님의 말씀에는 귀를 막아버리고 자기들이 좋아하는 곳, 편한 곳, 넓은 곳을 향하여 나아가고 있습니다. 작은 곳이나 불편한 곳은 보기도 싫고 가기도 싫어하는 것이 지금의 성도들입니다. 이런 현상은 예수님과는 정반대의 길이라는 것 또한 모르고 있습니다.

이전에 저는 한 집사를 만나보고 놀란 적이 있었습니다. 저녁 수요 예배 시간에 어떤 교회 집사가 물어물어 우리 교회를 찾아왔습니다. 건물도 없고 간판도 보이지 않고 골목 끝에 있는 작은 교회, 몇 명 모이지 않는 교회에 와서 함께 예배드리고, 제 방에 와서 차를 마시면서 서로 대화를 나눴습니다.

그 집사가 전에는 큰 교회에 나갔다고 하였습니다. 지금도 그 집사의 부인은 큰 교회에 다니는데, 그 곳에는 많은 일꾼이 있고 그가 없어도 얼마든지 하나님의 일을 할 수 있다는 것을 알고 작은 교회를 찾아서 다닌다고 하였습니다. 그러면서 "이 교회도 앞으로 200명이 넘으면 다른 교회로 옮길 것입니다. 그때까지만 이 교회를 위해서 열심히 충성하겠습니다"라고 하였습니다.

그리고 절대로 장로는 하지 않겠다고 하였습니다. 그것은 장로가 되면 교회를 옮길 수 없기 때문이었습니다. 그분의 말씀을 듣고 제가 은혜를 받았습니다. 작은 교회를 찾아서 함께 고생하고 십자가를 지려는 이러한 집사가 이 나라의 교회를 말없이 지탱해 가는 저력이 아닐까요? 이런 분들이 많았으면 하는 마음을 여기에 함께 나눠봅니다.

우리나라에 이런 집사들이 몇 명이나 될까요? 자기 교회가 어려우면 큰 교회를 찾아갈 궁리를 하는 성도들이 얼마나 많습니까? 작은 교회를 주님의 몸으로 알고 함께 섬기고 눈물 흘릴 성도를 하나님은 찾고 계시는데 말입니다. 거의 모든 사람들은 편하고 자기를 알아주는 교회로 가려고 합니다. 그런데 이름 없이 빛도 없이 자기가 필요한 곳을 찾아서 말없이 충성하는 이런 성도야말로 한 알의 밀알이 아닐까요?

서로 경쟁하다 보니 어느새 전도 운동이 성도를 빼앗아 가는 운동이 되어 버리고 말았습니다. 교회마다 일 년 한두 번씩 하는 총동원주일은 '아무나 와도 좋소'라고, '불신자나 다른 교회 다니는 집사나 장로도 좋소'라고 문을 활짝 열어 놓고 있습니다. 그래서 큰 교회들은 작은 교회 성도들을 데리고 가도 대환영하며 그들의 교회를 채우고 있습니다. 많은 사람을 데리고 오는 사람에게 '전도왕'이라는 상까지 주면서 말입니다.

큰 교회들이 정말 불신자들을 전도해서 결신한 성도는 몇 퍼센트나 될까요? 작은 교회에서 집사, 권사, 장로까지 하다 큰 교회로 간 성도들이 얼마나 많습니까? 골치 아프고 부담 많은 작은 교회보다는 마음

편하고 부담 없는 큰 교회가 좋을지도 모릅니다. 편하게 예수 믿기에는 큰 교회가 얼마나 좋습니까?

그러나 작은 것을 귀하게 여기시는 주님의 말씀을 한번 생각하면서 신앙생활 하시기 바랍니다. 십자가를 지고 좁은 문으로 들어가라고 하신 주님의 말씀이 무슨 뜻인지 묵상해 보시기 바랍니다.

큰 교회들은 성장 비결을 가르쳐 준다면서 전도 세미나나 성장 세미나를 여는 교회가 많습니다. 거기서 무얼 가르치고 무얼 배우겠습니까. 어떻게 하면 작은 교회의 성도들을 데려올 수 있을까 하고 가르치는 곳은 아닐까요? 자기들은 기도 능력, 설교 능력이 있는 양 가르칠 것입니다.

저는 도리어 그들이 작은 교회 목사들에게 감사하고 배워야 한다고 생각합니다. 십자가를 지는 것, 이름 없이 빛도 없이 사명을 감당하는 것, 주님을 위해서 고생하는 것이 무엇인지 그들이 십자가를 다시 한 번 배워야 할 것입니다. 큰 교회 목사들이 작은 교회 목사들에게 더 배울 것이 많다는 것을 그들은 모릅니다. 작은 교회 목사들이 눈물로 키운 양을 아무 값없이 데리고 간 것을 미안하게 생각할 사람들도 없습니다. 그런 것이 죄인 줄도 모르고 있습니다.

저는 분명히 말할 수 있습니다. 천국에 가면 큰 교회 목사들보다 작은 교회, 농어촌 교회에서 한 영혼을 위해 온 생애를 바친 주의 작은 종들이 더 큰 상을 받을 것이라고 말입니다. 작은 교회 목사들이여, 결코 큰 교회 목사들을 부러워하지 마십시오. 그들을 따라가려고 하지 마십시오. 그들은 건물 자랑, 교인 자랑, 자기 능력만 자랑하다가 하나님의 책망을 받을 것입니다.

그날에 주의 이름으로 귀신을 쫓아내고 병을 고쳤다고 자기의 능력을 자랑하는 이들에게 예수님께서 "나는 너를 알지 못한다. 불법을 행한 자들아"라고 하신 말씀이 무엇을 의미합니까? 작은 자에게 한 것이 곧 내게 한 것임을 모르기 때문입니다.

십자가의 길, 좁은 길이 어떤 길인지 모르는 목회자들이라고 생각합니다. 좋은 환경에 길들여져서 예수님의 길이 무엇인지 체험하지 못한 사람들이라고 할 수 있습니다. 그들은 나도 과거에 개척해서 고생해 봤다고 자랑합니다. 그러나 그렇다고 해서 지금 편하게 살아야 하는지 다시 한번 자신을 돌아봐야 합니다. 예수님은 능력이 없어서 십자가를 졌습니까? 사도 바울은 돈이 없고 능력이 없어서 욕 먹고 매를 맞으면서 선교했습니까?

예수님과 사도 바울은 하늘의 능력이 있었지만, 자청하여 고난의 길을 갔다는 것을 알아야 합니다. 예수님은 자기를 따라오려는 제자들에게 '나는 머리 둘 곳도 없다. 그래도 나를 따라오려면 각오하고 오라'고 하셨습니다. 지금 이런 말씀을 들으면 목회자의 길을 갈 사람이 몇 사람이나 될까요? 주의 종이 된다는 것이 무엇인지 우리는 깊이 생각하며 살아야 합니다.

천국을 믿는다면, 천국에서 받을 상을 생각한다면 지금 어떻게 살아야 할지 마음이 달라질 것입니다. 그런데 남의 양까지 빼앗아 가면서까지 대형 교회, 세계적인 교회를 만들어야 합니까? 이것이 하나님이 원하시는 선교일까요? 다윗이 우리야의 아내를 강제로 빼앗아 간 사건을 하나님께서 엄하게 책망하신 말씀을 진정 아는지 묻고 싶습니다.

한 마리밖에 없는 양을 빼앗아 간 다윗을 얼마나 책망하였습니까? 물론 그들은 나는 아니라고 할 것입니다. 성도들이 자발적으로 자기 교회로 찾아온 것이라고 할 것입니다. 작은 교회가 문제가 많아서 말씀이 좋은 우리 교회에 왔다고 할 것입니다.

어느 장로가 자기 교회가 너무 멀어 가까운 데 있는 큰 교회에 수요 예배를 드리러 갔답니다. 그런데 어떻게 알았는지 그 교회 집사가 옆에 와서 어느 교회 다니느냐고 하면서, 우리 교회로 옮길 생각이 없느냐고 묻더랍니다. 그래서 나는 어느 교회 장로라고 해도 자기 교회 목사 자랑을 하면서, 우리 목사님의 말씀이 너무 좋다면서 자기 교회로 옮기라고 하더랍니다. 이런 행동을 보고 그 장로는 깜짝 놀랐다고 합니다.

그 교회는 아파트 전도를 하면서 다른 교회 문패가 있어도 자기 교회 전도지와 자기 교회 목사 설교 테이프, 과자 등을 담은 주머니를 돌린다고 합니다. 이것을 본 그곳에 사는 목사가 보고, 이것이 전도인지 다른 교회 성도들을 유혹하는 것인지 모르겠다고 하는 것을 들었습니다.

한 마리의 양까지 빼앗아 가는 다윗을 무섭게 책망하신 하나님입니다. 몇 명 안 되는 양들을 위해 기도하고 심방하며 눈물의 기도로 키우는 그들을 생각한다면 그렇게 할 수는 없습니다. 교회 버스와 많은 물량으로, 아니면 인기 많은 자기 교회 목사를 선전하며 작은 양들까지 휘몰아가는 자들이 하나님의 종일까요? 아니면 강도일까요? 그들은 양심의 가책도 느끼지 못할 것입니다. 큰 교회 목회자들은 작은 교회 목회자들을 능력이 없다고, 기도하지 않아서 그렇다고 할 것입니다.

어떤 큰 교회 목사는 설교 시간에 작은 교회 목사들을 제 양도 못 챙기고 빼앗기는 것들이 바보라고 조롱까지 한다고 하니, 차마 할 말이 없습니다. 작은 교회 목사들은 생활비도 제대로 받지 못하면서 누구에게도 없다고 표 내지 않고 생활하는데, 큰 교회 목사들은 많은 연봉에 고급 승용차, 넓은 아파트에 살면서 이것이 다 자기들이 잘해서 하나님이 축복하신 것이라고 자랑할 것입니다.

하나님을 믿는 사람들이 다른 형제들은 지금도 고통 속에서 목회를 하고 있는데도 자기들은 아무런 양심의 가책도 느끼지 못한다면, 그것은 예수님의 제자라고 할 수 없습니다.

작든 크든 하나님의 교회요 그리스도의 몸이라는 것을 인식하고 함께 가는 공동체 의식을 가져야 합니다. 교단이 달라도, 신학교가 달라도 그리스도의 피를 나눈 한 몸이라는 의식을 가져야만 한국 교회는 위기를 이겨 낼 수 있습니다. 큰 교회는 큰 사명을 주셨고 작은 교회는 작은 사명을 주신 것입니다. 하나님의 집에는 큰 그릇도, 작은 그릇도, 귀한 그릇도, 천하게 쓰이는 그릇도 있습니다. 이것을 알고 서로 아끼고 소중히 여기며 사랑하는 교회가 되기를 기원합니다.

11. 너무 조급한 한국 교회와 성도들

한국 교회의 위기는 어디서 왔을까요. 여러 가지 원인이 있습니다. 조급증도 큰 이유 중 하나입니다. 조급한 마음은 우리나라 국민성에서도 나타납니다. 물론 이런 습관 때문에 우리나라가 빨리 성장하고 발전했다는 학설도 있습니다.

빨리 할 때는 빨리 해야 합니다. 그러나 느긋하고 신중할 때는 좀 더 신중해야 합니다. 한국 교회는 그동안 급성장하며 지금까지 잘 견뎌 왔습니다. 이제 급성장하는 동안에 생긴 문제점이 하나, 둘 드러나고 있습니다. 모든 것을 빨리 하다 보니 덜 성숙한 사람이 일을 하고, 신앙이나 인격이 성숙하지 못하여 사회에 문제를 일으키는 경우가 많습니다.

사람은 하루아침에 만들어지는 것이 아닙니다. 사람을 길러내는 것은 기다림과 훈련이 있어야 하는데 너무 빨리 하다 보니 지도자들의 인격과 영성이 부족한 것이 드러나고 있습니다. 빨리 성장하고 빨리 건축하려는 조급증 때문에 성도들은 피곤하고 힘 빠지게 만드는 경우가 참 많습니다. 어떤 목회자는 성도들이 자꾸 다른 데 신경 쓰지 않도록 훈련을 계속 시켜야 한다는 말을 자주 합니다. 프로그램을 만들어서 계속 돌려야 교회에만 신경을 쓰고 딴 생각을 안 하는, 충성하는 성도가 된다고 생각합니다.

예수님의 공생애를 보면, 짧은 생애였으나 조급하지 않으셨습니다. 늘 하나님의 때를 기다리고 인내하셨습니다. 하나님의 능력을 가지고도 항상 참고 절제하신 모습을 볼 수 있습니다. 가나의 결혼 잔칫집에서도 어머니가 이 집에 포도주가 떨어졌다고 말씀하실 때, 내 때가 아니라고 하시면서 하나님의 때를 기다리셨습니다. 우리의 생각으로는 그런 좋은 자리에서, 수많은 사람들 앞에서 깜짝 놀랄 기적을 빨리 보여주는 것이 더 좋게 느껴질 수도 있었을 것입니다.

그러나 주님은 그런 다급한 경우에도 하나님의 때를 기다리시는 것은 우리가 볼 때 이상하게 느껴집니다. 또 자기가 물로 포도주를 만드셔도 그것을 자랑하고 나타내시지 않았습니다. 그래서 연회장까지도 이 포도주가 어디서 났는지 몰랐다고 하였습니다. 그에 비해 우리는 조그마한 일을 해놓고 얼마나 자랑합니까.

예수님의 자기 절제력은 우리도 본받아야 합니다. 주님은 늘 자기의 능력보다는 하나님의 영광과 때를 기다리셨습니다. 우리와는 너무나 다른 모습입니다. 십자가에서도 주님은 참고 인내하셨습니다. 하나님 나라의 군대를 부를 수도 있었습니다. 그러나 주님은 친히 십자가에서 죽임을 당하셨습니다. 이는 인내의 극치라고 할 수 있습니다. 만물의 주인이신 주님이 친히 십자가에서 죽임을 당하신 모습은 너무나 끔찍하지 않습니까. 그래서 온 세상이 캄캄해지고 울었다고 하였습니다.

모든 일은 때가 있습니다. 그 때를 기다리며 참고 기도하신 자세는 우리가 분명히 배워야 할 부분입니다.

과일도 때가 되어야 제 맛이 나고 먹을 수 있습니다. 너무 일찍 따 먹으면 떫고 제 맛이 나지 않습니다. 밥도 뜸을 들여야 밥맛이 좋습니다. 김치도 잘 삭아야 참맛을 냅니다. 우리의 신앙도 성숙해야 그리스도의 향기가 나타나게 됩니다. 성숙하지 못한 신앙은 그리스도의 향기가 아니라 도리어 역겨운 냄새만 납니다.

지금 우리 사회 곳곳에서 성도들이 향기보다는 아름답지 못한 냄새를 풍길 때가 많습니다. 이런 우리 때문에 교회와 예수님의 이름에 먹칠이 갑니다. 부흥회 때 은혜 좀 받았다고 바로 신학교에 가고, 신학교에 다니면서 벌써 부흥사 흉내를 내는 모습 또한 마찬가지입니다. 이렇게 하루아침에 모든 것을 이루려는 조급함이 도리어 하나님의 뜻을 거스르는 경우가 많습니다.

하나님의 종은 하루아침에 되는 것이 아닙니다. 사도 바울 또한 어느 날 갑자기 예수님을 만나서 능력의 사도가 되진 않았습니다. 그는 세상의 학문과 율법을 깊이 공부하고 연구하였습니다. 예수님을 만나 회심한 후에도 그가 아라비아 사막에서 긴 경건의 훈련과 기도로 영성을 쌓았다는 것을 간과해서는 안 됩니다. 자기를 쳐서 복종하기까지 수많은 연단과 훈련으로 영성을 길렀기에 위대한 사도가 되었습니다. 그랬기에 능력이 있어도 나의 나 된 것은 오직 하나님의 은혜라고 겸손해하지 않았습니까.

목적도 중요합니다. 그러나 하나님의 일에는 과정이 더 중요합니다. 이런 과정을 무시해 버리고 일부터 벌이는 사람들이 참 많습니다. 우리가 신학교에 다닐 때는 조용기 목사님 스타일이 유행했습니다. 신학생들은 졸업하면 조용기 목사님같이 세계적인 부흥사, 큰 교회를 세운 목회자가 되고 싶은 욕망이 앞서서 그분의 모든 것을 배우려고 흉내를 내었습니다.

그래서인지 몰라도 그때는 조용기 목사님 스타일로 설교하는 분이 참 많았습니다. 조 목사님의 영성을 닮으려고 하는 것이 아니었습니다. 겉모습과 설교 스타일과 특유의 카랑카랑한 그 음성을 닮아 보려고 노력했습니다. 그분의 영성을 닮아야 그분의 신유와 설교의 능력이 나타난다는 것을 몰라서 그런 것 같았습니다.

빨리 성공해서, 또 성장해서 자기 이름을 내려는 유혹을 버려야 합니다. 목회하는 목회자나 기도하면 금방 응답받기를 바라는 성도들이나 조급한 마음을 버려야 한국 교회에 희망이 있습니다. 영성이나 인격은 하루아침에 이루어지는 것이 아닙니다.

구약에 나오는 모세를 보면, 그가 정말 기다리고 기다렸던 모습을 볼 수 있습니다. 40년이라는 긴 세월을 미디안 광야에서 허송세월을 하는 것 같았습니다. 그러나 그 모든 과정이 하나님을 닮아가는 인내와 겸손, 그리고 영성을 형성해 가는 과정이라는 것을 알 수 있습니다. 한국 교회가 지금부터라도 모세같이 하나, 둘, 벽돌을 쌓듯이 영성을 쌓아 나가야 희망이 있습니다. 이런 위기가 왔다고 빨리 해결하려고 조급히 발버둥치면 더욱 수렁에 빠지고 말 것입니다.

한국 교회의 위기는 하루아침에 치유될 문제가 아니기 때문입니다. 갑자기 한번에 모든 것을 하려는 마음을 버려야 합니다. 그렇게 될 수도 없습니다. 하루하루 우리의 삶이 예수님을 닮아가려고 힘써야 합니다. 지금부터라도 우리 교회와 목회자들, 그리고 성도들이 예수님의 영성을 쌓아간다면 머지않아 더욱 성숙한 한국 교회와 성도들이 되어 이 나라와 사회에 큰 역할을 할 것입니다.

12. 한국 교회의 우상

몇 년 전 국가 조찬 기도회에서 어떤 목사가 다른 종교를 우상이라고 했다고 언론에서 비판한 글을 읽었습니다. 십계명을 보면 하늘에 있는 것, 땅에 있는 것, 바다 밑에 있는 것이라도 절하지도 경배하지도 말라고 하였습니다. 어떤 신상이라도 만들어 놓고 거기에 절하는 것은 우상 숭배입니다. 큰 바위나 나무나 산과 같은 자연 앞에서도 두 손을 모아 비는 것 또한 우상 숭배가 됩니다.

아직도 우리나라 국민들은 이런 무속신앙이 몸에 배어 있습니다. 우리 조상들은 옛날부터 이런 우상을 섬기며 의지했습니다. 동네마다 당나무가 있어서 그 앞에 일 년에 한 번씩 제사를 지내고 한 해를 무사히 지켜 달라고 빌었습니다. 옛날에는 인간의 힘으로 안 될 때 어떤 것이라도 의지하고 싶은 마음으로 그것들에 빌고 절하고 모셨습니다. 개화되지 못하던 시대였습니다.

이런 현상은 우리나라만이 아니라 모든 나라와 민족들에게서 나타났습니다. 그런 무지한 우리 민족에게 복음이 들어와서 어둠에서 해방되는 역사가 일어나, 인간보다 못한 자연이나 신상에 절하는 일이 많이 줄어들었습니다. 그러나 아직도 우리나라 사람들은 복이 될 것 같으면 어디든지 빌고 절하고 싶은 마음이 간절합니다. 특히 입시철에는 수많은 사람들이 대구 갓바위에 가서 빌고 절한다고 하니, 이 나라의 미신이 언제 없어질지 모르겠습니다.

미신과 우상은 큰 죄악이며, 이 나라를 병들게 하는 악령들의 역사입니다. 미신과 우상에 물들어 버리면 국민들의 마음과 생각이 허약해져 판단력이 없어져 버립니다. 하나님이 주신 창조적인 생각과 마음을 병들게 하고 인간이 스스로 일어나려는 마음을 없애 버리고 맙니다. 그렇게 되면 모든 것을 우상과 미신에 의존하는 습관이 들어가서 자기들이 해야 할 일을 미신이나 우상에게 맡기는 일이 일어나고 말 것입니다.

지금도 후진국에 가보면 온갖 미신과 잡신들을 우상으로 섬기고 있습니다. 쥐 한 마리도 겁이 나서 잡아 죽이지 못하는 나라가 있습니다. 인도 같은 나라는 사람들이 굶어 죽는데도 소는 살이 쪄서 대로를 활보하고 있습니다. 우리나라에도 아직 이런 미신이 국민들 머릿속에 자리 잡아서, 조금만 어려우면 점을 보고 우상에게 빌고 절하는 사람들이 많이 있습니다.

인간은 어려움을 당하면 어디든지 빌고 의지하고 싶은 나약한 마음이 있습니다. 따라서 이럴 때일수록 우리 교회가 바로 서서 참된 복음을 전하고 가르쳐야 합니다. 그런데 교회조차도 지금 우상에 사로잡혀 있다고 하면 많은 성도들은 웃을 것입니다.

교회는 그리스도의 몸이라고 합니다. 예수님의 몸은 거룩해야 하고 사랑과 은혜가 넘쳐야 합니다. 이런 우상은 절대로 용납할 수 없습니다. 그런데 지금 교회 안에 슬며시 들어온 우상들이 있습니다. 우상이 무엇입니까? 하나님보다 더 사랑하고 더 믿는 것이 아닙니까?

그렇다면 교회 안에 들어온 우상은 무엇일까요?

1) 돈의 우상

돈이 하나님의 자리에 앉아서 목회자들과 성도들을 움직이고 있습니다. 자본주의 사회에서는 돈이 우상의 자리에 앉은 지가 오래되었습니다. 그러나 교회만은 돈이 아니라, 우리 하나님과 예수님, 그리고 성령님, 삼위일체 하나님이 머리가 되어야 합니다.

보이는 우상은 교회에 없습니다. 어디에 절하고 비는 신상은 없으나, 보이지 않는 우상이 우리 성도들 마음속에 자리 잡고 있음을 우리는 모르고 있습니다. 어떤 일을 해도 돈이 있어야 하니까 돈이 필요합니다. 선교, 건축, 그리고 교회의 모든 행사도 돈이 있어야 할 수 있습니다. 그래서 그런지 슬며시 돈이 하나님의 자리에 앉아 있는 것을 볼 수 있습니다.

무슨 선거를 해도 돈이 있어야 하고, 돈을 많이 쓰는 사람이 당선되는 것을 봅니다. 한기총 회장 선거도 돈 봉투를 많이 돌렸다고 폭로하는 사태까지 왔습니다. 돈을 안 돌리면 당선되지 못하기 때문입니다. 얼마나 부끄러운 일입니까!

목회자의 등급도 사례금을 얼마나 받느냐에 따라 달라집니다. 수억의 연봉은 받아야 대접 받는 시대가 되었습니다. 노회나 총회 안에서도 상회비를 많이 내는 교회와 목사들이 힘을 쓰고 발언권이 강합니다. 교회는 세상의 주식회사와 달라야 하는데 말입니다. 주식이 많은 사람이 회사의 주도권을 행사하듯이, 교회의 모든 일이 돈이 많은 이들 중심으로 이루어지고 있다는 것입니다. 자기들 말을 안 들으면 노회를 탈퇴하고 총회를 탈퇴하려는 교회도 많이 보았습니다. 참으로 부끄러운 일 아닙니까? 우리가 돈을 많이 내는데 그만한 대우를 안 해준다는 것입니다.

어떤 부흥사는 자기 연봉이 1억이 넘는다고 자랑하는 것을 보았습니다. 말씀을 전해도 모자라는 부흥회 시간에 자기 연봉을 자랑하는 부흥사를 보았습니다. 한국 교회의 모습을 보는 것 같아 얼굴이 뜨거웠습니다. 돈이 없으면 큰소리도 못 치는 것이 한국 교계가 되었습니다. 모든 자리는 돈을 많이 내야 앉을 수 있게 되었습니다. 돈 없는 목사들과 성도들, 돈 없는 교회는 아무 힘도 못 쓰는 교계가 되고 말았습니다.

교회 역사를 보아도 돈이 교회를 지배할 때 교회는 타락하고 말았습니다. 돈은 하나의 수단으로 하나님의 도구가 되어야 하는데 말입니다. 지금 교회뿐만 아니라 우리나라 종교가 돈이 목적이 되어 가고 있습니다. 종교는 인간을 사랑하고 섬기고 구원하는 것이 목적이 되어야 합니다. 목적과 수단이 바뀌면 안 됩니다. 지금 모든 종교들이 돈벌이로 변질되어 가는 느낌을 주는 것은 큰 문제입니다.

불교에서도 정부 예산이 적다고 정치인들의 절간 출입을 막는 것을 보았습니다. 자기들 마음에 안 들면 정치인들을 협박하는 풍조가 만연합니다. 여기에 정치인들은 굴복하고 말 것입니다. 표 앞에 나약한 것이 정치인들이기 때문입니다. 종교가 정치 권력을 맘대로 하는 시대가 되었으니 이것이 자랑스러운 현상입니까, 부끄러운 현상입니까? 중세 시대 천주교가 타락한 것도 돈과 권력이 교회를 지배할 때였습니다.

예수님은 40일 금식을 하시고 마귀의 시험을 받으셨습니다. "네가 정말 하나님의 아들이라면 이 돌을 가지고 떡으로 만들어 먹으라"고 하였습니다. 이 말을 들은 예수님은 단호하게 "사람이 떡으로만 사는 것이 아니라 하나님의 입으로 나오는 모든 말씀으로 살 것"이라고 하셨습니다.

떡은 경제를 말하며, 돈이 경제의 핵심일 것입니다. 사람들은 돈이면 다 된다고 생각하고 있습니다. 그러나 예수님은 이런 사탄의 음모를 아시고 단호히 물리치셨습니다. 사탄은 우리도 모르게 벌써 우리 마음속에 우상의 씨를 뿌리고 있습니다.

그러나, 돈으로 안 되는 것이 얼마나 많습니까? 돈으로 행복을 살 수 있습니까? 돈으로 참된 사랑을 얻을 수 있습니까? 하나님의 은혜도 돈으로 얻을 수 없습니다. 돈으로 천국에 갈 수 있다고 생각하는 사람이 있다면 이보다 더 어리석은 사람은 없습니다. 이런 부자들은 절대로 천국에 갈 수 없다고 말씀하고 있습니다. 어린이 찬송에 이런 찬송이 있습니다.

돈으로도 못 가요 하나님 나라
벼슬로도 못 가요 하나님 나라
거듭나야 가는 나라 하나님 나라
믿음으로 가는 나라 하나님 나라.

어릴 때 불렀던 찬송이지만, 아직도 머릿속에 생생합니다. 정말 복음적인 찬송이 아닌가 생각됩니다. 참으로 하나님 나라는 돈으로도, 벼슬로도 못 가는 나라입니다.

그럼에도 우리는 돈이 인간의 마음을 타락하게 만드는 원인이 된다는 것을 모르고 있습니다. 돈 때문에 가정의 행복이 무너지고, 돈 때문에 의리가 없어지고, 돈 때문에 죄악이 생기고, 인간의 마음이 썩어간다는 사실을 말입니다. 지금 삼성가의 형제 싸움을 보면 돈이 얼마나 무서운지 알 수 있습니다. 같은 형제들이지만 돈 앞에서는 아무것도 안 보이는 것 같아 국민들의 마음도 착잡합니다.

돈이 없었다면 그 형제자매들이 얼마나 사이가 좋았을까요? 같은 부모 아래서 사랑받고 살았던 형제자매들이 돈이 많으니까 저렇게 싸우는 것을 보면 돈의 무서움을 알 것 같습니다. "욕심이 잉태한즉 죄를 낳고 죄가 장성한즉 사망을 낳느니라"(약 1:15)는 말씀이 실감나지 않습니까.

참으로 행복한 사람은 돈이 많은 사람이 아니라 돈을 바로 쓸 줄 아는 사람입니다. 원로배우 신영균 씨의 500억 기부는 정말 감동적인 일이었습니다. 지금까지 구두쇠라는 소리를 들어가면서 두 부부가 억척같이 모은 전 재산의 반을 말년에 영화계와 영화인을 위해서 기부했다는 아름다운 소식을 듣고 참으로 행복한 사람이라고 생각이 들었습니다.

그분이 기부를 할 때 아들과 가족들이 모두 기쁘게 받아들였다는 얘기를 듣고, 이런 가정이 행복한 가정이 아닐까 생각했습니다. 그가 미국에 있는 손자 손녀들에게 이 소식을 전했을 때 우리 할아버지는 정말 멋쟁이라고 기뻐했다고 하니, 참으로 멋진 가정이 아닙니까. 이처럼 돈을 옳고 보람 있게 사용한다는 것은 참으로 하나님의 은혜요 축복입니다.

그래서 종교만은 돈에서 해방되어야 합니다. 돈 때문에 교회가 시험에 들면 안 됩니다. 돈을 사랑함이 일만 악의 뿌리라고 성경이 경고하고 있어도, 우리 교회와 성도들은 이 말씀에 신경 쓰지 않고 있습니다. 교회에서 일어나는 문제도 그 속을 들여다보면 돈이 자리 잡고 있습니다. 돈이 없었으면 일어나지 않을 문제들이 일어나고 있습니다.

돈 없고 재산 없는 교회가 저렇게 싸울까요? 돈 없는 교회에서 세습 문제가 나올까요? 돈이 있고 건물이 크고 부동산이 있으니까, 서로 이권 다툼과 자리 다툼을 하고 결국에는 서로 모함하며 법정에까지 가지 않습니까? 주님을 위해 목숨도 버리겠다고 서약한 목회자들과 장로들이 교회에서 교회와 성도들에게 상처와 아픔을 줘야 합니까?

돈이 무엇이기에 사람들의 마음을 이렇게 탐욕으로 더럽게 만드는지 모르겠습니다. 돈 때문에 목회자와 장로가 원수가 되고, 돈 때문에 성도들끼리 서로 얼굴을 붉혀야 합니까? 그래서 돈을 사랑하면 안 된다고 하신 것이 아닙니까?

지금 한국 교회의 위기는 돈을 하나님보다 더 사랑한 데서 오는 하나님의 준엄한 심판이라고 생각합니다. 돈이 나쁜 것이 아닙니다. 돈이 더러운 것도 아닙니다. 돈을 하나님보다, 우리 예수님보다 더 사랑하는 것이 문제입니다. 보이는 우상은 없지만 보이지 않는 우상이 우리 목회자들과 성도들 마음에 들어온 것을 알아야 합니다. 영성이 깊은 성도들은 이것을 깨달아야 합니다.

그러나 영성이 없는 사람은 이것이 우상인지 모르고, 축복이라고 생각하고 따라가고 있습니다. 하나님의 축복은 돈이 아니라 예수님인데도 성도들은 보이는 돈과 성공을 따라갑니다. 욕심의 수렁에 빠진 후의 그 마지막은 멸망과 부끄러운 심판이 기다릴 것입니다. 이 위기를 이기기 위해 우리 마음에 들어찬 돈의 우상을 깨트려야 합니다.

이것을 깨트리지 못한다면 이 위기는 극복할 수 없습니다.

2) 감투와 권력의 우상

교회와 교계에서 또 하나의 우상이 감투와 권력의 우상입니다. 한국 교회를 병들게 하는 큰 원인으로 서로 높아지려고 하는 것을 꼽을 수 있습니다.

중세 시대 교황의 권력은 절대적이었습니다. 교황은 살아 있는 하나님이었고, 눈에 보이는 예수님으로 행세하여 성도들을 통제하였고 자기들의 종같이 이용하였습니다. 예수님은 인간을 해방시키려 오셨는데, 교황청은 성도들을 얽어매었고 교황의 사람으로 만들려고 했던 것입니다. 교회만 지배하는 교황이 아니라 세속의 권력까지 지배하였습니다. 유럽의 황제까지도 임명하는 절대 권력을 휘둘렀습니다.

절대 권력은 절대로 망한다는 말은 그대로 적중하여, 중세의 교황과 교황청은 부패의 온상이 됐습니다. 세속 권력과 종교 권력까지 한손에 쥔 교황청은 중세를 암흑의 세계로 만들고 말았습니다.

지금도 로마 교황은 세계의 영적인 황제로 군림하려 하고 있습니다. 온갖 인간적인 방법을 만들어 교황을 신격화하는 것을 볼 수 있습니다. 교황이 어디 방문하는 것을 보면 하늘의 옥황상제가 방문하는 것처럼 화려하고 거창하지 않습니까. 이런 것을 우리는 경계해야 합니다.

성경과 예수님의 정신과는 너무나 배치되는 교황청을 보고 우리는 무슨 생각을 해야 합니까? 예수님은 높아지려고 오신 것이 아니라, 낮아지고 섬기시려고 이 세상에 오신 분입니다. 그러나 교황은 자꾸만 높아지려고 세상 면류관을 쓰고 황금 옷을 입고 행차합니다. 예수님이 나귀 새끼를 타고 가신 모습과 너무 대조가 되어 참으로 한심한 생각이 듭니다. 예수님을 몰라도 한참 모르는 짓을 하고 있습니다.

그런데 우리 목회자들과 성도들도 자꾸 높아지려고, 올라가려고만 하고 있습니다. 이런 것을 보면 성령님이 얼마나 탄식하실까요? 천주교의 권력을 개혁하려는 것이 우리 개혁교회가 아닙니까? 그런데 우리 한국 교회가 천주교의 구습을 따라가고 있다는 사실은 참으로 아이러니가 아닐 수 없습니다. 교황의 권력과 무오설을 정면으로 반대하여 일어난 개혁교회가 그들의 과거 모습을 닮아간다면 하나님은 우리를 어떻게 보시겠습니까?

한국 교회의 위기는 여기에서 온 것이라고 생각합니다. 교회가 이 땅에 존재하는 이유는 이 세상을 섬기고 사랑하고 함께 가기 위함입니다. 예수님은 어두운 이 세상에서도 하나님의 나라를 만들고자 하셨습니다. 사랑과 평등이 있는 나라, 정의가 하수같이 흐르는 나라가 하나님의 나라입니다.

그런데 교회까지 계급을 만들어 누가 더 높냐고 서로 다툰다면, 이것은 교회라기보다는 정치 집단입니다. 기독교가 하나의 교황은 없앴지만 수많은 교황을 새로 만들었다고 하는 세상 사람들의 말을 깊이 새겨들어야 할 것입니다. 그 새 교황이 혹시 내가 아닌지 말입니다.

천주교의 단점을 보고 개혁한 교회가 다시 계급과 권력의 세계로 돌아간다면 교회는 하나님의 사명을 다할 수가 없습니다. 로마 교황청은 아직도 죽은 교황들과 죽은 추기경, 수녀들을 성인으로 만들어 인간을 신격화하는 작업을 합니다. 이런 모습을 보며 우리는 더욱 낮아져야 합니다.

교회는 예수님의 몸으로서 모든 인간은 다 같은 생명의 가치를 가졌다는 것을 보여주어야 합니다. 계급과 권력을 없애고 서로 섬기는 교회 공동체를 만들어야 할 것입니다. 특히 목회자들은 이런 예수님의 모습을 닮아서 성도를 섬기고 사랑하며 희생하는 본을 보여주어야 합니다.

특히 장로와 권사 제도는 계급이 아니라 섬기는 봉사 직이라는 것을 깊이 깨달아야 합니다. 장로가 되면 더욱 성도를 섬기고 이웃을 사랑하는 청지기의 사명을 다해야 할 것입니다. 교회마다 장로 선거나 권사 선거가 되면 공공연하게 선거 운동을 하고 친척들을 동원하여 당선되려는 풍습이 만연해 있습니다. 장로가 무엇입니까? 권사가 무엇입니까? 정말 그 직분이 영광스럽다고 생각한다면 예수님같이 성도와 이웃을 섬기고 교회를 내 몸같이 사랑해야 할 것입니다.

직분이 하나의 계급이나 높은 자리인 줄 알고 높아지려는 사람들이 너무 많습니다. 나에게 유익이 되는 줄 알고 서로 장로가 되려 하고 권사가 되려고 합니다. 예수님은 낮아지려 하면 높아지고, 높아지려 하면 낮아진다고 하였습니다. 교회는 이런 권력의 우상을 과감히 깨뜨려 버려야 합니다. 예수님같이 섬기는 사람이 존경받고 사랑과 희생으로 이웃과 성도들을 위해 일하는 사람이 존경받는 교회가 되어야 합니다. 장로나 권사가 아니면 어떻습니까. 감사와 기쁨으로 주의 일에 충성하고, 사람들을 내 몸같이 사랑하는 성도들이 많아야 참된 하나님의 집이 될 것입니다.

목회자들도 너무 감투를 좋아하지 말고 맡겨진 사명이라면 맡은 자리에서 충성하면 됩니다. 노회장이 무엇입니까? 총회장이 무엇입니까? 한기총 회장은 또 무엇입니까? 다 주의 일을 하고 섬기는 자리가 아닙니까? 그런 자리를 하나의 큰 벼슬로 알고 자리싸움을 한다면 한국 교회는 어떻게 되겠습니까?

게다가 너무 많은 조직 단체를 만들어 회장, 차기 회장, 전 회장, 부회장, 명예회장, 공동회장, 상임회장 등 사회에서는 듣지도 보지도 못한 직함을 만들었습니다. 그 자리에 억지로 앉으려 하고, 억지로 앉혀서 찬조금을 요구하는 폐단은 이제 없어져야 합니다.

초대 교회 사도들같이 우리의 최고 사명은 말씀과 기도라고 생각합니다. 오직 기도와 말씀에 전념하였던 초대 교회 사도들같이 목회자들의 사명은 말씀과 기도가 되어야 합니다. 그러므로 영성에 깊이 젖어 예수님을 닮아가는 목회자들이 많이 나왔으면 합니다.

3) 건물과 건축의 우상

교회마다 건축에 많은 관심을 가지고 있습니다. 교회라고 하면 건물이 먼저 생각납니다. 또 교회 건물이 아름답고 웅장해야 선교에 많은 도움이 되기 때문에 목회자들이나 장로들은 건축에 많은 관심을 가지게 됩니다. 목회자들은 목회하면서 자기가 원하는 건축을 한번 해보는 것이 소원인 분도 많습니다.

그러나 교회 형편이 어려워서 건축 한번 못해 보고 은퇴하는 분이 더 많을 것입니다. 다른 교회들이 교회 건축을 잘해서 헌당하는 것을 보면 부러워하고 나도 언제 저런 건축을 해서 하나님께 영광 돌리고, 많은 사람들을 초청하여 헌당식을 거창하게 한번 해볼까 하는 마음을 다 가지고 있습니다.

그래서 어떤 목회자들은 무리하게 건축하려고 하다가 중도에 건축하지 못하고 큰 낭패를 당하는 것을 많이 보았습니다. 교회 신문에 건축을 하다가 목회자가 어려움을 당하여 호소하는 기사를 많이 봤습니다. 왜 그렇게 무리하게 건축하여 저런 고생을 할까 하는 의문이 있습니다. 아무리 교회를 건축하고 싶어도 교회 형편을 생각하고 계산을 잘해 본 뒤 건축을 시작해야 합니다. 무조건 믿음으로 시작하여 마무리를 짓지 못하고 낭패를 당하면 하나님께 영광이 되지 못합니다. 사회 사람들에게 큰 비난거리가 될 것입니다.

교회를 건축하면 성도들이 많이 모일 것이라고 믿고 무리하게 건축하는 목회자들도 있습니다. 그런 분들은 믿음이 너무 좋은 분이라고 생각합니다. 그분들은 이것이 하나님께 영광을 돌리는 일이기 때문에 하나님이 도와주실 것이라고 믿고 밀고 나가는 것 같았습니다. 그런데 건축하다가 어려우면 성도들에게 무리하게 건축 헌금을 강요하게 됩니다. 그러다보니 성도들의 집이나 부동산을 은행에 저당을 잡고 대출을 받아서 무리하게 건축하는 것입니다. 그래서 교회만 어려운 것이 아니라, 모든 성도들이 큰 어려움에 처하는 것을 보았습니다. 이런 일은 하나님께 영광이 되지 못하고 도리어 성도들에게 고통을 주는 꼴이 되고 말 것입니다.

교회는 두 가지의 교회가 있습니다. 보이는 교회와 보이지 않는 교회입니다. 보이는 교회는 건물이나 조직 그리고 성도들을 말합니다. 그러나 보이지 않는 교회는 영적인 공동체와 하나님 나라입니다.

예수님은 유대인들에게 "보이는 대리석 성전을 헐어버려라, 내가 사흘 만에 지을 것이라"고 하셨습니다. 이 성전은 자기 몸을 두고 한 말씀이라고 하였습니다. 예수님이 말씀하신 교회는 건물이 아니었습니다. 유대인들은 성전을 하나님같이 섬기고 사랑했습니다. 성전이 허물어지면 하나님의 영광이 떠난 것이라고 믿고 온 백성들이 크게 슬퍼하였습니다. 그렇게 사랑하고 아끼는 성전을 헐어 버리라고 하였을 때 유대인들은 예수님을 얼마나 증오했을까요?

예수님이 세우려는 교회는 보이는 성전 건물이 아니었습니다. 십자가에서 피 흘리며 자기 몸을 바쳐 세우려고 하신 희생의 교회, 사랑의 교회였습니다.

이 교회는 구약에서 말하는 성전과는 다릅니다. 그렇기 때문에 유대인들이 우상같이 섬기고 사랑하는 46년 된 성전은 헐어도 된다고 하셨습니다. 예수님이 세우고 싶은 성전은 자기의 피로 만든 성전, 즉 우리 인간들 속에 자리잡아야 할 성령의 전이었습니다. 서로 사랑하고, 섬기고 나누는 하나님 나라를 만들고 싶었던 것이었습니다. 아무리 성전이 아름답다 하더라도 그 속에 인간들이 변하지 않고 서로 미워하고 싸운다면 그런 성전은 필요 없습니다. 그래서 성전을 헐어 버리라고 하신 것입니다.

그분이 만든 성전은 보이는 성전이 아니었습니다. 겉모양은 아름다운 대리석 건물이었지만 성전 속에 있는 영혼과 마음에 그 어떤 기쁨과 소망도 주지 못하는 성전이었습니다.

지금도 교회 건물을 하나의 우상처럼 생각하고 있는 성도들이 많이 있습니다. 보통 성전이라고 하면 거기에 하나님이 임재하신다고 믿고 있습니다. 그곳에 가서 기도하고 예배해야 하나님이 기뻐하시고 들으신다고 믿고 있습니다. 이것이 다 맞는 말씀은 아닙니다. 하나님은 이 세상 어디에도 임재하시는 전지전능하신 우리 하나님 아버지이시기 때문입니다.

그런데 우리나라 성도들은 교회를 하나의 우상같이 생각하여 건물이 없으면 교회도 없어지는 것처럼 생각할 때가 많습니다. 예수님이 말씀하는 교회는 예수님의 몸이요 우리 영혼과 몸 안에 계시는 성령님입니다. 그러나 우리는 교회 건물을 하나의 우상같이 생각하여, 교회에서만 하나님을 만나고 그분이 기뻐하시는 것으로 생각해 왔습니다. 그래서 무리하게 교회를 지으려고 하다가 많은 문제를 일으키는 교회가 있습니다. 하나님께 예배드리는 곳은 '예배당'이라고 우리 신앙의 선배들이 오래전에 교회 건물을 이름 지어 주었습니다. 얼마나 좋고 아름다운 이름입니까!

그런데 요사이 교회는 예배당은 없어지고 비전 센터, 드림 센터만 생기는 것을 봅니다. 우리나라 말로 그렇게 좋은 것이 있는데도 꼭 영어를 써야 고상하게 되는지 모르겠습니다. 이것도 하나의 겉멋이라고 생각합니다. 어디든지 주일마다 예배를 드리면 그곳은 예배당이지 비전 센터가 아닙니다. 하나님께 예배드리는 예배당이 얼마나 좋습니까. 그런데 꼭 비전 센터, 드림 센터라고 해야 하나님이 기뻐하실까요? 제 생각으로는 하나님도 비전 센터보다는 예배당을 더 좋아하실 것 같습니다.

작은 교회가 세를 얻어서 예배를 드려도 그곳이 예배당입니다. 자기 건물이 없어도 그곳이 우리 예배당입니다. 꼭 아름다운 건물을 지어야 하나님이 임재하시고 기뻐하실 것이라고 생각하는 것은 우리 생각일 것입니다.

우리는 그동안 교회 건물이 작고 초라하면 하나님께 죄를 짓는 것 같은 생각을 하며 살아왔습니다. 예수님은 건물이 없다고 교회가 아니라고 무시하시는 분이 아니십니다. 우리 인간들은 교회 건물이 작으면 무시하고 성도가 적어도 무시하지만, 우리 하나님은 그렇지 않습니다. 도리어 작은 교회일지라도 사랑과 믿음, 예수님의 말씀대로 산다면 더 기뻐하실 것입니다. 우리 주님은 교회 건물이나 성도 수를 보고 판단하시는 분이 아니라는 사실을 알아야 합니다.

우리 성도들의 마음속에 예수님을 모시면 그곳이 교회요, 성령의 전이 된다는 것을 꼭 기억하시기 바랍니다. 웅장하고 화려한 교회에서 예배를 드려야만 하나님이 기뻐하시고 예배드린 것 같다고 느끼는 것은 우리 생각입니다. 좀 누추한 곳에서, 세를 들어 예배를 드리면 뭔가 허전하고 하나님이 기뻐하시지 않을 것 같은 생각은 우리의 착각입니다.

도올 김용옥 박사는 한국 교회를 비판하면서 교회에서 하는 말은 세 마디가 있다고 혹평하였습니다. '교회 나오라! 헌금하라! 그리고 교회 짓자!'

이 얼마나 부끄러운 말입니까. 물론 그 사람이 교회를 비판하려고 만든 말입니다마는 우리 한국 교회가 너무 건축에 신경을 많이 쓰다 보니, 성도들에게 헌금을 강요하고 멀쩡한 교회를 헐어버리고 다시 짓는 교회들을 참 많이 보았습니다.

물론 보이는 교회, 즉 건물에도 신경을 써야 합니다. 다른 건물은 다 깨끗하고 아름다운데, 교회만이 너무 초라하면 사람들이 교회에 오는 데 장애가 될 수 있습니다. 그러므로 초라하지 않게 하여 선교에 큰 지장을 주지 않아야 할 것입니다.

그러나 교회 건물에 예산을 너무 투자하여 교회 건물을 웅장하고 화려하게 하는 것도 큰 문제입니다. 교회의 본질은 교회 건물이 아니라, 그 속에 있는 우리 성도들이 변화하여 얼마나 예수님을 닮아가는 사람으로 살아가는가에 달려 있습니다. 우리의 마음이 변하고 생각과 삶이 변하여 하나님을 사랑하고 이웃을 사랑하는 성도가 된다면, 교회 건물이 좀 초라하고 불편하면 어떻겠습니까. 사람들은 그런 교회를 좋아하고 우리 주님도 그런 성도들을 사랑할 것입니다.

지금까지 교회의 우상을 말씀드렸습니다. 이런 우상들이 한국 교회를 위기로 몰아가고 있습니다. 교회 안에 보이는 우상은 없습니다. 그러나 보이지 않는 우상이 교회를 어지럽히고 있습니다. 성도들이 하나님보다도 돈을, 권력이나 감투를 더 사랑하면 교회의 본질을 흐려 버리고 맙니다.

또 건물에 너무 많은 관심과 예산을 들여서 성도들에게 짐이 되고 있습니다. 건물을 너무 크게 지어 관리하는 데 많은 돈이 들어가 큰 짐이 되는 교회들이 많습니다.

이런 우상을 과감하게 깨뜨리지 않으면 우리 교회가 더 큰 어려움을 당할 것입니다. 교회가 교회로서 사명을 다할 수 있도록 목회자들은 성도들의 영성을 더 심화시키는 일에 전념했으면 합니다.

13. 십자가는 많은데 십자가가 없는 교회

한국 교회의 위기는 어디서 왔을까? 저는 이 문제를 가지고 이 책을 쓰며 여기에서 해답을 얻고자 합니다. 앞에서도 많은 문제를 말씀드렸습니다. 우리는 이런 위기를 깊이 느끼고 고민하며 더욱 기도하는 성도가 되어야 합니다.

사실, 위기인 것은 알지만 어디서부터 고쳐야 할지 몰라서 걱정하는 분들도 많습니다. 어떤 분은 회개부터 해야 한다고 하고, 어떤 분은 열심히 기도하고 열심을 내야 한다고 합니다. 또 이런 때일수록 전도를 열심히 하여 위기를 이겨 나가야 한다고 합니다. 또 다른 분들은 다시 성경으로 돌아가서 우리를 성찰하고 제2의 종교개혁을 해야 한다고 합니다.

저는 이 모든 것이 다 맞는 말씀이라고 믿습니다. 교회를 사랑하고 걱정하는 분들이 하신 말씀이기에 다 같은 뜻이라고 생각합니다. 대부분 왜 이런 위기가 왔는지도 다 알고 있습니다. 어떻게 해야 하는지도 거의 알고 있습니다. 그러나 알면서도 그것을 그대로 실천하고 행동에 옮긴다는 것은 참으로 어렵습니다. 마음은 원이지만 몸이 말을 듣지 않기 때문입니다. 즉, 믿음과 행함이 일치되지 않기 때문입니다. 우리 교회가 입으로는 '아멘! 할렐루야!' 하면서도 그 믿음을 그대로 실천하고 행동에 옮기는 것이 너무 어렵습니다.

예수님은 입으로 아무리 "주여! 주여!" 하고 부르고 "아멘"이라고 해도 하나님의 뜻대로 행동하지 않으면 천국에 들어가지 못한다고 하였습니다. 사순절이 되면 많은 성도들이 예수님의 십자가를 묵상합니다. 실제로 우리나라보다 십자가가 많은 나라는 세계에서 찾아볼 수 없을 듯합니다.

김구 선생님이 하신 말씀이 생각납니다. 경찰서 10개보다 교회 하나를 세우는 것이 더 낫다는 그 말씀은 교회가 얼마나 중요한지를 이야기해줍니다. 경찰서가 나쁜 사람을 잡아넣고 벌을 주는 곳이라면, 교회는 죄인들을 변화시키는 곳이기 때문이겠지요. 김구 선생님은 진실한 크리스천이라고 들었습니다. 그는 귀국해서도 집에서 새벽마다 성경을 읽고 기도하며 하루를 시작하였다고 합니다. 성경과 기도가 그의 인격과 애국심을 길렀습니다.

일제에서 독립할 때 많은 선각자들이 기독교 정신으로 이 나라를 세우려고 노력한 것으로 알고 있습니다. 우리의 선배들은 이 나라를 기독교의 정신과 사랑 그리고 소망 가운데 건국하기 원했습니다. 1919년 3·1운동도 적은 교회와 적은 성도들이 일본의 총칼 앞에서 나라를 위해 새벽마다 기도하다가 일어난 만세 운동입니다. 죽어가는 이 나라와 민족을 위해 주님같이 희생하는 마음과 정신으로 대한독립 만세를 불렀습니다. 자기를 위해서 일어난 운동이 아니었고, 이 나라와 주님을 위해 그들은 십자가를 졌습니다.

그 시대에 교회는 적었지만 이 민족에게 희망을 주었고, 나라를 사랑하고 희생하는 종교로 인식되었습니다. 그때 많은 사람들이 교회를 통하여 애국심을 배웠고 뜨거운 가슴으로 이 나라를 사랑했습니다.

또 많은 사람들이 교회를 통하여 참된 사람으로 변화되었습니다. 도박꾼들과 술주정꾼들이 변화 받았습니다. 축첩을 하던 양반들이 예수님을 알고 회개하였습니다. 그래서 교회는 좋은 곳이라는 인식을 가지게 되었습니다. 자기는 교회에 안 가더라도 자식들은 교회에 가라고 하는 사람들도 많았습니다. 그런 교회가 지금은 국민들에게 어떻게 비치고 있습니까. 자기 자녀들에게 교회에 가라고 하는 부모들이 얼마나 될지 생각해 보면 마음이 아픕니다.

지금 우리나라는 교회가 넘칩니다. 마을과 골목마다 빨간 십자가가 넘칩니다. 교회가 많으면 많을수록 이 나라와 국민들 속에 기독교의 정신이 살아 있고 십자가 사랑이 살아나야 하는데, 이 나라는 더 썩어가고 있다는 것이 큰 문제입니다.

십자가는 장식품이 아닙니다. 이 십자가는 예수님이 처형당한 사형틀입니다. 십자가는 남을 죽이는 사형 틀이 아니라 내가 죽어야 사는 진리가 그 속에 숨어 있습니다. 그런데 교회에 다니는 성도들까지도 내가 죽으려는 사람은 거의 없다는 것이 슬픈 일입니다. 교회가 그렇게 많고 목회자, 장로들이 그렇게 많은데도, 자기가 죽으려고 하는 사람은 별로 없고 도리어 남을 죽이려는 사람들이 많다는 것이 문제입니다.

한국 교회의 위기는 십자가를 지기 싫어하는 데서 왔다고 해도 과언이 아닙니다. 목회자들도, 성도들도 자기가 죽으려고 예수님을 믿는 사람은 별로 보지 못했습니다. 모든 성도들은 예수 믿고 축복을 받아 성공하고 출세하는 것을 원하고 있습니다. 교회들도 남의 성도를 끌어 모아서라도 세계적인 교회를 만들고 싶어 야단입니다. 그것도 모자라서 자기 교회 분점까지 차려서 하나의 체인점처럼 손님을 끌어가려는 상술까지 쓰고 있습니다. 재벌들이 대형 마트를 만들고 그것도 모자라서 골목에 마트까지 만드니 골목 장사까지 다 싹쓸이한다고 얼마나 욕을 먹습니까.

사람의 심리는 많은 것에 눈이 가고 발이 갑니다. 이런 상술을 이용하여 대형 교회들이 이런 일까지 하니까, 한국 교회는 하나의 재벌의 수단과 밀림의 법칙만이 판을 칩니다. 이름이 나고 돈이 있고 인적인 자원만 있으면 어떤 수단을 쓰더라도 자기 교회를 대형화하려는 것이 지금 교회의 심리 아닙니까?

십자가는 달고 있어도 자기가 죽고자 하는 십자가는 별로 보지 못했습니다. 예수님은 나를 따라오려거든 자기를 부인하고 십자가를 지고 오라고 하였습니다. 게다가 교회는 예수님의 몸이라고 하였습니다.

그런데 우리 한국 교회는 어떻습니까? 이것이 예수님의 몸이며, 예수님을 따라가는 것입니까? 아니면 돈과 사람과 성공을 따라가는 것입니까? 이런 것을 추구할 때 성도들은 무엇을 배울까요? 그 어떤 수단과 방법을 동원해도 성공하고 출세하면 하나님의 축복이라고 생각하는 성도들이 얼마나 많습니까? 우리 교회들이 십자가는 크게 걸어놓고는 정작 십자가를 모르고 살아가고 있다는 것이 큰 문제입니다.

예수님의 십자가는 아픔이고 희생이었습니다. 자기를 버리는 것이 십자가인데 작은 것 하나도 작은 교회에 주지 못하는 이기주의가 판치고 있습니다. 구약에서도 추수 후에 밀 이삭이나 보리 이삭을 줍지 말라고 하였습니다. 그 이삭은 가난한 사람이나 나그네들이 배고플

때 주워서 먹게 하기 위해서입니다. 우리나라 인심에도 까치밥이라는 것이 있습니다. 감을 다 따지 않고 가장 높은 곳에 있는 감은 그대로 남겨두어 날아가는 까치나 새들이 먹을 수 있게 하였습니다. 우리의 옛 어른들의 마음이 얼마나 너그럽고 아름답습니까.

지금의 대형 교회들은 이런 정신도 없는 것 같습니다. 우리 조상들이 생각했던 그런 너그러운 마음도 없다는 말입니다. 모든 것을 다 싹쓸이해서 그들의 교회를 채워야 직성이 풀리는 듯 보입니다. 성장시켜 세계적인 교회로 만들고자 하는 욕심밖에는 없는 것처럼 보입니다. 바로 그것이 하나님의 축복이고, 그것이 하나님께 영광이라고 생각하고 있기 때문입니다.

큰 교회 목회자들과 장로들이 이런 십자가 정신을 깨닫고 십자가를 진다면, 우리 한국 교회에는 놀라운 변화와 역사가 일어날 것입니다. 사순절에 십자가를 묵상하면서 이런 생각을 해봅니다. 높은 연봉을 줄이고, 교회 건축도 이제 그만하고, 다른 교회 성도들은 절대 안 데려오는 운동을 하면 어떨까요? 우리 하나님이 얼마나 좋아하실까요? 이런 작은 십자가라도 실천함이 십자가를 진정으로 알고, 또 지고 가는 일입니다.

저는 천국 방언을 가르치던 서울 영세교회 고 김종수 목사님이 생각납니다. 그 목사님은 부흥회 때마다 천국 방언을 가르쳤습니다. “고맙습니다. 감사합니다. 사랑합니다. 다 나 때문이야” 등.

그분은 늦은 나이에 은혜를 받고 신학교를 졸업하여 목사가 되었습니다. 그는 술로 세월을 보내고 허랑방탕하게 살았던 과거를 회개하며 특히 늙으신 어머니에게 친구들이 오면 밤늦게 술상을 봐오라고까지 했다고 하면서 눈물을 흘리는 모습이 기억납니다. 그래도 아들을 나무라지 않고 늘 술상을 봐오신 그 어머니의 기도가 응답되어 새로운 사람으로 거듭났고 뒤늦게 목사가 되었다고 간증하였습니다.

제가 신학교에 다닐 때 마침 그 교회의 교육전도사의 말이 아직도 기억이 납니다. 그 교회는 연말만 되면 당회가 담임목사와 싸운다고 하였습니다. 연말 당회 때 목사 사례금 문제로 당회 장로와 김 목사 사이에 언성을 높인다는 것입니다. 저는 깜짝 놀랐습니다. '성자 같은 목사도 자기 사례금을 챙기시는구나' 하고 생각했습니다.

그런데 그 목사는 자기 사례금을 올려 달라고 싸우는 것이 아니라 좀 깎아 달라고 싸우신다고 했습니다. 자기는 부흥회도 나가고 생활에 큰 불편이 없으니, 부목사들과 전도사들의 사례금을 좀 올려 달라는 것입니다. 그러나 장로들도 교회 체면이 있고 어느 정도는 책정을 해야 한다고 하면서 반대를 한다고 합니다.

저는 아직까지 사례금을 내려달라고 하면서 싸우는 목사는 듣지 못했습니다. 그 이야기를 듣고 정말 그 목사님은 부흥회에서 하신 말씀대로 사시는 것을 알게 되었습니다.

이런 목회자들이 많아서 우리 한국 교회 목회자들이 존경받는 세상이 되었으면 좋겠습니다. 십자가는 자기가 희생하고 부끄러움을 당하며, 자기가 죽는 것입니다.

한국 교회의 위기는 이렇게 십자가를 지기 싫어하고 십자가를 서로 남에게 미루어 버리는 우리 때문에 찾아온 것이 아닙니까? 지금이라도 우리가 이 십자가를 묵묵히 지고 간다면 누가 욕하고 비웃겠습니까? 세상의 언론들과 세상의 안티들이 아무리 욕하고 돌팔매질을 하여도 이 길을 가야 할 사명이 있습니다. 왜 우릴 때리고 욕하느냐고 항의하지 말고, 대들지 말고, 묵묵히 욕을 먹고 맞으면서도 이 길을 가야 우리가 참으로 십자가를 지고 가는 것이 아니겠습니까.

예수님은 아무 죄가 없는데도, 그 아픈 십자가를 진 채로 항의하지 않고 도리어 그들을 용서해 달라고 기도하시면서 십자가에서 피 흘리셨습니다. 이런 십자가를 지고 갈 우리 목회자와 성도들이 얼마나 될까요? 그것이 문제입니다.

성도들이여, 이제 십자가를 장식으로 목에 걸고 다니지 말고 그 십자가를 내가 짊어지고 걸어갑시다. 내가 죽고, 내가 욕 먹고, 내가 부끄럼을 당하여도 이 길을 가는 성도들이 됩시다. 십자가는 수없이 많은데 내가 죽으려는 십자가는 볼 수가 없으니 큰일이 아닙니까. 주님의 십자가를 따라 이름 없이, 빛도 없이 한 걸음씩 걸어가는 목회자들과 성도들이 많았으면 합니다.

금빛 십자가를 목에나 승용차에 장식이나 부적같이 달고 다니지 말고, 예수님이 지신 그 십자가의 의미를 알고 살아가는 성도가 됩시다. 그럴 때 한국 교회가 희망이 있고 반석 위에 세운 교회가 될 줄 믿습니다.

베드로전서 4장 13-14절에 "오히려 너희가 그리스도의 고난에 참여하는 것으로 즐거워하라 이는 그의 영광을 나타내실 때에 너희로 즐거워하고 기뻐하게 하려 함이라 너희가 그리스도의 이름으로 치욕을 당하면 복 있는 자로다 영광의 영 곧 하나님의 영이 너희 위에 계심이라"고 하였습니다.

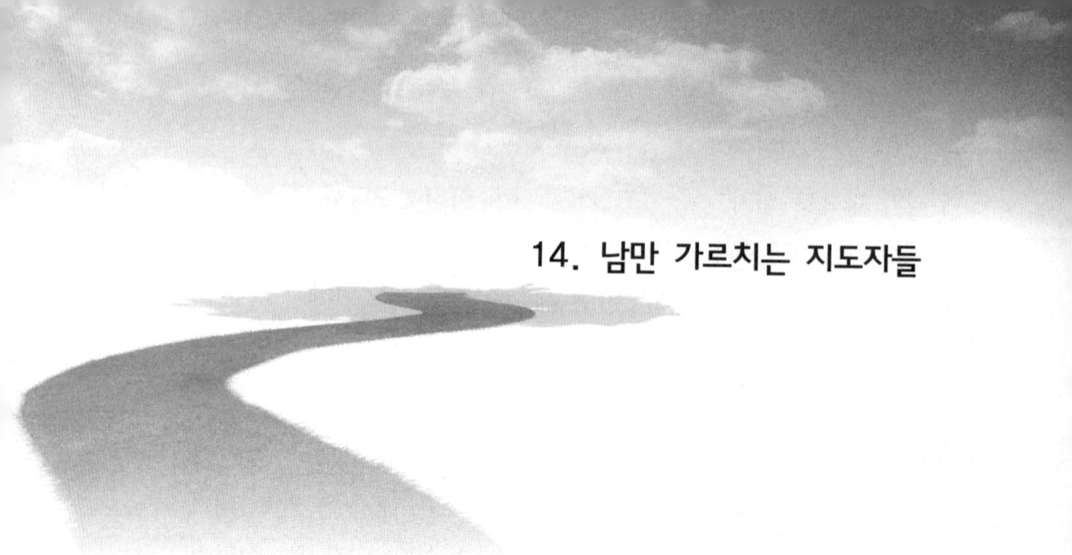

14. 남만 가르치는 지도자들

영성은 부단한 경건의 연습에서 나옵니다. 우리 한국 교회 목회자들은 계속적인 연구와 훈련이 부족하다고 할 수 있습니다. 신학교에 다닐 때 열심히 공부하여 좋은 성적으로 졸업해도 목회 현장에 오면 너무 현실 목회에 매달려 버립니다. 그러다 보니 공부하고 훈련하는 시간을 갖지 못합니다. 목회자들이 재교육을 받는다는 것은 거의 불가능합니다. 자신들이 알아서 영성을 키워 나가야 하는데 그렇게 쉬운 일이 아닙니다.

기독교 TV에 보면 유명한 목회자들과 큰 교회 목회자들이 다 나옵니다. 저도 가끔 기독교 TV를 봅니다. 그런데 목회자들의 설교가 시청자들에게 큰 감동을 주지 못할 때가 많다고 느낍니다. 저런 설교를 한다면 전파 낭비가 아닐까 하고 생각할 때도 많습니다. 날마다 나오는 인기 부흥사들의 설교는 너무 많이 나와서 그런지, 식상하기도 합니다. 내용과 제스처도 늘 하던 식으로 웃기려 하는 것을 보면, 개그맨 흉내를 내려고 하는 건지 몰라도 씁쓸할 때가 많습니다.

수많은 사람들이 보는 TV를 통하여 복음을 전한다고 생각하면 준비를 잘하여 알찬 내용으로 감동을 주었으면 합니다. 그런 좋은 시간에 복음을 잘 전한다면 많은 사람들의 가슴에 그리스도의 생명을 불어넣는 역할을 할 것입니다.

그리고 날마다 부흥회를 인도하려면 얼마나 피곤하겠습니까. 사람도 기계와 같이 쉬고 안식하여 충전을 해야 합니다. 그렇지 않으면 자기들은 성령의 능력으로 한다고 하지만 듣는 사람은 준비하지 않아 싫증을 느낄 때가 많습니다. 인간의 능력에는 한계가 있기 때문입니다. 너무 무리하게 하려고 하지 말고 방송이나 교회에서 요청이 와도 자기를 절제해야 합니다. 그리고 자신을 충전하는 시간을 가져야 합니다.

그러나 그분들은 쉬는 것을 보지 못합니다. 연예인들도 한참 활동하다가 자기 충전을 위해서 몇 달을 쉬고, 몇 년을 쉬고, 공부하고 여행도 하면서 많은 것을 배우고 나옵니다. 그런데 우리나라 부흥사들은 오라면 어디든지 다 갑니다. 자기 충전의 시간은 거의 없으니 변화와 발전이 없다는 것이 문제입니다.

늘 남을 가르칠 줄은 알았지, 자기를 채우고 돌아볼 시간은 갖지 못하고 있습니다. 더 기도하는 시간을 가지고 조용한 시간에 좋은 책을 보면서 배우는 시간을 가지면 얼마나 좋을까요?

영성은 열심히 뛴다고 깊어지지 않습니다. 쉴 때는 쉴 줄 아는 것이 영성입니다. 거기서 능력과 감동이 나옵니다. 인기만 좇아 가지 말고 1년에 적어도 몇 주간은 조용한 곳에서 주님과 깊은 만남의 시간을 가진다면 얼마나 좋을까 하는 생각을 해봅니다.

그리고 TV나 방송에서 설교할 때는 좀 더 준비를 해서 나왔으면 합니다. 준비 없이 하는 것은 듣는 사람들이 더 잘 압니다. 처음에는 잘 모르지만 여러 번 들으면 했던 말을 자꾸 하게 되어 나중에는 싫증을 내게 됩니다. 기도에만 중언부언이 있는 것이 아니라, 설교에도 중언부언이 얼마나 많은지 모릅니다. 준비 없는 기도와 설교는 늘 중언부언을 하여 사람들을 싫증나게 합니다. 정말 준비를 잘하여 사람들에게 은혜를 끼치는 목회자들이 더 많이 나왔으면 합니다.

한국 교회의 위기 가운데 목회자의 설교 위기도 심각합니다. 성도들에게 인기 있는 선교를 하려 하지 말고 준비하고 기도하는 모습을 보여 주는 설교를 했으면 합니다.

많은 목회자들이 성도들에게 은혜를 끼치려고 힘씁니다. 그러다 보니 깊이 있는 설교보다는 성도들의 귀만 즐겁게 하는 설교가 되기 쉽습니다. 말씀을 깊이 묵상하여 말씀이 내 속에서 숙성하여 나오는 설교를 준비해야 할 것입니다.

목회자는 설교하기 위해서 바다를 건너 세계를 다닙니다. 그러나 자신이 예배를 드리기 위해서는 길 하나 건너기도 싫어하는 것이 목회자들이라는 말을 들었습니다. 남을 가르치는 데는 비행기를 타고 전 세계를 누비면서도, 예배드리고 기도하기 위해서는 길 하나 건너기 싫어하는 것이 우리가 아닌지 돌아봐야 합니다. 저도 목사로서 늘 남을 가르치고 남을 판단하는 데 습관이 되어 있습니다.

그러나 자신을 돌아보고 성장하는 일에는 너무 소홀합니다. 남의 설교도 들을 줄 아는 겸손한 자세가 우리 목회자들에게 필요합니다. 성경에는 들을 귀가 있는 자는 들으라고 하였습니다. 우리 목회자들은 늘 설교하고 남을 가르치는 데 신경을 씁니다. 그러나 남의 말을 들으려 하지 않을 때 고집이 생기고 자기만이 최고라는 교만이 생깁니다.

저는 불교의 스님들이 1년에 두 번씩 가는 하안거, 동안거 제도가 참으로 좋은 제도라고 생각합니다. 여름에 100일간 깊은 산속 암자에서 참선을 하며 수도를 합니다. 겨울에도 100일 동안 참선을 하며 수도를 하고 돌아온다고 합니다. 너무 긴 시간이라 생각되지만 그렇게 하려는 것은 얼마나 좋은 제도입니까? 불교가 많은 문제를 안고 있지만 이런 제도가 있어서 나름의 영성을 이어간다고 생각합니다. 일 년에 한 번이라도 가서 자기를 돌아보고 성찰하는 시간은 대단히 중요한 것입니다.

이런 제도는 우리 교회도 본받았으면 합니다. 교회 목회자들이 목회하다 보면 영성이 부족하여 영적인 힘이 떨어질 때가 한두 번이 아닙니다. 우리도 영성의 학생이 되어 낮아지고 배우는 자세로 성경을 깊이 연구하고 묵상할 때, 교회가 달라질 것입니다. 목회자들도 일 년에 한두 번은 기도원이나 수도원에 가서 며칠씩 묵으면서 말씀을 깊이 묵상하고 기도하는 제도가 있었으면 합니다. 일할 수 있다면 땀도 흘려 보고 자신을 성찰하는 시간을 가지는 것도 필요합니다. 목회자들도 늘 가르치려고만 하지 말고, 학생으로 돌아가서 낮아지는 것을 몸으로 체득하면 교회가 달라질 것이라 믿습니다.

전국에 목회자 세미나가 얼마나 많습니까. 거기에 나오는 강사들을 보면 늘 나오는 강사들입니다. 자기들이 먼저 배우고 깊은 성찰을 하고 목회자들을 가르쳐야 하는데 교회를 좀 성장시켰다고, 인기가 있다고 다른 목회자들을 가르치려고만 하는 것을 보면 한국 교회의 문제라고 할 수 있습니다.

영성은 교회를 크게 성장시킨 것과는 다르기 때문입니다. 교회가 크다고 그 목회자의 영성이 깊은 것은 아닙니다. 도리어 큰 교회 목회자들이나 부흥사들이 사회에서 큰 물의를 일으킨 적이 많았습니까?

교회는 성장시켰지만 자기는 관리하지 못하여 사회에 문제가 되고 하루아침에 추락하는 목회자를 많이 보았습니다. 늘 남만 가르쳤지, 자기는 보지 못하고 배우려 하지 않았기 때문입니다.

도리어 그들이 더 배우고 연구하고 기도해야 합니다. 남들에게는 기도하라고 하면서 자기들은 얼마나 기도하는지 깊이 반성해야 합니다. 영성은 먼저 자기를 돌아보며 관리해야 깊어집니다. 소경이 어떻게 소경을 인도할 수 있습니까? 우리 한국 교회의 위기는 영성보다는 그 목회자의 교회성장 능력과 설교 잘하는 것, 그리고 인기를 중요시하다가 온 것이라 생각합니다.

목회자의 인격과 영성보다는 그 사람의 배경을 보는 것이 우리 한국 교회의 고칠 점입니다. 우리 목회자는 늘 남을 가르치는 일을 합니다. 그래서 자신을 돌아볼 기회가 참 적습니다. 그러므로 남은 잘 가르치는데 자기는 가르칠 줄 모르는 잘못을 범하지 않기 위해 주의해야 합니다.

사도 바울은 다른 사람은 천국으로 인도하면서 자신은 믿음에서 떨어질까 두려워한다고 했습니다. 성도들을 잘 가르쳐서 교회가 성장하고 점차 이름이 나서 안정되면 교만이 생겨서 자신을 절제하지 못합니다. 그래서 덕스럽지 못한 말과 실수로 사회의 비난을 받습니다.

큰 교회 목회자들과 이름난 목회자들이 하루아침에 무너지는 것을 언론을 통해 보면 참으로 가슴이 아픕니다. 남을 가르친다고 하면서도 자신을 쳐 복종시키지 못한 것이 큰 실수였습니다. 아직도 드러나지 않아서 그렇지, 앞으로 이런 일들이 얼마나 나올지 모릅니다. 돈의 유혹, 명성의 유혹, 이성에 대한 유혹을 이길 수 있는 영성을 길러야 참으로 능력 있는 목회자가 됩니다.

세상으로부터 이런 비난을 받으면 자신을 돌아보고 회개할 줄 알아야 합니다. 목회자도 인간이라 잘못할 수 있습니다. 그런데 그런 목회자는 별로 보지 못했습니다. 무조건 아니라고 우기고 지지하는 성도들을 동원하고, 교회를 둘로 만들어 나가는 추태는, 교회를 조롱거리로 만드는 것입니다. 그것도 안 되면 성명서를 내고 법정에까지 가서 끝까지 싸우며 하나님의 영광을 가리고 있습니다.

그러므로 큰 교회 목회자들은 더 큰 책임을 가지고 목회하지 않으면 전도의 문을 다 막고 말 것입니다. 아무리 능력 있는 목회자도, 큰 교회 목회자도 예수님 앞에서는 다 학생들입니다. 남만 가르치려 하지 말고 내가 먼저 주님께 날마다 배우고 물어보는 학생이 될 때 우리나라 교회가 바로 서갈 수 있습니다.

15. 참된 그리스도인을 만들어야 합니다

어떤 교회에 갔더니 자기의 교회에 신학생들이 많다고 자랑하는 것을 들었습니다. 수십 명의 신학생들이 지금 신학을 공부하고 있다고 하였습니다. 또 어느 시골 교회에 백주년 기념 예배를 드리면서 자랑하는 것 중에, 이 교회 출신 목회자가 수십 명이라는 말을 들었습니다.

목회자가 없을 때는 목회자가 된다는 것이 큰 자랑이고 영광이 됩니다. 우리나라 교회 초창기에는 어려운 여건에서 목회자가 된다는 것은 참으로 희생이고 고생의 길을 가는 것이었습니다. 옛날에 신학을 하고 시골에서 전도사를 하며 고생한 우리의 선배 목회자들 때문에 이 나라의 교회가 이렇게 성장하고 부흥한 것을 우리는 알아야 합니다. 앞으로도 복음을 위해 자기 몸과 마음을 던질 희생의 목회자들이 많이 나와야 한국 교회가 다시 살아날 것입니다.

저는 몇 년 전부터 내가 한 설교를 다시 읽어보면서 많은 각성을 하고 반성을 하였습니다. 내 설교를 들으면서 일반 성도들은 이 세상에서 생활하기가 참 어려웠을 것이라 생각했습니다. 우리 성도들은 이 세상 속에서 가정에서, 직장에서, 그리고 사업을 하며 살아가야 합니다. 이런 사람들에게 내 설교는 너무 교리적이고 율법적인 것이 아니었나 생각해 보았습니다. 나의 설교를 듣고 행하려면 아마 모든 사업을 접고 신학교에 가서 목회자가 되어야 할 것입니다.

주일은 꼭 지켜야 하고, 수요일 저녁에도 나오고, 금요일에도 나와서 철야하며, 기도하자고 새벽 기도에도 빠져서는 안 된다고 설교했습니다. 십일조를 하지 않으면 하나님의 것을 도둑질하는 도둑놈이라고 정죄했습니다. 하나님께 헌금을 많이 해야 축복을 받는다고 가르쳤습니다. 세상에 나쁜 곳에는 절대로 가지 말고 술친구나 세상의 나쁜 친구는 안 사귀는 것이 낫다고 가르쳤습니다. 잘못된 설교는 아니지만 내가 생각해도 그렇게 하지 못할 것들이었습니다. 그런 것을 성도들에게 강요하지 않았나 깊이 반성했습니다.

그래서 그런지 우리나라에는 신학생들과 목회자들이 넘칩니다. 마치 교회가 그것을 장려하는 것 같습니다. 주의 종이 얼마나 어렵고 고난의 길인지를 가르치기보다는 영광과 성공의 길이라는 것을 은연중에 가르친 것 같습니다. 천주교에서는 신부나 수녀가 된다고 하면 모든 가족들이 반대하고 가슴 아파합니다. 주님을 위해 모든 것을 바친다고 하지만, 인간적으로는 너무 힘든 인고의 길이기 때문입니다.

그런데 우리는 너무 쉽게 주의 종이 되려고 하는 것이 아닌지 다시 한번 돌아볼 때라고 생각합니다. 정말 주님을 위해 몸과 마음을 바치려는 사람들을 주의 종으로 만들어 교회와 성도를 섬기게 해야 합니다. 제 자신도 이 길이 얼마나 힘든 길인지 그때는 잘 모르고 신학을 했습니다. 이제야 이 길이 정말 힘들고 고난의 길이라는 것을 겨우 알아가고 있습니다. 주님을 따라가고 십자가를 진다는 것이 얼마나 힘들고 외로운 길인지, 내가 생각하는 것 이상으로 힘든 길인 것을 깨닫고 있습니다.

우리는 목사 안수를 받으면 마냥 축하하지만 천주교에서 신부 서품은 죽으러 가는 길로 알고 있습니다. 그래서 몸을 땅에 납작하게 엎드려 모든 것을 바치는 의식을 보면 숙연해집니다. 우리 한국 교회도 신학과 목회자 과정을 좀 더 경건하고 희생하는 종으로 만드는 과정이 되었으면 합니다.

우리 기독교의 복음은 인간을 구원하고 해방시키려고 오신 예수님입니다. 죄와 절망 그리고 죽음에서 해방시키고 구원하기 위해서입니다. 그분은 "진리를 알지니 진리가 너희를 자유롭게 하리라"(요 8:32)고 하셨습니다.

이 말씀은 진리를 알면 우리는 참 해방과 자유를 얻는다는 말씀입니다. 그런데 저는 우리 성도들에게 나도 지키지 못할 짐을 한 짐씩 지어주는 설교를 하였습니다. 설교는 성도들을 불러서 그들에게 참 진리를 가르치고, 그 진리를 통해서 구원과 자유를 주기 위해서 하는 것임에도 말입니다.

지금까지 미신에 눌려 있던 이 나라에서 교회는 미신을 몰아내고 우상을 없애는 큰 역할을 하였습니다. 그리고 무속과 미신은 사람을 속이고 속박하는 것에 불과한 것을 깨닫고 많은 사람들이 미신에서 해방되었습니다. 아직도 미신을 믿고, 점집을 찾고, 이상한 부적을 달고 다니는 사람들이 있지만, 그래도 많은 사람들은 미신을 허황된 것이고 인간을 속이는 것이란 사실을 알고 있습니다. 이것만 해도 우리 한국 교회가 이 나라와 이 민족에게 큰일을 한 것입니다.

그러나 지금은 우리 교회가 현대 사회에서 어떤 해방을 주어야 할지 깊이 생각해야 합니다. 현대인들에게 참 구원과 자유가 무엇인지 가르쳐서 참된 해방을 주는 종교가 되어야 합니다. 그런 우리 교회가 현대인들에게 참된 메시지를 주지 못하고 그들을 목회자같이 살라고 한다면 어떻게 되겠습니까? 교회에만 눌러앉으라고 한다면 우리 성도들을 사회의 장애인으로 만들어 버릴 수 있습니다. 교회에 잘 나오고 헌금만 잘 하면 믿음이 좋은 성도라고 생각할 때가 많습니다. 참된 그리스도인을 만들어야 할 교회가 성도들을 하나의 율법적이고 외식적인 교인으로 만들어 버린다면 큰일이 아닐 수 없습니다.

예수님의 말씀이 기억납니다. 바리새인들에게 너희는 강을 건너고 바다 건너서 멀리 있는 사람을 전도해서 그가 교회에 나오면 너희보다 더 악한, 율법적이고 외식적인 인간을 만든다는 말씀을 하셨습니다.

이 시대가 필요하고 하나님이 원하는 사람을 만들 사명이 우리 교회에 있습니다. 이 시대에 빛이 되고 소금이 되는 그리스도인, 세상에서 열심히 일하는 성도를 만들 사명이 교회에 있습니다. 다 목회자가 되고 선교사가 되면 어떻게 되겠습니까? 참된 그리스도인을 만들 사명이 교회에 있다는 것을 잊어서는 안 됩니다. 선한 사마리아 사람같이 이 세상에서 그리스도인으로 희생하며 남을 도와주고 나눌 줄 아는 그리스도인을 만들어야 합니다. 자기만 알고 자기 교회만 아는 것은 예수님의 정신과는 너무 다릅니다.

교회마다 자기 교회라는 울타리를 쳐 놓고 서로를 경계하고 있습니다. 우리 교회만이 참 교회라고 하는 개교회주의가 너무 심합니다. 다른 교회에 다니면 안 된다는 식으로 타 교회 성도들까지도 빼앗아 가는 현실입니다. 우리는 이제 그리스도 안에서 한 피를 지닌 한 형제라는 것을 알아야 합니다.

예수님은 우주적인 교회를 만드셨습니다. 내 교회만 사랑하신 예수님이 아닙니다. 다른 교회도 다 같이 사랑하시고 다른 교회 목회자도 우리 교회 목회자와 같은 주의 종이며 기름 부음 받은 종이라는 것을 알아야 합니다. 작은 교회 목회자들이나 큰 교회 목회자들이나, 다 같은 주의 종입니다.

큰 교회 성도들이 작은 교회 목회자라고 하면 무시하는 모습을 많이 보았습니다. 작은 교회 목회자라고 하면 능력 없는 목회자, 무능한 목회자로 인식되어 있다는 것이 참으로 안타깝습니다. 모든 교회가 그리스도의 몸 된 교회며 모든 목회자들도 다 하나님의 종이란 사실을 알아야 합니다. 특히 작은 교회 목회자들이 어려운 여건에서도 열심히 섬기려고 노력하는 것을 알아주어야 합니다.

교회는 성도들을 이 세상의 짐에서 벗어나게 하고 자유를 주는 곳입니다. 세상의 사업을 하면서 그리스도의 양심을 가지고 열심히 일하며, 세상 속에서 그리스도의 빛과 소금의 사명을 다해야 합니다. 이 세상 최전선 현장에서 뛰고 일하는 성도들에게 자유와 소망을 주어야 합니다. 용기와 희망을 주어야 합니다.

그런 성도들에게 너무 많은 짐을 안겨 준다면 성도들이 어떻게 이 세상 사람들과 어울리고 함께할 수 있을까요? 세상 사람들을 만나서 대화하고 어울려야 사업도 직장 생활도 활발하게 할 것입니다. 그들과 함께 호흡을 맞추며 살아야 그들에게 소망을 주고 전도인의 사명을 감당할 수 있습니다. 세상을 마귀의 세상으로 보고, 세상 사람들을 마귀라 생각하는 그런 성도를 만들어서는 안 됩니다.

이쯤에서 술에 대한 말씀을 드리겠습니다. 이 글을 오해하지 마시고 읽어 주시기 바랍니다. 저도 술을 절대 마시지 않습니다. 목회자들은 절대로 술을 마셔서는 안 됩니다. 덕이 되지 않기 때문입니다. 그리고 술을 안 마시는 것이 건강에도 좋다고 생각하는 사람입니다. 술은 마시면 더 마시게 되고 취하면 실수를 하게 되고 건강에 좋지 않다는 것을 잘 압니다. 그래서 술을 마시지 마라고 한 것을 이해합니다.

그러나 지금 많은 사람들이 술을 마셔도 실수하지 않고 사회생활을 잘하는 사람들도 많습니다. 약한 술은 잘 마시면 약이 된다고 합니다. 와인 같은 술은 이제 모든 사람들이 마시는 건강 술이 되었습니다. 우리나라의 막걸리는 세계적인 술로 수출하여 세계 사람들이 즐기게 되었습니다. 예수님은 가나의 결혼식에서 물로 포도주를 만드셨습니다. 그리고 사도 바울은 디모데에게 '너는 몸이 약하니 포도주를 좀 마시라'고 하였습니다.

많은 성도들이 숨어서 술을 마시면서 교회에 잘 나오고 또 사회생활도 잘하는 성도들이 생각보다 많습니다. 절제하며 술을 마시는 성도들이 많다는 것을 알았으면 합니다. 어느 장로의 집 거실에 가보니 수많은 약초를 술병에 넣어 놓은 것이 보였습니다. 그 장로는 몸이 약하여 그렇게 약술을 만들어 먹으면서 건강을 얻었다고 합니다.

저는 보수적인 교회에 다니면서도 술을 마시면서 신앙생활 잘하는 성도들을 종종 보았습니다. 그들은 술자리에서 실수도 하지 않고 술을 생활의 활력으로 삼으며 살고 있었습니다. 일반 성도들이 사회생활을 하면서 술 한 잔 하지 않고 사업과 직장 생활을 할 수 있을까요? 교인들이 술자리에서 술은 안 마시면서 비싼 안주만 먹는다고 욕하는 것을 많이 들었습니다. 그렇게 하여 사회생활에서 무슨 덕을 끼치겠습니까? 그들과 어떻게 어울리고 함께 살아갈 수 있을까요?

목회자들은 술을 마시지 않아도 사회생활 하는 데 아무 지장이 없습니다. 그러나 일반 성도들이 이 세상에 살아가면서 적당한 음주는 허용하는 것이 좋지 않을까 생각합니다. 성도들 가운데 아직도 술이라면 죄의식을 가지고 참 자유가 없는 신앙생활을 하고 있습니다. 이런 성도를 교회와 목회자들은 어떻게 지도해야 할지 고민해야 할 것입니다. 무조건 안 된다고 할 것이 아니라 성경을 살펴서 어떤 가이드라인을 정해 주는 것이 현명하지 않을까요? 제가 잘못 생각하는 것입니까?

지금까지 제가 한 설교들은 성도들을 목사같이 세상과 완전히 동떨어진 성도로 만들려는 것들이었습니다. 세상의 험한 삶의 현장에서 살아갈 성도들을 너무 많은 법과 짐을 지게 해서 세상에서 소외시켰던 것 같습니다. 세상과 격리되어 물에 기름같이 돌게 만든 것이 아닌가 싶은 생각에 가슴이 아팠습니다.

이 세상은 너무 치열한 삶의 현장이라는 것을 우리 목회자들은 인식해야 합니다. 성도들의 문제를 깊이 생각하여 이 어려운 세상에서 예수님의 복음으로 극복해 나갈 수 있도록 용기와 힘을 주어야 합니다. 목회자들이 설교하고 기도할 때마다 피곤한 영혼들에게 소망과 힘을 주었으면 합니다.

선한 사마리아인같이 자기 몸을 던져 이 세상 속에서 사람들의 친구가 되어야 우리를 참된 그리스도인으로 인정할 것입니다. 그러기 위해서는 우리의 이웃을 네 몸과 같이 사랑하라는 예수님의 말씀을 실천하는 성도로 만들어야 합니다. 성도들의 마음속에 우리의 이웃들이 이방인이나 저주받은 사람이 아니라, 우리의 형제요 친구라는 인식이 있어야 합니다. 그들은 우리의 형제들입니다. 그리고 우리와 함께 이 험한 세상에 살아가야 할 동반자들입니다. 그러므로 함께 나누고 함께 살아가고 함께 아파하고 기뻐하는 성도들이 필요합니다.

예수님은 늘 인자, 인간들의 친구라고 하시면서 이 땅에서 하나님의 나라를 전파하셨습니다. 하나님의 아들이라면 사람들이 너무 먼 것처럼 느끼기 때문에 그렇게 하신 것은 아닐까요? 주님이 자신을 하나님의 아들보다는 인자, 즉 인간의 아들이라고 말씀하신 횟수가 훨씬 많은 것은 우리에게 큰 의미가 있다고 생각합니다. 하나님의 아들이 하늘에서 살지 않으시고 우리와 함께 어울려 사람의 아들이 되어 죄인들의 친구가 되신 것을 알아야 합니다.

일주일 동안 직장에서, 사업의 현장에서 찌든 영혼과 몸을 교회에 와서 확 풀고 하늘의 생명을 받아서 살게 해야 합니다. 그리고 새로운 마음으로 일주일을 시작하는 성도로 만드는 우리 목회자들이 되어야 합니다. 이제부터는 교회가 목회자를 많이 배출했다고 신학생들이 많다고 자랑할 것이 아니라, 우리 사회 구석구석에서 작은 예수가 되어 직장에서, 학교에서, 가정과 거리에서 예수님같이 살아가는 그리스도의 제자들을 많이 배출하는 교회가 되어야 합니다.

16. 작은 교회가 살아야 한국 교회가 삽니다

한국 교회의 위기에 대해서 말씀을 드리고 있습니다. 한국 교회의 위기 가운데 작은 교회가 죽어가는 것이 있습니다. 우리나라의 극심한 양극화 현상은 사회에 큰 문제가 되고 있습니다. 잘사는 사람은 너무 잘살고, 못 사는 사람은 너무 못 사는 것이 양극화 현상입니다.

그런데 우리나라 교회는 이런 양극화 현상이 더 심각합니다. 큰 교회는 수만 명이나 수십만 명이 모여서 예배를 드립니다. 거기에는 예산도 인적인 자원도 너무 풍부합니다. 그래서 그런지 돈 문제로 사회에 큰 물의를 일으키는 교회도 있습니다. 그러나 작은 교회는 너무 환경이 열악하여 교회가 어려우면 큰 교회로 가버릴까 하는 마음을 가지는 성도들이 많습니다. '내가 왜 이런 어려운 교회에서 이런 고생을 해야 하나?'라는 생각이 들 것입니다.

저도 작은 교회를 목회하지만, 성도들이 교회가 조금만 자기 마음에 안 들면 나오지 않는 것을 봅니다. 나중에 보면 다 큰 교회로 옮겨 버리고 맙니다. 아직까지 우리 교회보다 작은 교회로 옮긴 성도는 한 사람도 보지 못했습니다.

교회를 모르던 새 신자들이 여기서 교회를 알고, 세례도 받고, 교사도 하고 집사도 하다가 교회가 마음에 안 들고 설교가 마음에 안 들면 다른 교회로 옮겨 버립니다. 이럴 때 작은 교회 목회자들의 상처는 대단합니다. 한 성도를 위해서 기도하고 가르치고 심방하여 이제 성도답게 키워 놓았는데, 다른 교회로 가버리면 그 허탈감과 배신감은 이루 말로 표현할 수 없을 정도입니다. 자기들은 가벼운 마음으로 옮겼지만 작은 교회 목회자들은 정말 피눈물을 흘린다는 것을 모르고 있을 것입니다.

지금 대형 교회들의 성도들은 거의 작은 교회에서 자란 성도라는 것을 알아야 합니다. 그런 의미에서 작은 교회를 무시해서는 안 될 것입니다. 큰 교회에서는 몇 명 오는 것을 큰 의미로 보지 않지만, 작은 교회는 너무나 큰 상처를 입는데다 목회자들이 정신적으로, 영적으로 당하는 상처는 말로 표현할 수 없습니다. 어떤 목회자는 다른 교회로 간 성도들 때문에 충격을 받아 병원 신세를 지는 경우도 있다고 들었습니다.

이런 것을 생각하여 큰 교회는 작은 교회 성도들이 등록할 때는 좀 더 신중하게 생각하며 등록시켜야 할 것입니다. 오는 성도 말리지 않고 가는 성도 붙잡지 않는다는 식으로 쉽게 생각하지 말고, 등록 기간을 늘려서 좀 더 생각해 보고 등록하시라고 하여 그들을 바른길로 인도하기를 바랄 뿐입니다.

저는 한국 교회가 살려면 작은 교회가 살아나야 한다고 생각합니다. 작은 교회가 사는 것이 큰 교회들이 사는 길이기 때문입니다. 작은 개천이 모여서 큰 강이 되듯이, 지금의 대형 교회들은 거의 작은 교회와 농촌 교회에서 자란 성도들이 많을 것입니다. 그러므로 대형 교회들은 작은 교회를 살릴 책임도 있습니다. 작은 교회에 대한 관심을 가지고 힘껏 도와야 한다고 생각합니다. 작은 교회들도 남의 도움만 바라지 말고, 작지만 작은 대로 교회의 사명을 다하는 교회로 만들어 가야 합니다.

먼저 작은 교회의 자부심을 가졌으면 합니다. 작은 교회를 맡으면 우선 마음이 약해지고 부끄러워집니다. 자기 동기들은 다 큰 교회에서 목회를 하는데 나는 이게 뭐냐는 생각을 갖게 됩니다. 그럴 때 마음이 위축되고 무슨 일을 하더라도 자신감이 없어지고 세상 밖으로 나가기도 싫어집니다. 그렇게 되면 집에만 박혀 있고, 무기력하게 되어 모든 일을 되는 대로 놔두게 됩니다. 그리고 의욕이 없어지고 목회자들의 몸과 마음에 큰 병이 들고 맙니다. 주일 설교도 몇 명 안 되는 성도들이 들으면 내 설교를 이해할 성도가 있을까 하는 생각으로 준비도 하지 않고 대강 본문을 읽고 하는 경우도 많습니다.

그런가 하면, 반대로 작은 교회에서 빨리 성장시키려고 사방으로 뛰어다니는 목회자들도 많이 보았습니다. 자기 능력으로 작은 교회를 빨리 부흥시켜 대형 교회를 만들려고 조급한 마음으로 동분서주하는 목회자들도 있습니다. 이런 목회자들은 온갖 좋은 프로그램과 정보를 수집하려고 전국을 돌아다닙니다.

좋은 세미나는 다 참석하여 좋은 강사들의 말씀과 프로그램을 다 적고 녹음하여 활용하려고 합니다. 금식 기도도 밥 먹듯이 하여 위장에 탈이 나는 목회자도 보았습니다.

그러나 교회 부흥이 생각대로 빨리 되겠습니까? 큰 교회와 작은 교회는 여건이 너무 다릅니다. 그것이 내 교회에 맞을 리가 없습니다.

이런 목회자들은 늘 마음이 바쁩니다. 그러나 너무 빨리 부흥시키려는 조급증은 몸과 마음을 피곤하게 만들고 맙니다. 그리고 성도들에게 강박관념을 심어주어 참된 안식을 주지 못하고 말 것입니다. 목회는 단거리가 아니라 긴 마라톤이라고 하신 선배 목사님들의 말씀을 참고해야 합니다.

작은 교회들이 건강하게 성장하는 것이 우리나라 교회를 위기에서 건져내는 길입니다. 작은 교회를 시무하시는 목회자들은 이 교회가 하나님의 교회라는 자부심을 가져야 합니다. 하나님의 뜻이 있어서 나를 이 작은 교회에 불러 주신 것을 믿으며 자부심을 가지고 목회해야 교회가 건강하게 성장할 수 있습니다.

그리고 조급증을 버려야 합니다. 빨리 명성교회나 사랑의교회 같은 대형 교회를 만들려는 환상도 버려야 합니다. 우리는 죽었다 깨어나도 그런 대형 교회를 만들 수 없습니다. 그런 목회자가 되려고 하지도 마시고, 일찍이 포기하는 용기도 필요합니다.

우리가 능력의 목회자나 인기 있는 목회자가 안 되면 어떻습니까? 주님이 원하시는 목회자만 된다면 만족하고 감사하는 마음이 있어야 합니다. 하나님은 그런 능력의 목회자나 그런 대형 교회를 이제 더 원하지 않으실지도 모릅니다. 지금 대형 교회들이 얼마나 많습니까? 그것으로 하나님은 만족하실 것입니다. 우리가 작은 종이면 어떻습니까? 진실하고 성실한 종만 된다면 하나님은 우리를 통하여 하나님 나라를 만드실 것입니다.

그런 교회를 닮으려고 이리저리 쫓아다니지 마시고, 조용히 자기 교회에서 하나님이 나에게 주신 뜻이 무엇인지 먼저 찾아야 합니다. 많은 개척 교회 목회자들이 큰 교회에서 하는 세미나에 참여하여 그 교회가 성장한 것을 보고 부러워합니다. 자기도 앞으로 그런 교회를 만들고 싶어 하는 환상을 가지고 목회하기도 합니다. 그러나 지금 나의 교회에는 아무런 도움이 되지 않을 것입니다.

작은 교회가 대형 교회가 하는 프로그램과 전도 계획을 따라가려 한다면 뱁새가 황새를 쫓아가는 셈입니다. 큰 교회가 하는 것을 흉내 내지 말고, 내 교회에 맞는 것이 무엇인지 깊이 생각하고 목회한다면 작은 것이 얼마나 아름답고 의미 있는 목회인지 알게 될 것입니다. 자기 목장은 우습게 알고 남의 목장만 부러워하며 이리저리 몰려다녀서는 안 됩니다.

저는 도리어 큰 교회 목회자나 인기 있는 부흥사들이 작은 교회 목회자들에게 배울 점이 더 많다고 늘 생각해 왔습니다. 그런 자부심으로 작은 교회를 사랑하고 충성하는 목회자들이 많았으면 합니다.

그래서 저는 작은 교회에 도움이 되는 말씀을 드릴까 합니다. 이 말씀은 모든 작은 교회에 적용되는 것은 아니고 자기 교회에 맞게 적용한다면 도움이 될 것입니다.

1) 먼저 이웃과 자기 골목부터 친하게 지냅시다

작은 교회는 이웃과 친하게 지내는 것이 가장 중요하다고 생각합니다. 늘 우리는 멀리만 보았지 가장 가까운 사람은 놓칠 때가 참 많았습니다. 안 믿는 이웃을 가까이하고 이웃사촌으로 만들어야 합니다.

그러면 어떻게 해야 합니까? 돈 들이지 않고도 잘 지내는 방법은 이웃 사람에게 인사를 잘하는 것입니다. 이웃 사람들과 만날 때마다 인사를 잘 하고 반갑게 대하는 것입니다. 이웃의 많은 사람을 안다는 것, 그리고 인사할 사람이 많다는 것은 큰 자산이 될 수 있습니다.

그리고 명절에는 이웃에 작은 선물이라도 해보면 더욱 좋습니다. 우리는 우리 집과 맞닿아 있는 서너 가구에 명절이면 작은 선물(음료수나 커피)을 합니다. 그러면 서로 오고 가는 정이 있고 이웃사촌이 됩니다. 그들의 길흉사에 가보든지 아니면 주일날 결혼을 하면 축의금이라고 전하면 더 좋습니다. 그러면 교회가 어려울 때 그들은 우리의 편이 되어 줄 것입니다. 저는 몇 년 전부터 노회에서 주는 김치를 가지고 성탄절에 한 포기씩 나눠 주었습니다. 그때는 다 김치를 하는 때였습니다. 그래서 김치를 주면 좋아할까 하는 마음으로 나눠 주었는데 그렇게 좋아하는 것을 보고 놀랐습니다.

사람의 심리는 받는 걸 좋아한다는 것입니다. 아무리 잘사는 사람도 주면 좋아하는 것을 알았습니다. 이것을 너무 성급하게 전도에 사용하지 마시고 나중에 해도 늦지 않습니다. 어떤 사람은 교회도 안 나가는데 받으면 되냐고 하는 사람도 있었습니다. 교회에서 주면 교회 나오라는 걸로 알고 거부하는 사람도 있었습니다. 그래서 그냥 '교회에 안 나오셔도 좋습니다' 하고 나눠 주었습니다. 나눠주면 서로 얼굴을 알게 되고, 그렇게 만나면 인사를 하게 되고, 전도는 나중에도 얼마든지 할 수 있습니다.

서로 모르는데 어떻게 전도할 말이 나옵니까? 우리는 무조건 무엇을 주면 전도부터 하려는 조급증이 있습니다. 그러지 말고 매년 한두 번씩 자기 골목을 챙기면 점점 그들에게 교회의 인상이 좋아질 것입니다. 전도만 하려고 달려들면 이웃은 교회를 점점 더 멀리하고 말 것입니다.

2) 적은 성도지만 설교 준비를 철저히 합시다

작은 교회를 시무하다 보면 시간이 많습니다. 심방할 가정이 적고 설교도 작은 교회라 할 시간이 적습니다. 그러다 보면 도리어 설교 준비에 소홀하게 됩니다. 이렇게 준비해서 무얼 할까 하는 생각이 들 때도 많습니다. 그래서 주일 설교도 대강 메모 설교로 때울 때가 많습니다. 메모 설교를 하면 지난번에 했던 설교 또 하게 되는 경우가 참 많습니다. 그러면 적은 성도들이 더 떨어지고 말 것입니다.

적을수록 더 설교를 준비하는 목회자가 되어야 합니다. 저도 처음에는 그렇게 준비를 많이 하지 않았습니다. 그러다 보니 작은 교회 성도들도 듣는 귀는 있어서 설교에 염증을 느끼고 지루함을 느끼는 것이었습니다.

몇 년 전의 일입니다. 우리 같은 작은 교회에 대학 교수 한 가정이 나오게 되었습니다. 미국에서 학위를 받은 유명한 대학의 교수였습니다. 얼마나 영광입니까. 그분은 아마 저의 설교를 들어보고 왔을 것이고 등록을 했을 것입니다. 그러면 준비를 잘해서 설교를 잘해야 하는데, 저는 그때도 정신을 못 차리고 늘 큰 교회만 부러워하고 작은 교회에 대한 자부심과 사명을 갖지 못했습니다.

그분이 몇 년을 다니다가 참지 못하고 나가고 말았습니다. 그러면서 하는 말이 지금도 기억이 생생합니다. "목사님 설교는 이게 저거 같고, 저 설교가 이 설교 같습니다."

늘 하던 설교를 자꾸 하게 되었다는 말씀입니다. 메모 설교를 하면 이런 잘못을 범하고 맙니다. 설교 준비를 안 하기 때문에 오는 큰 실수였습니다. 작은 교회 목회자들이 가장 범하기 쉬운 일입니다. 아무리 적은 성도라도 철저히 준비해서 설교해야 할 것입니다.

어떤 목회자는 몇 명의 성도들 앞에서도 수천 명이 듣는다고 생각하고 설교한다고 했습니다. 설교는 성도들에게 하지만 우리 하나님이 보시는 앞에서 설교한다는 생각을 가져야 합니다. 저는 몇 년 전부터 주일 낮 설교는 대학 노트 10쪽 이상 적어서 만들고 있습니다.

어떤 분의 말씀이 아직도 제 머리에 남아 있습니다. 목회자들의 주일 설교는 대학 교수들이 논문 한 편을 준비하듯이 해야 한다고 하는 말씀을, 아직도 기억하고 있습니다. 몇 명 안 모이는 교회라도 한 주간 동안 논문을 작성하듯이 준비하여 설교하는 목회자들이 많아지면 우리나라 작은 교회는 살아납니다.

3) 대심방을 의미 있게 꼭 합시다

저는 작은 교회지만 대심방은 꼭 하려고 합니다. 요사이 성도들은 심방을 싫어합니다. 그래서 대심방을 없애는 교회도 있다고 합니다. 그러나 작은 교회는 대심방을 없애면 일 년에 성도들의 집을 한 번도 가보지 못할 것입니다. 우리 교회는 일 년에 봄, 가을 두 번은 꼭 대심방이라고 해서 반강제적으로 심방을 합니다. 지금까지 그냥 심방하여 예배를 드리고 그 집에서 주는 차를 마시고 나오는 것으로 마쳤습니다.

그렇게 늘 하다가 이렇게 하는 것은 무슨 의미가 있을까 하고 깊이 기도하며 생각하였습니다. 이제부터는 그 집을 위해서 기도문을 만들어서 해보자는 생각이 들었습니다. 몇 가정이 안 되니까, 전날에 그 집을 생각하며 편지지에 기도문을 작성하였습니다. 한 가정에 한 장 정도를 그 가정을 생각하면서 적었습니다. 어떤 가정은 기도를 적으면서 나도 모르게 눈물이 나는 가정도 있었습니다. 이런 작은 교회에서 충성하는 성도를 생각할 때 눈물이 나고 감사의 기도가 나왔습니다.

그리고 심방을 할 때 설교를 간단히 하고 그 기도문을 읽었습니다. 그 기도문을 읽을 때 은혜 받는 성도들도 많습니다. 올해도 저는 기도문을 적어서 심방하였습니다. 작은 교회도 교회에 맞게 심방한다면 은혜로운 심방이 될 것입니다.

4) 기도를 꼭 적어서 하게 합시다

한국 교회의 위기는 기도의 위기에서 왔다고 생각합니다. 대부분 자기중심의 기도가 많기 때문입니다. 자기를 위해, 가정을 위해, 자기들 교회를 중심으로 축복해 주시고 부흥하게 해달라고 기도하는 것은 거의 동일합니다. 이런 기도를 바꾸기는 참으로 힘듭니다. 아무리 설교하고 가르쳐도 이기주의적인 생각과 마음이 바뀌기 전에는 힘듭니다. 예수님도 중언부언하는 기도는 그만하라고까지 하셨습니다.

대표 기도라는 것을 알면서도 어떻게 준비해야 할지 몰라서 강단에 올라가는 장로들과 권사, 그리고 집사들이 얼마나 많습니까. 그냥 마음의 준비만 하다가 올라가서 많은 성도들 앞에서 무엇을 기도했는지도 모르고 기도하고 내려올 때가 많습니다.

이렇듯 우리나라 교회의 대표 기도를 들어보면 거의 같은 내용이라는 것을 느낍니다. 대표 기도는 대부분 장로들이 하는데, 몇 년 동안 기도하게 되면 순서와 내용이 거의 같은 것을 반복하면 성도들에게는 은혜가 되지 않습니다. 이런 기도를 바꾸는 방법은 하나밖에 없다고 생각합니다. 바로 기도문 작성입니다. 기도문을 작성하면 시간이 좀 걸리지만 점점 그 기도가 바뀌는 것을 보았습니다. 교회 대표 기도는 무조건 기도문을 만들어서 하게 하면 참 좋을 것입니다.

저는 몇 년 전부터 기도문을 적어서 기도하도록 권면해 왔습니다. 처음에는 이상하게 생각하여 기도를 안 하려고 하는 분들도 많았습니다. 그러나 이것을 자꾸 하게 하여 지금은 다 기도문을 적어서 하고 있습니다. 교회 다이어리를 한 권씩 나눠주고, 거기에 적어서 하면 한번 기도한 것을 다시 볼 수 있어서 지난번에 했던 것을 다시 하는 폐단도 없어질 것입니다. 기도의 범위도 넓어지고, 나만 위해 기도하던 분도 이제는 이 나라를 위해서, 사회와 세계를 위해 기도하는 성도로 바뀌는 것을 보았습니다. 기도의 내용도 시간이 갈수록 깊어지고 다양해지는 것을 느낍니다.

작은 교회지만 작은 것부터 바꾸어 나간다면 우리나라 교회도 변할 것입니다. 작은 교회가 변하면 우리나라 교회가 변하고, 이 나라가 변합니다.

5) 건물에 너무 신경 쓰지 맙시다

작은 교회일수록 교회 건물에 대한 스트레스를 많이 받습니다. 다른 교회는 건물이 버젓이 있어서 예배를 드리는데, 건물이 없고 2층이나 3층에 세를 내어 드리는 교회는 건물에 대한 스트레스가 엄청납니다. 한 달, 한 달이 얼마나 빨리 지나가는지 모릅니다. 월세를 줄 날짜가 화살같이 지나가는 것 같아 목회자와 사모의 마음은 늘 불안합니다. 너무 감당하기 힘든 건물에 들어가지 말고, 적당한 곳을 세내어 개척하는 것이 좋을 것입니다. 건물에 대한 생각을 바꾸어야 합니다.

저의 교회에 대한 이야기가 참고가 될 듯해 말씀드립니다. 제가 시무하는 교회는 주택(70평)을 사서 조금 수리한 뒤 사용하고 있습니다. 사면이 주택들입니다. 그러다 보니 바로 옆집과 앞집과 맞닿아서 우리 교회의 소리가 다 들립니다. 우리도 그 집의 설거지 소리, 애 우는 소리, 개 짖는 소리, 대화 소리까지 다 들립니다. 또 큰길에서 한참 들어가는 골목이라 교회 건물은 보이지도 않습니다. 조금만 크게 기도하고 찬송을 해도 주위의 원성이 큽니다. 얼마나 스트레스가 많겠습니까.

제가 와서 부흥회를 한번도 하지 못했습니다. 그래서 여러 가지 생각도 해보고 어디 옮기려 해도 돈이 있어야 하는데, 이것을 팔아서 옮긴다고 해도 큰 도로 앞 빌딩의 세가 얼마나 비쌉니까? 도저히 엄두를 내지 못하고 걱정만 하다가 지금까지 지내오고 있습니다.

그런데 지금은 마음이 편합니다. 내가 생각하던 교회관을 바꾸었기 때문입니다. 교회는 건물이 아니라고 생각하고 있습니다. 교회는 보이는 건물이 아니라, 보이지 않는 하나님의 교회가 있다고 믿고 있기 때문입니다. 하나님은 교회 건물을 가지고 평가하시는 분이 아니라는 것을 확신하기 때문입니다. 작은 교회를 시무하시는 많은 목회자들과 사모들은 건물 때문에 신경이 쓰여 스트레스를 받고 위축당할 때가 참 많습니다.

여기서 빨리 생각을 바꾸어야 합니다. 작은 교회 목회자들이 교회를 무리하게 지으려다가 큰 낭패를 당하는 경우가 참 많습니다. 대도시는 물론이고 작은 도시도 땅값이 얼마나 비쌉니까. 교회가 구입한다고 하면 더 비싸게 팔려고 합니다. 그런데도 무리하게 대출받아서 땅을 사고 건축하려다가 부도와 경매를 당하는 것을 보면 참으로 마음이 아픕니다.

그런 일을 당하지 않기 위해서라도 건물에 대한 생각을 바꿀 필요가 있습니다. 건축은 교회가 성장하면 때가 되면 하는 것이고, 안 되면 안 해도 상관없습니다. 목회자가 되어서 건축 한번 못하면 목회자 자격이 있는가 하는 오기가 도리어 우리를 옭아맬 때가 있습니다. 이런 오기를 빨리 버리는 것이 나를 살리고 가정을 살리고 교회를 살리는 길입니다. 찬송가에도 "초막이나 궁궐이나 내 주 예수 모신 곳이 그 어디나 하늘나라"라고 하였습니다.

어디서나 천국을 만드는 목회자와 사모가 되시기 바랍니다. 앞에서도 말씀드렸지만 우리 한국 교회는 건축과 건물의 우상을 깨뜨려야 다시 일어날 수 있습니다.

6) 작은 교회를 사랑해야 한국 교회가 살아납니다

우리 교단은 10년 전부터 '작은 교회 살리기 운동'이 벌어져서 작은 교회를 위해서 돕고 있습니다. 목회자의 생활비 일부를 도우므로 목회에 힘을 주고 있습니다. 참으로 좋은 제도라고 생각합니다. 없어질 뻔한 교회들이 이런 제도로 말미암아 다시 살아나고 자립하는 교회들이 늘어나고 있습니다.

여기에는 큰 교회와 자립 교회의 많은 희생과 지원이 있어야 합니다. 이런 제도는 각 교단마다 만들어서 시행하면 작은 교회와 목회자들이 새 힘을 얻을 것입니다. 작은 교회가 살아야 큰 교회도 산다는 것을 안다면 이런 제도를 빨리 도입해서 모든 목회자들이 생활에 어려움을 덜 수 있게 해야 할 것입니다.

다른 교회와 목회자들도 다 같은 형제 교회요, 우리 교회 목회자와 같은 주의 종이라는 생각을 한다면 어려운 것도 아닙니다. 큰 교회 목회자들과 큰 교회에 다니는 성도들이여, 세계 선교도 좋습니다. 땅 끝까지 복음을 전하는 비전도 좋습니다. 그러나 지금 당장 어려움 당하는 내 이웃의 작은 교회부터 살리면서 함께해도 됩니다. 작은 것을 무시하면 주님을 무시하는 것과 같습니다.

예수님은 작은 자에게 한 것이 곧 내게 한 것이라고 하였습니다. 그런데 자기들 교육관 짓고 비전 센터 건축하는 데는 수십억 아니면 수백억의 헌금을 쓰면서도, 이웃 교회의 아픔과 목회자들의 배고픔을 외면한다면 이는 주님의 말씀을 어기는 것이 아닐까요?

작은 교회들이 죽으면 큰 교회가 더 잘될 것 같지만 그렇지 않습니다. 작은 교회가 죽으면 앞으로 큰 교회들도 같이 죽을 것입니다. 작은 시내가 죽으면 얼마 안 가서 큰 강들도 말라 버리기 때문입니다. 이제 큰 교회들이 작은 교회를 위해서 발 벗고 나설 때입니다. 이것이야말로 주님의 이웃 사랑을 실천하는 일입니다.

17. 전도 유감–어떻게 전도해야 하나님께 영광이 될까요?

한국 교회는 전도하는 데 유명합니다. 세계 교회 역사상 가장 전도에 열심인 교회는 아마 한국 교회일 것입니다. 우리나라 초대 교회 목회자들과 성도들이 전도하는 데 얼마나 열심이었는지는 교회 역사를 공부해 보면 알 수 있습니다. 특히 최권능 목사님 같은 분은 가는 곳마다 전도하여 많은 교회를 세웠습니다.

그런데 요사이 지하철이나 터미널에서 전도하는 것을 보면 목회자인 저도 낯이 부끄러울 때가 많습니다. 믿음이 없어서 그런지는 몰라도 전도가 국민들에게 도리어 혐오감을 주고 교회의 문을 가로막는 것이 아닌가 싶어서 걱정이 됩니다. 지하철 안에서 막무가내로 예수를 믿으라고 외치는 것을 보면 낯 뜨거울 때가 많습니다. 또 그런 사람들을 제지하면 다른 사람들과 싸우기도 합니다. 이런 행동은 교회에 대한 인상을 나쁘게 하고 말 것입니다.

저는 몇 년 전에 부산 송정해수욕장에서 정말로 기가 막힌 전도를 보았습니다. 많은 사람들이 해수욕을 하고 비치파라솔에서 쉬면서 해수욕을 즐기는 자리였습니다. 그런데 어떤 분이 어깨에 붉은 글씨로 '예수 천당, 불신 지옥'이라는 띠를 띠고 작은 확성기로 예수님을 전하는 것이었습니다.

모든 사람들이 윗옷을 벗고 팬티나 비키니를 입고 해수욕을 하는 자리에서 그 사람이 돌아다니면서 하는 전도가 "여러분! 예수를 믿어야 합니다. 회개해야 천당에 갑니다. 여기에 다른 여자와 놀아나는 남자들이 있습니다. 그런 사람은 천벌을 받습니다. 지옥에 갑니다. 회개하고 예수를 믿으세요. 여기에 다른 남자와 놀아나고 바람난 여자들이 있습니다. 그런 여자들은 지옥불에 들어갑니다. 회개하고 예수를 믿으세요, 그래야 천당 갑니다"라는 내용입니다.

저는 거기서 정말 너무 충격을 받았습니다. '이런 곳에서 꼭 저렇게 전도를 해야 하는가? 저것은 전도가 아니라 교회 문을 막아 버리고 예수님을 욕되게 하는 것이 아닐까?' 생각했습니다. 그때 많은 사람들이 미친놈이라고 욕을 하는 것을 보면서 어디 숨고 싶은 마음이었습니다.

전도에도 많은 준비와 기도가 있어야 합니다. 예수님은 뱀같이 지혜로우라고 하셨습니다. 전도도 얼마든지 지혜롭게 할 수 있습니다. 전도를 잘못하여 한국 교회의 이미지가 얼마나 훼손되는지 알아야 합니다. 그런 전도는 차라리 하지 않는 것이 낫지 않을까요? 무조건 거리나 공공장소에서 예수 천당을 외친다고 전도가 되는 것이 아닙니다. 모든 사람들이 공감하는 전도를 하면 얼마나 좋을까요? 앞으로 우리 교회들이 전도에 대한 새로운 고민과 기도와 준비가 있어야 할 줄 믿습니다.

우리가 말하는 이단들이 우리보다 나은 전도를 하는 것을 보고 놀랐습니다. 딸아이가 어떤 봉사 단체에 가입하여 한 달에 몇 번씩 토요일이면 봉사를 나갔습니다. 얼마나 좋은 일입니까? 기특한 마음이 들어서 참 잘한다고 칭찬해 주었습니다. 한 달에 몇 번씩 모여 농촌이나 어려운 서민들을 도와주며 서로 친교하는 모임이었습니다. 몇 달을 참여하면서 많은 사람도 알아가고 친한 언니도 생겼다고 좋아하였습니다.

그런데 어느 날 우리 딸이 누구 이름을 대면서 "아빠, 그 사람이 누구예요?"라고 묻는 것이 아닙니까? 저는 그때 깜짝 놀랐습니다. 바로 이단이라고 하는 그 단체였습니다. 저는 그날로 참여하는 것을 금지시키고 그 단체에 대해 설명해 주었습니다. 그 때 그들은 많은 연구를 통해 사람들을 교묘하게 빠져들게 하는 것을 알았습니다.

그러나 그 방법은 우리가 하는 전도에 비하면 얼마나 좋은 방법인지 모릅니다. 주말에 봉사 단체를 만들어서 봉사도 하고, 친교도 나누면서 서로 알아가는 모임이었습니다. 경비도 자기들이 회비를 내었습니다. 우리 교회들도 그런 모임을 만들어 봉사하고 친교하면 이 사회에 기여하고 감동을 줄 수 있을 것입니다.

너무 조급하게 전도하려는 생각을 버려야 합니다. 우리의 생활 가운데서 봉사로 어려운 이들과 함께하면서 서서히 알아가는 전도 방법을 개발해야 합니다.

영화배우 차인표 씨가 하는 탈북자 북송 반대 운동은 모든 국민들이 공감하면서 관심을 갖고 있습니다. 크리스천들이 이런 운동을 하면서 서서히 교회의 역할을 알린다면 얼마나 좋을까 생각해 봅니다.

월드비전은 한경직 목사님이 만들었지만, 지금은 온 세계 사람들에게 그리스도의 사랑과 구제 그리고 평화를 가르쳐 주는 단체가 되었습니다. 우리 아이도 거기 동참하여 팔레스타인 아이를 돕고 있습니다.

이런 일을 통하면 선교를 직접적으로 하지 않아도 서서히 교회에 대한 인식이 달라질 것입니다.

김혜자 권사님 같은 유명한 기독교 연예인들이 아프리카 빈민을 돕고 어려운 사람들을 섬기는 일도 눈에 띕니다. 이런 일이 우리 교회를 새롭게 보게 하는 좋은 전도 운동이 아닐까 싶습니다.

이제 한국교회를 욕되게 하는 전도는 그만했으면 합니다. 하나님과 예수님의 이름을 욕되게 하는 전도는 막아야 합니다. 제가 믿음이 없어서 그런 것일지도 모릅니다. 그러나 그렇게 전도하는 시대는 지났다고 생각합니다. 각 교회마다 전도를 어떻게 해야 하는지 깊이 준비하고 기도하면서, 시대에 맞는 전도를 개발하여 하나님께 영광이 되고 이 세상에 감동을 주는 전도를 합시다.

양산에 어느 장로님이 체험한 전도 이야기를 듣고 많은 생각을 한 적이 있습니다. 그 장로님은 기도와 전도를 많이 하시는 분이었습니다. 어느 약국에 전도하려고 전도지를 들고 들어갔다고 합니다. 여자 약사 가 예수쟁이는 보기도 싫으니까 빨리 나가라고 하면서 화를 내고 소리치더라는 것입니다. 예수 때문에 우리 가정이 다 망했다고 하면서 성을 내는 것이었습니다.

그런 소리를 듣고 이 장로는 너무 불쾌하고 화가 났다고 하였습니다. 한편으로 궁금하기도 해서, 그 약사에게 무슨 사연인지 얘기나 듣고 가겠다고 하였습니다. 그러나 약사는 말도 하기 싫고 보기도 싫다면서 문을 닫고 무조건 내쫓으려는 것을 끝까지 버텼답니다. 그 장로님은 왜 예수 때문에 집안이 망했는지 그것이나 듣고 가야겠다고 설득하여 그 약사의 얘기를 들을 수 있었답니다.

그가 하는 말이, 자기에게는 사랑하는 남동생이 하나 있는데 결혼할 때가 되었답니다. 그런데 교회 다니는 처녀와 선을 보게 되었는데, 자기는 교회에 안 다니지만 신앙은 좋은 것이니까 찬성하여 결혼을 시켰다고 하였습니다.

이 예수 믿는 올케가 들어오더니 시부모의 제사를 지내지 않겠다고 해서 마음이 좀 상했다고 하였습니다. 그러나 교회에 다니니까 제사를 안 지낸다고 하는데 이해하고, 딸이지만 제사를 자기 집에서 지냈다고 하였습니다. 제사를 지내고 음복을 애들을 시켜서 남동생 집에 보내면 그것을 먹지는 않아도 받아주고 수고했다고 말해야 정상인데, 이 올케는 음복을 받자마자 쓰레기통에 그대로 넣어 버린다는 것입니다.

이 얘기를 들은 약사가 너무 분하고 괘씸하여 올케와 동생을 나무라고 야단을 쳐도 듣지 않았다고 하였습니다. 할 수 없이 그들이 다니는 교회에 찾아가서 목사를 만나서 자초지종 말씀을 드렸다고 합니다. 그때 그 목사가 잘 이해하도록 얘기를 하였으면 좋았을 것입니다. 그러나 그 목사도 그 올케 편을 들면서 올케가 한 것이 교리에 맞다고 하는 것을 듣고는, 이 약사가 화가 나고 너무 분해서 예수라고 하면 열이 나고 화가 난다고 했습니다. 그런 일이 있었기 때문에 약사는 '교회, 예수'라고 하면 이가 갈린다고 하였습니다.

이런 극단적인 일은 드문 편이지만, 우리나라에서 제사 문제 때문에 가정마다 많은 갈등이 있습니다. 이런 것들도 목회자나 교회의 어른들이 잘 가르치고 이해시키면 가정이 평화롭게 될 것입니다. 앞으로 이런 문제는 교단적으로나 신학사들이 잘 연구하여 대처해 나가야 합니다. 저는 제사는 분명히 우상 숭배지만, 그것을 잘 가르치고 인도하면 은혜롭게 할 수 있다고 봅니다.

그 장로님이 자기 집안이 지금은 사촌들까지 다 교회에 나가게 된

애기르 해 주었습니다. 물론, 그 장로님도 처음에는 자기 집만 교회에 다니고 추도식을 드렸답니다. 다른 형제나 사촌 집들은 다 제사를 드리고 있었답니다. 추도식 때 집안의 형제와 사촌들을 다 불러서 추도식에 참석하게 하고, 함께 예배도 드리고 음식도 같이 먹고 정을 나누었다고 하였습니다. 또 다른 집에 제사가 있으면 자기 집도 같이 참석하여 도와주고 제사에 참여하여, 절은 올리지 않았지만 음식을 같이 나눠 먹고 얘기하고 놀다가 저녁 늦게 오곤 하였습니다.

이런 일을 계속하여 서로 친하게 지내게 되고, 정이 들면서 서로 제사 문제, 종교 문제, 인생 문제들을 서로 허심탄회하게 의논할 수 있게 되었습니다. 그래서 제사보다는 추도식이 훨씬 경제적이고, 또 간편해서 좋다고 권유해 이젠 모든 형제들과 사촌들도 다 추도식을 드린다고 하였습니다. 그렇게 하여 지금은 형제들과 사촌들도 다 교회에 다니는 집안이 되었다고 하는 이야기를 듣고 큰 감동을 받았습니다.

이렇게 지혜롭게 하여 온 집안이 전도가 되는 가정도 많습니다. 그런데 제사 문제로 형제들과 원수가 되고 마음이 상하여 서로 오고 가지도 않는 집안들이 꽤 있다고 합니다. 우리는 이런 때 하나님이 주시는 지혜를 얻어 대처해야 할 것입니다.

전도 운동도 깊이 들어가면 사랑 운동이라고 할 수 있습니다. 예수님을 믿고 그 은혜로 나 같은 죄인이 용서받아서 하나님의 사람이 되었으니 이보다 더 큰 축복이 어디 있습니까? 그래서 가장 가까운 사람이 생각나고 그 사람도 나같이 예수님을 믿고 천국 생활을 하기 원하는 것입니다. 그리고 영원한 천국에 같이 가면 얼마나 좋을까 하는 생각이 들어 전도하는 것이 아닙니까.

전도는 사랑이 없으면 할 수 없습니다. 맛있는 음식을 먹으면 가장 사랑하는 사람이 생각난다고 합니다. 아내를 사랑하면 아내도 이런 음식을 먹어 봤으면 하고 생각이 납니다. 부모님을 사랑하면 부모님께 이런 맛있는 음식을 대접해 봤으면 하는 생각을 합니다. 자기가 가장 사랑하는 사람과 맛있는 음식을 같이 먹고 싶은 것이 사람의 마음입니다. 사랑하기 때문입니다.

전도도 이와 같습니다. 내가 믿고 천국을 맛보니 너무 좋아서 부모와 형제, 그리고 친구에게 복음을 전하는 것 아닙니까. 내가 먼저 예수님을 만나보고 너무 좋은 체험을 하면 전도는 자연적으로 하게 될 것입니다. 이웃을 사랑하면 이웃을 위해서 도와주고 전도하여 함께 교회에 나오게 됩니다.

예수님도 이 세상에 계실 때 병자를 고쳐주시고 귀신 들린 자에게서 귀신을 쫓아내시고 하나님 나라를 가르치신 이유는 인간을 너무 사랑하셔서였습니다. 그리고 마지막 십자가에서 우리를 위해서 피를 흘리시고 살을 찢어주신 것도 우리를 향한 최고의 사랑의 표현입니다. 십자가를 볼 때마다 예수님이 우리를 얼마나 사랑하셨는지 깨달아야 합니다. 이 사랑에 많은 사람들이 감동과 은혜를 받아서 변화되었고 전도의 역사가 일어났습니다.

우리도 예수님을 믿으면 예수님을 사랑하게 됩니다. 그리고 이웃을 내 몸과 같이 사랑하게 됩니다. 이웃을 사랑하는 방법에는 물질로 도와주고, 함께 나누고, 어려울 때 찾아보고, 그리고 그 영혼을 위해 기도하고 전도하게 되는 것입니다. 이런 전도가 이 세상 사람들에게 큰 감동을 줄 것입니다. 그들의 친구가 되어주고 사랑할 때 그들의 마음을 움직입니다.

전도는 사랑입니다. 사랑밖에는 없습니다. 이런 사랑과 희생의 성도들이 많아야 할 것입니다. 진정으로 이웃을 사랑함으로 전도하여 한국 교회를 채우는 성도들이 많이 나왔으면 합니다.

제2부 영성으로 가는 길

1. 영성이 무엇입니까?

요사이 영성이라는 말을 많이 합니다. 영성은 영적인 성품이라고 말할 수 있습니다. 영성이 없는 종교는 없을 것입니다. 그리고 종교마다 영성이 다 다릅니다. 기독교의 영성, 천주교의 영성, 불교의 영성이 다릅니다. 기독교의 영성은 예수님을 닮아가는 것입니다. 불교는 부처를 닮는 것이고, 천주교는 예수님과 성모 마리아를 닮는 것입니다. 우리 기독교는 예수님이 우리 삶의 모델이요, 삶의 목표가 되어야 합니다.

성경 말씀은 예수님을 설명한 책입니다. 성경을 읽으면 읽을수록 예수님을 알아가고 닮아가는 것입니다. 우리가 작은 예수가 되어서 가정과 사회에서 빛과 소금의 역할을 하는 것이 신앙생활이며 영성입니다. 베드로후서 1장 4절에 보면 "……너희가 정욕 때문에 세상에서 썩어질 것을 피하여 신성한 성품에 참여하는 자가 되게 하려 하셨느니라"고 하였습니다. 이 신성한 성품이 바로 예수님의 성품입니다.

빌립보서 2장 5절에도 "너희 안에 이 마음을 품으라 곧 그리스도 예수의 마음이니"라고 하였습니다. 그리스도 예수님의 마음이 어떤 마음입니까? 하나님의 영광을 버리시고 종의 형체로 사람이 되신 예수님의 마음 말입니다. 이런 예수님의 마음을 닮고 예수님같이 사는 것이 바로 우리의 영성입니다.

그래서 예수님은 좁은 문으로 들어가라고 하셨습니다. 생명으로 인도하는 문은 좁고 협착하여 그리로 들어가는 사람이 적다고 하였습니다. 그러나 멸망으로 인도하는 문은 넓고 편해서 그리로 들어가는 사람이 많다고 하였습니다. 좁은 문으로 들어가는 것이 영성으로 가는 길입니다.

그러면 좁은 문은 무엇을 말할까요?

1) 조용한 곳에 예수님의 영성이 있습니다

영성은 시끄러운 곳보다는 조용한 곳에서 형성됩니다. 바리새인들은 늘 시끄러운 곳을 좋아했습니다. 그들은 사람들이 많은 데서 기도하고 금식하기를 좋아했습니다. 그래서 늘 시장 같은 사람이 많이 모인 곳에서 기도하고 성경을 크게 읽었습니다. 사람들이 보는 데서 무엇이든지 하기를 좋아한 것이 바리새인들이었습니다.

기도와 금식은 하나님께 하는 것이지, 사람에게 하는 것이 아닌데 말입니다. 한국 교회 성도들도 사람들이 많고 시끄러운 곳을 좋아하는 경향이 있습니다. 조용한 곳은 피하고 시끄러운 곳을 찾는 습관은 우리 성도들에게 다 있습니다. 그러나 예수님은 습관적으로 늘 새벽 미명에 한적한 곳을 찾아 하나님께 기도하셨고 만났습니다. 영성은 시끄러운 곳에서 이루지는 것이 아닙니다.

그런데 우리나라 교회 성도들은 큰소리로 기도해야 속이 시원하고 응답 받은 것같이 생각합니다. 목청껏 찬송이나 복음성가를 부르고 악기를 동원하여 귀가 먹먹할 정도가 되어야 성령 체험을 한다고 생각합니다. 조용하고 혼자 있으면 두렵고 외로워 기도가 나오지 않는다고 합니다. 그래서 좀 시끄럽고 사람들이 많아야 기도가 되고 찬송도 나온다고 합니다. 그래서 자기 혼자 조용한 집에 있을 때는 기도와 찬송을 하지 못하는 성도들이 참 많습니다.

많은 성도들이 기도와 찬송은 교회에서 예배드릴 때나 부흥회, 그리고 집회 때 하는 것으로 착각하고 있습니다. 기도와 찬송은 날마다 해야 합니다. 주일에 교회에서만 하는 것이 아닙니다. 우리 한국 교회가 영성이 이렇게 떨어진 것은 집에서는 기도하지 못하고 찬송하지 못하기 때문이라고 생각합니다. 교회에서도 진정으로 예배드리고 기도해야 합니다. 그리고 집에서도 날마다 주님과 조용히 만나 기도하는 성도들이 많아야 한국 교회가 살아나고 영성이 깊어질 것입니다.

쉬지 말고 기도하라고 하신 사도 바울의 말씀을 기억하며 날마다 기도하는 성도들이 됩시다.

2) 낮고 가난한 곳에 예수님의 영성이 있습니다

영성은 부한 곳에 임하는 것이 아닙니다. 마음이 가난할 때 우리에게 영성이 있습니다. 예수님도 마음이 가난한 자는 복이 있다고, 하나님 나라가 그들의 것이라고 하셨습니다. 가난한 마음은 겸손한 마음, 어린아이 같은 마음을 말합니다. 천국은 마음이 소박한 자에게 오는 것입니다. 너희가 어린아이같이 자기를 낮추지 않으면 결단코 천국에 들어가지 못한다고 하였습니다.

예수님은 마음이 너무나 가난하셨습니다. 하늘의 보좌를 버리시고 낮고 천한 곳에 오셔서 십자가까지 지신 것은 가난의 극치가 아닐까요. 우리는 늘 마음이 부유하거나 높은 데 빼앗길 때가 많습니다. 자기를 깨트려 가난한 마음을 가져야 천국이 우리의 소유가 될 것입니다. 부자의 마음을 가난하게 만들어야 영성을 얻을 수 있습니다.

저는 고등학생 때 본 영화가 지금도 생각이 납니다. 그때는 별로 관심 있게 보지 않았는데도, 그 영화가 생생하게 기억납니다. 유럽의 중세 시대를 배경으로 한 무서운 영화였습니다. 지금 그 영화의 제목도 주연배우도 기억이 나지 않지만, 나에게 감동으로 남아 있습니다.

중세 시대 어떤 마을에 아이가 귀신이 들렸습니다. 가족들이 그를 위해 기도해도 안 되서 그 마을의 신부에게 귀신을 쫓아달라고 했지만, 그 신부는 귀신을 쫓을 능력이 없었습니다. 그래서 더 높은 주교에게 가서 요청하였습니다. 그 주교는 성경을 읽으면서 십자가를 가지고 귀신을 쫓으려 했으나 귀신은 그 주교에게 덤벼들고 주교를 놀리면서 혼을 내주었습니다. 바울을 흉내 내던 사람이 귀신을 쫓아내려다 귀신이 '나는 예수도 알고 바울도 안다. 너는 누구냐?' 하면서 그 사람을 혼내준 것처럼, 이 주교는 귀신에게 온갖 수모와 창피를 당하였습니다.

이 아버지는 할 수 없어서 교회로 치면 유명한 부흥사 같은 퇴마사 신부에게 가서 귀신을 쫓아달라고 간청했습니다. 퇴마사는 자신감을 내비치면서 자기가 귀신을 쫓아 주겠다고 자신 있게 약속하였습니다. 퇴마사 신부와 귀신은 일대 격전을 벌였습니다. 그러나 그 퇴마사 신부도 귀신의 힘에 눌려서 도저히 감당하지 못하고 손을 들고 말았습니다. 그 아들은 날이 갈수록 상태가 더 심해졌고 부모와 가족들이 감당하지 못하고 절망하고 있었습니다.

그때 어느 날, 거지 같은 신부 하나가 구걸을 하러 누추한 옷을 입고 그 집 대문을 두드렸습니다. 아버지는 구걸하는 거지가 너무 불쌍해서 먹을 것을 주면서 이런저런 얘기를 하다가, 자기 아들이 지금 많이 아파서 걱정이란 말을 꺼냈습니다. 이 거지가 그 말을 들으니 너무 딱하여 아들을 한번 볼 수 있느냐고 하였습니다.

이 아버지는 이런 거지에게 보여줘봐야 뭘 할 수 있겠는가 생각했습니다. 주교도 못 고치고 퇴마사 신부도 못 고친 아들의 병을 이런 거지가 무슨 능력이 있어 고칠까 하는 마음이 들었습니다.

그러나 아들의 상태가 너무 심했기 때문에 거지 신부에게 아들을 보여주기로 하였습니다. 이 거지 신부가 아들 방으로 들어가 보았습니다. 그런데 아들 방으로 들어가자마자 귀신이 겁을 먹고 벌벌 떠는 것이 아닙니까. 이 거지 신부를 본 귀신이 제발 나가 달라고 애원하였습니다. 귀신들이 예수님을 무서워하듯이 말입니다.

신부가 아들에게 손을 대자, 아들은 거품을 물고 기절하고 말았습니다. 어떤 기도를 하거나 십자가를 보인 것도 아닌데, 아들의 머리를 만지자마자 벌벌 떨면서 입에 거품을 물고 넘어지고 만 것입니다.

이것을 본 아버지와 어머니는 행여 아들이 죽은 것이 아닌지 겁을 먹었습니다. 거지 신부가 간 다음에 한참 자던 아들이 잠에서 깼는데 온전한 옛날의 아들로 돌아온 것입니다.

이 거지 신부는 거리로 다니면서 구걸하여 먹고 사는 사람이었습니다. 사람들은 그를 놀리거나 욕하고 자기들에게 오면 돌을 던지기도 하였습니다. 그런 거지에게 예수님의 영성이 역사하였고 사람은 알아주지 않았지만, 귀신은 그를 알아보았습니다. 중세의 권력과 돈에 물든 신부가 아니라, 성경의 말씀대로 예수님같이 가난한 신부인 그를 말입니다.

저는 지금도 이 영화처럼 큰 교회 목사나 인기 있는 부흥사가 아니라 작은 교회에서 밤낮 기도하며 성경을 깊이 묵상하는 목사들의 영성이 더 깊지 않을까 생각합니다. 영성은 높은 자리에서 생기는 것이 아닙니다. 인기 있는 목사에게 생기는 것도 아닙니다. 날마다 주님과 깊은 만남에서 생기는 것입니다. 예수님도 기도 외에는 이런 것이 나가지 않는다고 하였습니다.

부자들은 기도하지 않습니다. 높은 분들은 기도하지 않아도 됩니다. 그들은 기도의 필요를 느끼지 못할 것입니다. 그러나 어렵고 가난한 자는 기도하지 않을 수 없습니다. 그래서 영성이 깊을 수밖에 없다는 의미입니다. 부자들은 하나님 나라보다는 세상 나라에 더 관심을 가지고 삽니다. 그러나 영성은 낮고 가난한 곳에 임합니다.

3) 작은 곳에 예수님의 영성이 있습니다

우리는 많고 화려한 곳을 좋아하고 따라갑니다. 작은 것은 눈에 차지 않습니다. 뭐든지 스케일이 커야 한다는 고정 관념이 있습니다. 우리나라는 세계 제일을 참 좋아합니다. 무슨 건물이나 사업을 할 때도 세계 최고나 아시아 최고를 자랑합니다. 작은 것은 사람들에게 감동을 주지 못한다고 생각합니다. 교회를 지어도 세계나 우리나라 최고의 건물을 지어야 직성이 풀립니다. 세계 10대 교회를 뽑는데 우리나라가 5개나 들어가는 것을 보았습니다. 얼마나 큰 자랑이겠습니까. 그러나 영성은 크고 높은 곳에 임하는 것이 아닙니다.

미국에 유명한 크리스털 교회가 있습니다. 크리스털 교회 로버트 슐러 목사를 닮으려는 한국 교회 목사들이 참 많았습니다. 한때 우리나라의 많은 목사들이 로버트 슐러 신드롬에 빠졌을 때도 있었습니다. 긍정적인 사고로 목회하면 된다는 정신을 불어넣어 주었습니다.

그 교회가 지금 부도가 났다고 신문에 나는 것을 보았습니다. 영성으로 목회하지 않으면 이런 큰 교회들도 무너질 수 있다는 교훈을 얻어야 합니다. 한국의 대형 교회들도 위태롭다는 사실을 느낄 때가 있습니다. 인기 있었던 원로목사들이 은퇴하면서, 많은 성도들이 후임 목회자에게 적응하지 못하고 다른 교회로 옮기거나 교회에 나오지 않는 사람도 있다고 들었습니다. 인기 목사에게 붙어 있다가 그 목사가 다른 교회로 옮기면 신앙이 흔들리는 것은 영성이 그만큼 얕았기 때문입니다. 돌밭에 뿌리를 박은 나무는 죽고 맙니다. 옥토에 뿌리를 박아야 그 나무가 오래가고 많은 열매를 맺습니다.

많은 군중을 따라가다가 영성을 놓치는 경우도 많습니다. 예수님도 광야에 몰려드는 군중을 보고 너희가 무엇을 보려고 여기에 왔느냐고 물었습니다. 비단 옷을 입은 사람은 왕궁에 있다고 하였습니다. 도리어 예수님은 작은 소자와 약한 병자에게 더 관심을 가졌습니다. 한 알의 밀알이 썩으면 많은 열매를 맺는다고 하였습니다. 예수님이 태어나시고 활동한 무대를 지도에서 보면 너무 작은 팔레스타인 지방이었습니다.

어렸을 때 왜 예수님은 그런 작은 나라에 태어나시고 작은 무대에서 활동하셨을까 하고 생각했습니다. 로마 같은 큰 나라에 태어나서 세계를 휘둘렀다면 세계 복음화도 빨리 오지 않았겠느냐는 생각이었습니다.

우리는 많고 커야 마음에 찹니다. 작으면 마음과 눈이 가지 않습니다. 그러나 우리 주님은 작은 것에서 출발하신다는 사실을 알아야 합니다. 작은 일에 충성할 때 큰일을 맡겨 주십니다. 바리새인들은 늘 크고 높은 데 마음이 갔습니다. 그러나 예수님은 늘 작고, 낮은 곳을 향하여 나아가셨습니다. 그래서 바리새인들이나 서기관들과는 소통이 되지 않았습니다. 우리도 예수님과 소통하려면 작은 곳을 귀하게 여기는 마음을 가져야 합니다. 그렇게 낮은 곳을 향해야 예수님을 만날 수 있습니다.

2. 영성 회복이 한국 교회를 살립니다

한국 교회의 위기를 극복하려면 영성이 회복되어야 한다고 말씀드렸습니다. 영성 회복은 하루아침에 이루어지는 것이 아닙니다. 오랜 시간이 걸립니다. 한국 교회의 위기도 하루아침에 벗어날 수 없을 것입니다. 오랜 시간이 걸릴 것입니다. 그때까지 우리는 인내를 가지고 영성을 회복하는 수밖에는 없습니다.

저는 몇 년 전부터 영성에 대해서 깊이 생각하고 관련 서적도 많이 읽었습니다. 영성에 대해 다른 종교에서는 많은 관심을 가지고 많은 책이 나왔고 일반 사람들도 많이 읽고 있었습니다. 그런데 우리 기독교만은 영성에 대한 관심이 너무 적었고 출판된 책도 너무 적었습니다.

저는 영성에 대해서는 잘 몰랐습니다. 몇 년 전, 나에게 찾아온 영혼의 공황은 너무 많은 시간을 방황하고 유리하게 만들었습니다. 저는 수십 년 주님을 믿었고 신학을 공부하여 목사 안수까지 받아 목회를 하는 목사입니다. 그런데 저에게 밀려오는 신앙의 방황을 혼자서는 감당하기가 너무 힘들었습니다. 그래서 기도원을 찾다가 '모새골이'라는 곳으로 찾아갔습니다.

거기서 지낸 짧은 3박 4일이 감사하게도 저에게는 제 영혼을 다시 찾는 기회가 되었습니다. 처음에는 묵상이 무언지 갑갑했고 허공을 향해 떠도는 기분이었습니다. 그럼에도 집에 와서 조용한 시간에 계속 묵상하기 시작하였습니다. 그러면서 점점 저의 마음과 영혼의 빈 공간이 너무 컸다는 것을 알게 되었습니다.

지금까지 저는 제 영혼이 이렇게까지 망가진 것을 모르고 살아왔습니다. 이제야 겨우 영혼과 마음의 안정을 찾아 날마다 감사하며 살고 있습니다. 영성은 연륜이나 지식, 직분으로 채워지는 것이 아님을 알았습니다. 그래서 저는 이 영성 운동이 한국 교회를 살리는 것이라 확신합니다. 저 같은 목회자들이 더러 있으리라 생각합니다. 원인도 모르고 이유도 없이 찾아오는 영혼의 방황을 영성으로 채워가는 목회자들과 성도들이 되기를 기원해 봅니다.

우리는 한국 교회의 위기가 생각하는 것보다 더 심각하다는 사실을 인식해야 합니다. 교회가 영성이 무엇인지 눈을 뜨고 예수님의 마음과 예수님의 생각으로 살아간다면 모든 문제가 해결될 것입니다. 내 생각, 내 뜻대로 살아가니까 이런 위기를 당할 때 당황하고 갈 바를 몰라서 이리저리 헤맵니다. 예수님같이 생각하고 예수님같이 마음을 먹고 살아간다면, 이런 위기는 우리에게 큰 축복으로 올 것입니다.

교회에 오래 다닐수록 예수님을 닮아서 마음이 변하고 사고방식이 달라져서 삶의 목표가 변해야 합니다. 그런데 아무런 변화 없이 살아가기 때문에 세상의 빛도 안 되고 소금의 사명도 못하여 사람들이 우리를 비난하고 욕하는 것입니다.

예수님은 인간을 변화시켜 생명을 구원하러 오셨습니다. 넓은 땅을 사고 비전 센터를 잘 지으려 오신 것이 아닙니다. 인간의 생명이 천하보다 더 귀하기 때문에 인간의 생명을 구원하기 위해서 십자가에서 피 흘리시고 죽으신 것입니다. 그래서 우리가 예수님을 통하여 거듭나면 천국에 간다고 합니다. 우리 성도들이 겉모습은 변했는데, 마음과 영혼은 그 자리에 머물러 있는 것이 현실입니다. 한국 교회의 위기는 우리가 변하지 않아서 온 것입니다. 겉모습은 변한 것 같은데 속을 들여다보면 아무 변화 없이 세상 사람보다 더 악한 짓을 하는 성도들도 더러 나타나고 있습니다.

이런 일을 언론에서 볼 때, 나는 그런 사람이 아니라고 그런 사람과 다르다고 하면 될까요? 나와는 상관이 없다고 하면 우리의 책임은 없어집니까? 앞으로 이런 사건이 얼마나 많이 터질지 어떻게 압니까? 이런 일이 왜 자꾸 일어납니까?

겉모습은 목사고 장로인데 그 속에는 큰 변화가 없어서 그런 것입니다. 교회에서는 설교도 기도도 잘합니다. 봉사도 잘하는 권사고 집사들인데, 어떤 일이 생기면 나에게 유익한가를 먼저 따지게 됩니다. 주님의 마음보다는 자기 중심으로 생각하는 것이 우리 아닙니까? 욕먹고 어려운 일은 다 피하고 나에게 유익이 된다 싶으면 서로 하려고 하는 것이 우리 아닙니까? 하나님의 뜻보다는 나에게 무슨 이익이 있는가를 먼저 생각하는 우리였습니다.

예수님은 "너희는 먼저 그의 나라와 그의 의를 구하라"고 말씀하셨습니다. 하나님의 나라를 위해서 먼저 생각하고 살아야 하는 성도들이 자신의 나라를 위해 살고 있습니다. 목사는 목사 나라를, 장로는 장로 나라를, 권사와 집사들은 권사 나라와 집사 나라를 만들다 보니, 교회 안에서 서로 의견이 분분합니다.

건물이 좋다고 자랑합니까? 성도가 많다고 자랑하고 싶습니까? 우리 교회 목사를 자랑하고 싶습니까? 그런 나라는 하나님의 나라가 아닙니다. 자기 교회 나라입니다. 예수님은 교회를 만민이 기도하는 집이며 진리의 기둥으로 만드시려고 하는데, 우리는 웅장하고 아름다운 건물만을 지으려고 한다면 주님은 기뻐하지 않을 것입니다. 교회를 가지고 돈벌이하려는 사람들이 있다면 예수님은 그런 교회는 다 헐어버려야 한다고 하실지도 모릅니다. 예수님은 성전을 청소하시고 짐승과 돈 바꾸는 사람들을 쫓아내셨습니다. 제사장과 서기관들이 성전을 돈벌이하는 굴로 만들었기 때문이었습니다.

한국 교회는 그때 성전과 뭐가 다릅니까? 돈 냄새와 인간 냄새, 미움과 증오가 가득한 냄새가 나지 않습니까? 예수님은 제사장과 서기관들이 만민이 기도해야 할 집을 돈으로 장사로 더럽고 시끄럽게 만들었기 때문에 내쫓으셨습니다. 이런 위기가 와도 정신을 못 차린다면 우리는 희망이 없습니다. 아직도 외식만 따라가면 우리는 정말 하나님의 진노를 받을 것입니다.

깨어 있는 성도들과 의식 있는 목회자들이여, 지금은 영성을 회복할 때요, 눈물로 회개할 때입니다. 나의 나라와 내 교회 나라만 세우려던 우리의 죄를 깊이 회개해야 합니다.

3. 죽음과 영성

영성과 죽음은 불가분의 관계가 있습니다. 죽음을 생각하지 않고 영성을 생각한다는 것은 있을 수 없습니다. 성경에는 지혜로운 사람은 그 마음이 늘 초상집에 있다고 하였습니다. 그러나 어리석은 자의 마음은 늘 열락에 빠진 잔칫집에 있다고 하였습니다.

참으로 지혜로운 사람은 그 마음과 생각이 죽음을 염두에 두면서 산다는 말입니다. 우리 그리스도인들은 지혜로운 사람이 되어야 합니다. 그러면 당연히 우리의 마음은 초상집에 있어야 합니다. 초상집은 죽음을 생각하게 합니다. 죽음은 또 하나님 나라, 천국을 생각하게 합니다.

그런데 우리는 세상 일에만 관심을 가지고 살아갑니다. 천년만년 이 세상에서 살 것같이 살아가는 것이 우리 아닙니까? 무엇을 먹을까, 무엇을 마실까, 무엇을 입을까에 더 관심을 가지고 살아가는 어리석은 우리 아닙니까?

예수님이 말씀하시는 나라는 하나님 나라, 천국입니다. 천국은 지금 우리의 마음에도 있지만 우리가 죽으면 가는 영원한 나라입니다. 그러므로 우리 그리스도인들은 죽음을 늘 생각하고 살아가야 할 것입니다.

예수님과 유대인들이 왜 소통하지 못했을까요? 예수님의 말씀의 초점은 늘 하나님 나라였습니다. 그러나 유대인들의 관심은 늘 이 세상에서 잘살고 여기서 병 낫고, 돈 잘 벌어 출세하는 문제에 있었습니다. 그럴 때마다 주님은 늘 하나님의 나라를 비유해서 말씀하셨습니다. 그때나 지금이나 사람들은 천국은 아직 보이지 않고 멀기 때문에 거기까지 생각하지 못합니다.

그러나 주님의 모든 말씀의 초점은 하나님의 나라, 천국이었습니다. "회개하라, 천국이 가까이 왔다"라고 하신 것입니다. 예수님은 천국이 멀리 있는 것이 아니라 우리 가까이 있다고 하셨습니다.

하나님의 나라는 죽을 때나 준비하고 지금은 이 세상에서 살아가기에 더 급급합니다. 그래서 어떻게 해야 잘살고 건강하고 행복할지에 더 큰 매력을 가지고 있는 것이 우리입니다. 천국이나 하나님의 나라라고 하면 죽을 때나 가는 나라로 생각합니다. 그래서 우리는 죽음이라고 하면 생각하기도 싫어하고 나에게는 죽음이 안 올 거라고 막연하게 생각하며 삽니다. 누가 죽는 것을 좋아할까요? 죽는 것을 좋아할 사람은 아무도 없습니다.

그러나 예수님은 하나님 나라, 천국은 우리 가까이 늘 존재하고 있다고 가르치셨습니다. 이 세상에서 천국을 모른다면 죽어서도 천국은 없습니다. 어느 책에서 이런 글을 읽었습니다. 천국은 우리 스스로 선택해서 간다는 내용이었습니다. 마음이 거듭나서 밝은 사람은 밝은 천국을 스스로 찾아서 가고 마음이 죄악으로 어두운 사람은 스스로 어두운 지옥으로 간다고 하였습니다. 나비나 벌을 보면 늘 꽃을 찾아가고 파리나 모기는 늘 더러운 하수도나 화장실 같은 곳을 찾아가는 것처럼 말입니다.

우리가 이 세상에서 거듭나서 성령님을 모시고 살면 천국 생활을 하다가 천국으로 갈 것입니다. 그러나 이 세상에서 늘 더러운 마음과 생각으로 산다면 우리도 파리나 모기같이 더러운 하수도 같은 지옥을 선택하지 않을까요? 우리가 이 세상에서 어떻게 준비하고 사느냐에 따라 천국으로 갈지, 지옥으로 갈지 달라질 것입니다. 그래서 거듭나는 것이 중요합니다.

우리가 하나님을 믿고 하나님의 나라를 믿는다면 죽음을 깊이 생각하고 고민해야 합니다. 죽음은 멀리 있는 것이 아닙니다. 우리 가까이 있습니다. 언제 올지 모릅니다. 아이들도 병으로 죽고 젊은이가 갑자기 사고로 죽는 것을 보면 참으로 무섭지 않습니까?

사실 저도 죽음을 무서워했고 죽음을 왜 만들었을까 하고 고민한 때도 있었습니다. 죽음이 없다면 얼마나 좋을까 하고 생각도 하였습니다. 왜 우리에게 죽음을 주어서 죽음 때문에 두려워하고 걱정하며 살게 하였을까 하나님을 원망할 때도 있었습니다. 죽는다고 하면 겁이 났고 슬퍼지기도 하였습니다. 죽지 않는 방법은 없는지 생각해 보기도 하였습니다.

저는 어릴 때 일찍이 아버님의 죽음을 보았습니다. 죽음이 얼마나 아픈지 알았고, 죽음이 무섭다는 것을 뼈저리게 느꼈습니다. 그래서 죽음이 없는 세상을 늘 그리워하였습니다.

따라서 예수님을 믿으면 죽음을 보지 않고 천국에 가지 않을까 하는 막연한 기대를 한 적도 있었습니다. 그런데 예수님은 십자가에서 죽음을 더 처절하게 체험하면서 죽으셨습니다.

저는 그때 하나님이 전능하신 분이라면 왜 예수님을 저렇게까지 죽여서 우리의 죄를 사하였을까 하고 생각했습니다. 하나님의 능력으로 예수님을 죽이지 않고도 얼마든지 우리의 죄를 용서할 방법이 있었을 텐데 말입니다. 그때는 생각도 짧았고 믿음도 어린 탓에 나의 죄와 인간의 죄악이 얼마나 큰지를 잘 몰라서 그런 의문을 가졌던 것입니다.

사람이라면 누구나 피해 갈 수 없는 것이 죽음입니다. 요사이 사람들이 전보다 더 오래 산다고 하지만 그렇다고 죽지 않는 것은 아닙니다. 조금 오래 살다가 죽는 것뿐입니다. 그렇기 때문에 죽음을 가지고 고민하지 않는 사람은 없을 것입니다.

나이가 들면 들수록 죽음이 더 우리 가까이 다가오는 것을 느낄 수 있습니다. 김동길 박사가 어떤 강연에서 이런 말씀을 하는 것을 들었습니다. "나이가 40대이면 세월은 시속 40킬로미터로 달리고, 나이가 50대이면 세월은 50킬로미터로 달린다. 나는 나이가 70대라서 지금 세월이 시속 70킬로미터로 달리는 것을 느끼고 있다."

그때는 실감하지 못했는데, 요사이는 이 말씀을 정말 체험하게 됩니다. 젊을 때는 시간이 왜 그렇게 가지 않았는지 몰랐습니다. 빨리 어른이 되고 싶었을 때도 있었습니다. 그러나 나이가 들면 들수록 시간이 얼마나 빨리 지나가는지 모릅니다. 언젠가 이 세상을 떠나가야 할 시간이 올 것을 생각하면 인생은 참 허무해 보이기도 하고 서글퍼지기도 합니다.

이 시간을 붙잡을 수만 있다면 얼마나 좋을지 생각도 많이 했습니다. 진나라 시황이 불로초를 구하려고 젊은 처녀, 총각을 전 세계에 보냈다는 전설이 실감이 나는 얘기로 들리기도 했습니다. 높은 용상에 앉아서 세상의 모든 열락을 누려보면 죽고 싶은 사람이 있을까요. 더 오래 살고 싶고, 더 즐기고 싶은 마음은 다 똑같을 것입니다.

지금은 의학이 발전하여 좋은 약과 좋은 음식이 나와서 사람들의 수명을 많이 연장시키고 있습니다. 우리나라 평균 수명이 80이 넘는다고 합니다. 옛날보다 오래 살지만 여기에 만족하는 사람은 없습니다. 더 건강하게 오래 살려고 운동하고 음식을 가려 먹습니다. 허나 아무리 건강하게 오래 살아도 죽음이라는 짐에서 벗어날 수는 없습니다. 죽음이 있는 한 인간은 참된 자유를 얻을 수가 없을 것입니다.

많은 사람들이 이 죽음을 이기고 피해 보려고 얼마나 많이 노력하고 도를 닦았습니까? 석가가 이 죽음을 해탈해 보려고 하다가 깨달은 것이 무엇일까요? 이 죽음은 이길 수 없는 한계 상황이라는 사실을 깨달았을 것입니다. 그래서 그는 죽음을 해탈하지 못하고 깨닫는 자가 부처가 된다고 하였습니다. 죽음을 깨닫는 것도 대단합니다. 그래서 불교는 이 세상에서 선을 많이 쌓으면 좋은 세상에 태어나고, 악을 행하면 벌레나 짐승으로 태어난다고 하였습니다. 이것이 윤회 사상입니다.

저는 불교의 진리를 잘 모릅니다. 그러나 이 윤회 사상만은 정말 허황된 소리로 들립니다. 사람이 어떻게 짐승이 되고 벌레가 됩니까. 이것은 정말 잘못된 사상입니다. 아무리 악을 행하여도 사람은 사람이지, 사람이 짐승이 되고 벌레가 된다는 것은 너무 이상한 소리같이 들리지 않습니까? 그러면서 불교인들도 고기를 잘 먹고 삽니다.

이것이 사실이라면 그들은 살인의 죄를 다 짓고 사는 것입니다. 거기에는 자기 부모도 있을 수 있고 조상들을 먹었을 수도 있습니다. 이 말은 자기들도 윤회 사상을 믿지 않는다는 것입니다. 좀 솔직하게 죽음은 해탈할 수 없다고 하고, 선을 행하면 극락에 가고, 악을 행하면 지옥에 간다고 하는 게 더 솔직한 사상이 아닐까요? 절대로 사람이 짐승이 되는 일은 없을 것입니다.

죽음을 해결한 종교가 참 종교라고 믿습니다. 제가 예수님을 믿는 이유도 죽음을 해결하시고 다시 부활하신 것을 믿기 때문입니다. 예수님은 천국으로 가셨고 우리를 그리로 인도한다고 하신 것을 확실히 믿기 때문입니다. 교주가 자신도 죽음을 해결하지 못하면서 남의 죽음을 해결할 수 있습니까. 자기부터 죽음을 해결해 놓고 너희도 이리로 오라고 해야 상식에 맞는 말이 아닙니까? 대머리 아저씨가 탈모 약을 파는 것과 뭐가 다릅니까. 자기 머리도 해결하지 못하면서 탈모 약을 파는 사람을 누가 믿고 사겠습니까?

다른 어떤 종교도 기독교만큼 죽음의 문제를 확실하게 해결한 종교는 없습니다. 죽음 때문에 종교가 생겼을 것인데도 말입니다. 죽음이 없다면 종교는 아무 필요가 없습니다. 죽음이 없는데 누가 교회에 가고 절에 다니겠습니까?

예수님의 십자가는 죽음을 말합니다. 기독교는 죽음과 부활의 종교입니다. 우리 주님은 죽음과 부활을 체험하신 분입니다. 죽음을 생각하지 않는 사람은 영성 또한 논하지 못합니다. 최고의 영성은 십자가입니다. 우리 성도들이 십자가의 비밀을 안다면 그는 깊은 영성의 사람이 될 것입니다. 사도 바울은 십자가의 은혜를 깨닫고 십자가밖에는 자랑할 것이 없다고 하였습니다. 그래서 그는 자신 있게 나를 본받으라고 할 수 있었습니다.

기독교에서 십자가를 빼버리면 그것은 하나의 신화에 불과합니다. 죽음을 처절하게 체험하시고 우리의 죽음을 가장 잘 아시고 해결하신 분이 예수님 외에 누가 있습니까? 인간의 저주와 숙명인 죽음의 문제를 해결하신 분이 우리 예수님입니다. 그래서 참 포도나무인 자기에게 붙어 있으라고 신신당부하신 것입니다. 저는 예수님을 너무 사랑합니다. 그분만 따라가면 죽음도 천국도 다 해결하시기 때문입니다. 여러분도 이 예수님만 믿고 따라가십시오.

여러분, 자신이 참 포도나무인 예수님에게 붙어 있는지 아니면 어떤 사람에게 붙어 있는지 살펴보시기 바랍니다. 예수님께 붙어 있다면 여러분은 정말 행복한 사람이며 축복의 사람입니다.

4. 죽음이 없다면 얼마나 좋을까요?

정말 죽음이 없다면 얼마나 좋을지 생각해 보았습니까. 모든 사람들이 저와 같은 생각을 해보았을 것입니다. 저는 죽음이 없다면 이 세상은 정말 천국이 될 것이라고 생각했었습니다. 아픈 것이 없고 암과 같은 무서운 병이 없고 죽음도 없다면 정말 살 만할 것 같았습니다. 그래서 저는 죽음이 없는 세상을 깊이 묵상해 보았습니다. 죽음이 없으면 이 세상은 얼마나 좋은 세상이 될까 하고 말입니다.

여러분도 이 세상에 죽음이 없다면 어떻게 되는지 한번 깊이 생각해 보시기 바랍니다. 이 세상에서 어떤 일이 있어도 죽음이 없다면 어떻게 될까요? 지상 천국이 되고 기쁨과 행복이 넘치는 세상이 될까요?

먼저 죽음이 없다면 병원과 의사가 필요할까 하는 생각을 해보았습니다. 아무리 아파도 죽지 않으면 병원에 갈 사람들이 거의 없을 것입니다. 요사이 의료보험이 생겨서 약값이 싸고 진료비가 싸다고 병원에 너무 자주 다니는 사람들 때문에 의료보험금이 모자란다고 합니다.

죽지 않는다고 하면 병원에 그렇게 많이 다닐까요? 많이 아프면 몰라도 조금 아픈 것은 다 집에서 참고 살 것입니다. 많이 아프면 진통제나 먹으면 됩니다. 죽을병이 없기 때문입니다. 암이 와도 죽지는 않습니다. 암 수술을 하면 얼마나 아프고 항암 치료를 받으면 얼마나 큰 고통이 옵니까.

저는 암이 주는 고통을 가까이서 보았기 때문에 너무 잘 압니다. 누가 그 무서운 대수술을 받을까요? 아무도 아픈 수술을 할 사람이 없을 것입니다. 수술하지 않아도 죽지 않기 때문입니다. 수술을 하지 않으면 수술하는 의사가 필요 없습니다. 요사이 우리나라는 의사들이 많아서 의료 혜택을 잘 받습니다. 사람이 죽지 않으면 병원에 갈 사람도 거의 없고, 그러면 병원도 대개 문을 닫고 맙니다. 그리고 좋은 약을 개발할 필요도 없습니다.

사람들은 오래 살고 건강하게 살려고 치료약도 먹고 건강에 좋다는 보약을 먹고 있습니다. 그러나 죽지 않으면 특효약도 건강 보조약도 아무 필요가 없어집니다. 영원히 죽지 않는데 무슨 보약이 필요합니까? 약도 사람들이 많이 이용해야 팔리고 장사가 되는데, 사 먹을 사람이 별로 없는데 누가 신약을 개발하겠습니까? 약국과 제약 회사가 문을 닫을 것이고, 연구하는 사람들도 없을 것입니다.

아무리 아파도 죽지 않으면 새로운 약을 개발할 필요가 없어지고 말 것입니다. 암을 낫게 하고 난치병에 좋은 약을 개발할 필요가 없어질 것입니다. 그러면 연구하는 사람이 필요 없게 될 것입니다. 회사마다 연구팀이 있어서 밤낮 연구해서 새로운 것을 발견하려고 모든 나라가 경쟁을 합니다. 그런데 죽지 않는다면 무슨 약이 필요합니까? 공부하고 연구할 필요도 없어집니다.

게다가 자식들 공부 때문에 부모들이 얼마나 걱정하고 많은 돈이 듭니까? 돈을 버는 것도 자식들 공부시키려고 부모들이 고생하는 것입니다. 한 자녀라도 많이 공부시켜서 이 사회에 적응하고 이 사회를 위해 일할 수 있게 만들기 위해 힘썼는데, 그럴 필요가 없게 되겠지요. 그러면 공부 시킬 필요도 없고 공부할 필요도 없어집니다. 그렇게 되면 정말 좋을까요? 교육비가 안 들어서 좋을까요? 학교도 학원도 다 필요가 없어 문을 닫고 말 것입니다. 이 세상은 무식해도 살아가는데 아무 지장이 없으니까요. 그러면 선생님들도 필요가 없어집니다. 선생님들이 필요 없으면 초등학교나 대학교 등 모든 학교는 다 문을 닫고 말 것입니다.

사람이 배우지 않으면 예의도 상식도 없어지고 난장판이 벌어질 것입니다. 자기 맘대로 살려고 할 것이고 더 포악해질 것입니다. 누가 착하게 살려고 하겠습니까? 죽음이 있기 때문에 착하게 살고 죄를 짓지 않으려고 합니다. 그런데 죽음이 없다면 이 세상은 자기 마음대로 할 것입니다.

저는 감옥에서 나온 어떤 전과자를 만나 이런 얘기를 듣고는 놀랐습니다. 자기도 사람을 죽이고 싶은 마음이 있었지만 사형이 무서워 죽이지 않았는데 사형제도가 없어진다면 살인 사건이 엄청 많아질 것이라고 하는 말이었습니다. 끔찍하지 않습니까? 사형 제도만 없어져도 이 세상은 살인 사건으로 얼룩진다는 것입니다. 그런데 죽음까지 없어진다면 이 세상은 상상하기 힘들 것입니다.

그리고 안 먹어도 죽지 않으면 어떻게 될까요? 쌀은 누가 재배하며 과일이나 채소는 누가 재배합니까? 지금도 쌀이 남아돌아가서 골머리를 앓고 있는데 팔리지 않는 쌀과 채소, 과일을 누가 재배하겠습니까?

아무도 먹지 않는 쌀과 채소, 과일은 없어지고 말 것입니다. 요즘 한우 값이 올라서 걱정이지만 그 맛이 얼마나 좋습니까? 또 생선맛은 우리의 입맛을 돋우고도 남습니다. 이런 것을 안 먹어도 산다면 소고기도 돼지고기와 생선들도 다 없어지고 말 것입니다. 고기와 생선을 안 먹어도 사람이 죽지 않는다면 이 세상에 고기와 생선들을 볼 수 없을 것입니다. 아무도 농사를 지으려 하지 않을 것이고 고기를 잡으러 먼 바다로 가지 않을 것입니다.

생필품도 필요성이 없어질 것입니다. 다 살기 위해서 생필품이 필요합니다. 그런데 죽지 않으면 그런 생필품이 필요하며, 옷이 필요할까요? 추워도 죽지 않는다면 따뜻한 옷과 이불도 별로 필요가 없어집니다. 섬유 산업이니, 디자인 사업이니, 신발 산업 같은 것도 아무런 의미가 없어집니다. 옷은 날개라고 합니다. 그래서 패션이 얼마나 발전하였습니까? 그러나 그런 것도 아무 의미가 없어집니다. 모든 섬유 공장은 문을 닫고 말 것입니다. 옷을 만들고 디자인하는 사람도 필요가 없어질 것입니다.

우리나라 도로는 세계적인 도로입니다. 편리하게 쭉 뻗은 도로는 우리의 생활을 얼마나 빠르고 편리하게 합니까? 학교도, 병원과 공장들도 폐업을 한다면, 그런 도로도 필요가 없을 것입니다. 우리나라 자동차는 이제 세계에서 알아주는 브랜드가 되었습니다. 일 년에 수백만 대를 만들어서 수출하는 나라가 되었습니다. 허나 자동차를 만들어도 안 팔리는데 누가 자동차를 만들려고 고생을 하겠습니까? 우리나라 자동차 공장은 다 문을 닫고 맙니다.

우리나라 조선업도 얼마나 발전하였습니까? 조선업으로 세계적인 배를 만들고 외화를 벌어들이고 있습니다. 그러나 죽음이 없다면 큰

배들이 왜 필요하겠습니까? 누가 그런 배를 사려고 하겠습니까? 자동차 공장도 문을 닫았는데, 자동차를 수출할 배도 필요 없을 것입니다. 그러면 그런 큰 배가 필요하지 않을 것입니다. 그러면 우리나라의 조선소도 문을 닫고 말 것입니다.

일본이 지진으로 원전이 파괴되어 온 세계를 공포로 몰아넣었습니다. 왜 저런 위험한 원전을 만들어서 고생을 합니까? 전력을 생산해야 모든 가정이 전기를 사용하고 공장들이 돌아가기 때문입니다. 전기가 없으면 아무것도 할 수 없습니다. 전기가 있어야 공장이 돌아가고 회사가 돌아가는 것입니다. 미래 에너지를 개발하기 위해서 세계가 경쟁하는 이유가 여기에 있습니다. 화석 연료가 고갈되면 대체 에너지가 있어야 하기 때문입니다. 그러나 전기 쓸 사람이 없다면 원전도 수력, 화력 발전소도 필요 없습니다.

그런데 사람이 죽지 않는다면 전기를 쓸 필요가 없어집니다. 공장과 학교, 회사들이 문을 닫았는데 전력은 만들어서 어디에 쓰겠습니까? 안 먹어도 죽지 않으면 요리할 필요도 없을 것입니다. 전기 쓸 일도 없어질 것입니다. 추워도 죽지 않고 더워도 죽지 않기 때문입니다. 아무것도 할 필요가 없어집니다.

죽음이 이 세상에 없다면 이 세상 모든 것은 올 스톱이 되고 말 것입니다. 자동차도 올 스톱이고 비행기가 뜰 필요도 없습니다. 학교도 공장도 농장도 다 문을 닫을 것입니다. 먹을 필요도 없고 일할 필요도 없어집니다. 죽음이 없는 세상은 인간을 무기력하고 의미 없는 삶으로 만들고 맙니다. 죽음이 있기에 이렇게 노력하고 공부하고 일하는 세상이 있습니다. 죽음이 없다면 모든 것은 아무런 의미가 없어지고 말 것입니다.

죽음이 없다면 천국이 될 거라고 생각했던 나의 생각이 너무 어리석었다는 사실을 알았습니다. 죽음이 있기에 먹는 재미도 있으며, 공부하고 일할 보람을 느끼고 성공과 실패의 스릴도 느끼는 것입니다. 죽음이 없다면 이 세상은 모든 것이 필요 없고, 허무하게 되고 만다는 것을 알았습니다.

저는 여기까지 생각해보면서 죽음이 저주가 아니라. 하나님의 축복이라는 사실을 알았습니다. 죽음이 있기에 인생을 보람 있고 의미 있게 살려고 노력합니다. 죽음이 있기에 삶의 소중함도 있고 생명이 얼마나 귀한 줄도 알게 됩니다. 죽음이 없다면 인간은 짐승보다 더 비천한 생명이 되고 말 것입니다. 죽음이 없다면 시간의 소중함도 느끼지 못합니다. 오늘 아니면 내일이 있고, 내일 아니면 영원한 시간이 있기 때문입니다. 시간이 넘쳐서 시간의 소중함을 알지도 못할 것이므로 어떤 일을 할 의욕도 잃어버리고 그 필요성도 느끼지 못합니다.

사람은 시간이 정해져 있어야 일할 맛과 보람을 느낍니다. 시간이 있기에 늙기 전, 죽기 전에 할 일이 있어서 최선을 다하며 살려고 합니다. 그런데 죽음이 없어지면, 삶의 목표가 없어지고 살아갈 의욕이 없어집니다.

전도서 3장 1-4절을 보면 "범사에 기한이 있고 천하만사가 다 때가 있나니 날 때가 있고 죽을 때가 있으며 심을 때가 있고 심은 것을 뽑을 때가 있으며 죽일 때가 있고 치료할 때가 있으며 헐 때가 있고 세울 때가 있으며 울 때가 있고 웃을 때가 있으며 슬퍼할 때가 있고 춤출 때가 있으며"라고 하였습니다.

이 말씀이 이제야 새롭게 느껴집니다. 죽음이 있어서 너무 좋은 세상이라고 할 수 있습니다. 그래서 범사에 감사하라고 항상 기뻐하라고 하신 말씀이 가슴에 와 닿지 않습니까? 모든 것은 때가 있듯이 인생도 시작과 마치는 때가 있습니다. 때가 있다는 것은 참으로 좋은 것입니다.

인생은 태어날 때도 있고 청춘의 때도 있습니다. 성숙할 때도 있고 늙어서 황혼의 색을 낼 때도 있습니다. 그리고 마지막 생명이 떨어지는 때에 우리는 이 세상의 모든 것을 놓아두고 훌훌 떠나는 것이 인생입니다. 떠날 때 떠나기가 싫어 이를 갈며 통곡하는 사람이 되지 맙시다. 묻어둔 세상 보화를 생각하며 원통해하는 어리석은 롯의 처가 되지 맙시다. 모든 것을 깨끗이 정리하고 하나님의 뜻에 맡기는 삶을 살다가 주님 오라 하실 때 '주여, 내가 여기 있습니다. 나를 불러주십시오'라고 할 수 있는 사람이 복된 사람입니다. 돈과 세상에 파묻혀 살다가 그것이 아까워서 도저히 눈을 못 감는 사람은 참으로 불행한 죽음을 죽는 사람입니다.

우리 그리스도인들은 세상 사람의 죽음과는 달라야 합니다. 지금까지 산 것도 주님의 은혜요, 잘살았거나 못 살았거나 다 하나님의 은혜가 아닙니까. 그래서 지금까지 함께하신 에벤에셀의 하나님께 감사하며 떠날 줄 알아야 합니다. 모든 것을 주인에게 돌려드리는 마음으로 홀가분하게 기쁜 마음으로 떠날 줄 아는 사람이 그리스도인입니다.

죽음을 피하거나 죽음을 두려워하지 맙시다. 누구에게나 다 오는 죽음입니다. 죽음이 있기에 행복이 있고, 축복이 있고, 건강도 사랑도 의미가 있다고 생각하니 너무너무 감사하지 않습니까. 죽음을 주신 하나님께 감사할 뿐입니다. 이 죽음 때문에 더욱 복된 삶을 살아가는 여러분이 되시기 바랍니다.

5. 나의 죽음과 영성

이런 말이 있습니다. "사람은 다 죽는다. 그러나 나는 죽지 않을 것이라고 생각하며 산다."

이 말은 현대인들에게 딱 맞는 말인지도 모릅니다. 저는 주위 사람들의 죽음도 많이 봤습니다. 제가 알고 사랑하는 분들이 한 분 두 분 이 세상을 떠나는 것을 말입니다. 부모님과 아는 분들의 죽음을 보면서 살아갑니다. 그때는 조금 슬프고 그리워집니다. 그러다가 시간이 지나면 또 죽음은 나의 머리에서 사라지고 맙니다. 현대인들은 죽음을 생각하기를 꺼립니다. 사랑하는 사람의 장례식에 가지만 그리 즐겁지는 못합니다. 사랑하는 사람이 죽었다는 것도 슬프지만 죽음을 두려워하기 때문입니다.

초상집을 지키고 밤을 새우는 친구들이나 상객들이 밤새 술을 마시고 고스톱 치는 것을 보았습니까? 친구 아버지가 돌아가셨는데도 친구들은 그의 슬픔을 아는지 모르는지 밤새 술을 마시고 고스톱을 치는 이유가 무엇일까요? 죽음의 공포를 잊으려고 하는 것 같지 않습니까?

시체를 옆에 두고도 우리도 언젠가는 저렇게 죽는다고 생각하는 사람은 별로 없습니다. 나와는 아무 상관없는 일같이 여기려는 듯합니다.

전도서 7장 4절에 보면, "지혜자의 마음은 초상집에 있으되 우매한 자의 마음은 혼인집에 있느니라"고 하였습니다. 지혜자는 늘 죽음을 생각하며 삽니다. 그러나 어리석은 자는 늘 잔칫집, 연락하고 즐기는 것만 생각하다가 이 세상을 무의미하게 보낸다는 말입니다.

우리는 세상의 걱정에 무엇을 먹을까, 무엇을 마실까, 어떻게 즐길까 하며 사는 자가 되어서는 안 됩니다. 나에게도 언젠가는 죽음이 온다는 것을 알고 늘 준비하고 세월을 아끼며 살아야 합니다. 지혜로운 사람은 자기의 죽음을 믿고 사는 사람이고, 어리석은 사람은 나에게는 죽음이 오지 않을 것이라고 믿고 사는 사람입니다. 자기가 죽는다고 믿는 사람은 인생을 소중하게 삽니다. 한 번 사는 인생을 허투루 살지 않습니다. 하루와 한 시간이 너무 소중한 순간들이기 때문입니다.

《마지막 강의》를 쓴 저자는 젊은 교수요 과학자였습니다. 그는 젊어서 죽음이란 자기와는 상관없다고 생각하고, 연구하고 공부에만 몰두했습니다. 그러다 갑자기 찾아온 췌장암으로 얼마 살지 못한다는 판정을 받고, 몇 달 동안 산 것을 기록해 책을 내었습니다.

그는 처음 암 말기라는 판정을 받고 너무나 큰 충격을 받았습니다. 나에게 왜 이런 악몽이 왔단 말인가 하며 원통해하며 죽음을 받아들이지 못하였습니다. 그러나 차츰 죽음이 현실로 다가오는 것을 알고 받아들입니다. 그리고 과학적으로 자기가 살 수 없다는 것을 알고는, 아내의 자연요법도 뿌리치고 몇 달간의 삶이라도 더 보람 있게 살기 위해 노력했습니다.

그는 몇 달 동안이지만 이 세상을 더 많이 보고 느끼기 위해서 많은 여행을 하고 많은 사람을 만났습니다. 아내와 자녀들에게 좋은 아빠의 모습을 보여주기 위해서 많은 시간을 아이들과 보냈습니다. 아이들이 좋아하는 곳을 가보고, 같이 놀아주기도 하였습니다. 사랑하는 아내와 아이들에게 지금까지 잘하지 못한 것을 회개하고 반성하였습니다. 그리고 부모와 아는 친지들과 이웃을 찾아가서 감사와 작별의 인사를 했습니다.

그리고 마지막으로 자기 대학 학생들에게 강의 제안이 들어왔을 때 아내는 건강을 위해 반대했습니다. 그러나 교수는 그 제의를 받아들이고 아픈 몸을 이끌고 강단에 올라가 과학 강의가 아닌 인생 강의를 하고 학생들에게 우레와 같은 박수를 받습니다. 그리고 연단에 올라온 사랑하는 아내와 아이들을 끌어안고 감격의 눈물을 흘렸습니다.

저는 이것을 보고 큰 감동을 받았습니다. 그는 짧은 삶이었지만 마지막 가는 길을 정말 의미있게 보내고 삶을 하직하였습니다.

우리는 하나밖에 없는 생명을 너무 낭비하지 않았는지 회개하고 반성해야 합니다. 믿음이 없는 사람과 우리 성도들은 죽음을 대하는 자세가 달라야 합니다. 그들은 억지로 죽습니다. 죽지 않으려고 발버둥치다가 죽습니다. 우리는 그들과 같이 이를 갈며 애통하며 죽지 맙시다. 지금까지 산 것도 감사하고 주신 사명을 다하지 못한 것을 죄송하게 생각하며 죽음을 맞이합시다.

"주님, 이제 갑니다. 지금까지 산 것도 주님의 은혜였습니다. 이 은혜, 감사합니다. 그러나 최선을 다하지 못하고 충성하지 못하고 갑니다. 주님 뜻대로 살려고 했고 십자가를 지려고 했습니다만 부끄럽습니다. 그래도 용서하여 주시고 받아 주옵소서" 하며 갑시다.

김활란 박사가 내가 죽으면 슬픈 찬송을 부르지 말고 기쁜 찬송을 부르라고 한 말씀이 생각납니다. 찬송가 493장에 보면 "하늘 가는 밝은 길이 내 앞에 있으니 슬픈 일을 많이 보고 늘 고생하여도 하늘 영광 밝음이 어둔 그늘 헤치니 예수 공로 의지하여 항상 빛을 보도다"라고 했습니다.

그 좋고 밝은 하나님 나라에 가는 우리가 왜 슬퍼하고 겁을 내야 합니까? 하나님 나라에 대한 믿음이 없기 때문이 아닙니까? 이 세상보다 하나님 나라를 더 사랑하고 소망하는 우리가 되어야 합니다.

여러분도 한번 생각해 보십시오. 내가 죽으면 우리 가족들이 나를 어떻게 생각하는지 말입니다. 사랑하는 아버지가 그리워서 우는지, 아니면 억지로 우는지, 사랑하는 아내가 남편을 그리워하는지 말입니다. 우리를 그렇게 괴롭히더니 잘 죽었다고 속으로 생각하지는 않을지 궁금하지 않습니까? 우리는 언제 죽을지 모릅니다. 그러므로 나의 죽음을 항상 준비해야 합니다.

롯의 처가 뒤를 돌아보다가 소금 기둥이 되었다는 말씀이 생각납니다. 왜 뒤를 돌아보았다고 그런 죽음을 죽어야 하는지, 너무한 것이 아닌가 하고 생각도 했습니다. 우리도 죽을 때까지 세상 욕심으로 살며 미련을 버리지 못한다면 롯의 처와 같이 되고 말 것입니다. 앞을 보지 못하고 준비하지 못한 사람의 종착역이 바로 지옥입니다.

죽음을 준비하지 않는 사람은 결코 천국을 얻지 못할 것입니다. 이 세상 것을 버릴 줄 알아야 하는데, 롯의 처처럼 세상에 미련을 둔 자는 최후가 너무 비참하지 않을까 생각합니다. 내가 아는 사람은 죽을 때 유언으로 아내에게 절대로 재혼하지 말라고 하고 죽었다고 들었습니다.

이것이 바로 우리의 욕심 아닙니까. 아내를 끝까지 나의 소유로 생각하였기 때문에 이런 유언이 나왔을 것입니다. 내가 죽고 더 좋은 사람 만나서 잘살면 배가 아파서 그렇습니까? 여자 혼자 살기가 얼마나 어렵습니까? 진정으로 사랑한다면 아내가 좋은 사람 만나서 살기를 바라는 것이 참된 사랑이 아닐까요? 아내에 대한 미련을 버리지 못하여 그런 유언을 했을 것입니다.

죽음 앞에서는 모든 것이 내 것이란 없습니다. 모든 것은 하나님께 맡겨야 할 것입니다. 죽으면서도 세상 보화와 재물이 자기 것이라고 생각한 것이 롯의 처의 죄였습니다.

우리는 언제 하나님이 불러도 '주여, 내가 여기 있습니다. 그동안 부족하지만 열심히 살다가 왔습니다'라고 할 수 있어야 합니다. 죽음을 알았다면 모든 것을 내 것이라 욕심 부리지 않았을 것입니다. 내 이웃을 네 몸과 같이 사랑했을 것입니다. 살 동안 이웃은 나의 형제, 나의 동반자이며 같은 공동체라는 것을 알아야 합니다. 이웃과 함께 살고 함께 나누다 가는 사람이 죽음을 준비하는 사람입니다.

죽음은 모든 사람에게 언젠가는 옵니다. 누구나 죽는 것은 정해진 순리입니다. 죽음을 잘 죽는 사람이 진정한 성공의 사람일 것입니다. 아무리 잘살았어도 죽을 때 잘 죽지 못한다면 그는 실패자가 되고 맙니다. 죽음을 진정으로 믿는 사람은 살았을 때 의미있게 살다가 죽을 것입니다.

6. 십자가의 죽음과 영성

저는 목사로서 참으로 감사하게 생각하는 것이 있습니다. 사순절을 맞을 때마다 십자가를 묵상한다는 것이 얼마나 감사한지 모릅니다. 모든 종교를 보면 교주들이나 성인들이 다 늙어서 죽든지, 병으로 죽었든지, 아니면 사고로 죽었습니다.

그러나 우리 예수님만은 특별하게 죽었습니다. 30대 젊은 나이에 건강하게 사시다가 십자가라는 사형 틀에서 종교 재판과 세상 법정에서서 사형 판결을 받으셨습니다. 물론 빌라도는 죄를 찾지 못하여 살리려고 했습니다. 그러나 무죄인 줄 알면서도 자기의 정치 생명을 위해서 비겁하게 예수님을 내어 준 것입니다.

또 예수님은 자기의 죽음을 미리 아셨습니다. 언제 죽을지 아셨다는 것도 신비한 일이지만, 죽음을 아시고도 그 죽음을 피하지 않으셨습니다. 그 죽음을 정면으로 담담하게 받아들인 것이 너무나 기이하지 않습니까? 모든 사람들은 죽음을 겁내고 피하는데 예수님만은 죽음을 피하지 않으시고 정면으로 부딪히며 고민하시고 기도하신 것입니다.

그리고 예수님은 자기의 죽음을 미리 준비하셨습니다. 죽을 것을 제자들에게 미리 말씀하시고 그들이 당황하지 않도록 마음의 준비를 하게 하셨습니다.

그러나 제자들은 그것을 믿지 않았고, 마음의 준비도 하지 않았습니다. 말씀을 들었으나 제자들은 죽음을 생각조차 하지 못했습니다. 이렇게 능력 있는 분이 죽는다는 것은 상상할 수 없었기 때문일 것입니다. 마음의 준비가 없었던 제자들은 갑자기 스승이 십자가에서 처참하게 죽자 당황했고, 도망가고 겁을 먹었습니다.

예수님은 그들에게 자신의 죽음을 알리고 하나하나 준비하게 하였습니다. 사랑하는 제자들과 마지막 이별의 만찬까지 하신 것을 보면 참으로 죽음을 멋지게 준비하신 것을 알 수 있습니다. 잡히시던 밤에는 겟세마네 동산에서 제자들을 기도로 준비시켰지만, 그들은 잠만 자고 말았습니다. 그때까지도 제자들은 예수님의 죽음이란 꿈에도 생각하지 못했습니다.

그러나 예수님이 밤을 새워 하나님께 기도하신 모습은 너무 처절하리만큼 마음이 아프지 않습니까? 하나님의 아들이셨지만 죽음 앞에서는 피하고 싶은 그 마음을 우리가 이해할 수 있을까요? 하나님의 아들이 인자의 모습으로 죽음의 아픔과 처절함을 직접 체험하시는 모습이 저는 너무 마음이 아팠습니다. 거기서 밤 새워 하나님 아버지 앞에서 절규하면서 부르짖는 주님의 모습을 보면 죽음이 얼마나 아프고 고통스러운지 알 것 같았습니다. 죽음이란 이렇게 큰 고통을 주는 것임을 실감하였습니다.

그러나 마지막으로 기도하신 말씀은 우리의 마음을 더욱 아프게 합니다. "아버지여 내 원대로 마시고 아버지의 원대로 하옵소서"라고 기도하시는 모습은 우리 마음과 온몸, 뼛속 깊이 떨리게 하는 기도였습니다.

예수님의 죽음은 너무 사실적으로 보여주었습니다. 죽음이 얼마나 아프고 괴로운 과정인지를 우리에게 보여주셨습니다. 늙어서 죽었다면 기운이 진하여 죽기 때문에 고통은 덜할 것입니다. 병이나 사고로 죽었다면 그것도 아픔이 덜했을 것입니다. 갑자기 당한 죽음도 짧은 시간에 당한 것이라 고통이 덜할 것입니다.

그러나 예수님의 죽음은 모든 고통과 수치를 다 안고 당하신 처형이라 더욱 아팠을 것입니다. 마지막 십자가에서 하나님 아버지도 그의 아들을 외면하셔야 하는 그런 죽음은 예수님밖에는 없었습니다. 사랑하는 제자들까지도 배신해 도망 가 버리고 아무도 알아주지 않는 외로운 죽음이 예수님의 죽음이었습니다. 이런 예수님의 죽음을 묵상할 때마다 우리는 우리의 죄악이 얼마나 큰지를 깨달아야 합니다.

예수님의 죽음이야말로 참된 하나님의 죽음이라고 생각하고 믿습니다. 우리가 예수님의 죽음을 믿는다면 또 나 때문에 죽으신 것을 믿는다면, 우리는 정신을 차려야 합니다. 저는 사순절마다 십자가의 죽음을 묵상하면서 너무 감사하고 감격합니다. 자신의 살을 찢으시고 피를 흘리시고, 모든 것을 버리는 것이 십자가의 죽음이었습니다. 의인을 위해서 선한 사람을 위해서 죽으신 것도 아니었습니다. 오직 우리 같은 죄인을 위해서 죽으신 분은 우리 주님밖에는 없습니다.

외식과 교만, 그리고 탐욕으로 살아온 우리 아닙니까? 희생하기 싫어하면서 남보다 높아지기 좋아하는 우리, 내 이름 내기만 좋아하는 우리를 위해서 죽으신 것입니다. 남에게 줄 줄 모르고 받기만 좋아하는 우리 위해서 죽으신 예수님이었습니다.

지금 한국 교회의 위기가 여기서 온 것입니다. 우리가 예수님의 십자가를 묵상한다면 이렇게 욕심을 부리고 남을 정죄하고 싸울 수 있을까요? 목회자들이나 장로들이 나도 언젠가는 죽고 하나님 앞에 선다고 믿는다면, 그리고 하나님 나라를 믿는다면 이렇게 욕심을 부리고 고집을 부릴 수 있을까요?

교회를 무리하게 자기 아들에게 물려주려 하고 자기 이름과 자기 영광을 위해서 저렇게 싸울 수 있을까요? 예수님은 우리를 위해 그렇게 처참하게 십자가에서 처형을 당하셨는데 우리는 서로 높아지려고 더 좋은 자리를 차지하려고 싸운다는 것이 말이 됩니까?

예수님은 이 땅에 하나님 나라를 세우기 위해서 십자가를 지고 죽으신 것입니다. 그런데도 우리는 나의 나라를 만들어 보려고 온갖 수단과 방법을 다 동원하는 것이 말이 됩니까?

예수님은 늘 나를 따라오려거든 자기를 부인하고 십자가를 지고 나를 따라오라고 하셨습니다. 십자가를 모르면 예수님을 따라갈 수도 없고 예수님을 믿을 수도 없습니다. 십자가는 하나님 나라를 만들기 위해 절대적으로 필요한 사건입니다. 십자가 없는 하나님 나라는 있을 수 없기 때문입니다. 하나님은 자기 아들이신 예수님을 십자가에서 왜 죽게 내버려 두셨을까요?

하나님은 정복자들처럼 힘으로 하나님 나라를 강요하지 않았습니다. 마호메트처럼 코란이든지 칼이든지 둘 중에 하나를 선택하라고 협박하지 않았습니다. 사랑과 희생으로 이 땅에 하나님 나라를 이루려는 것이었습니다.

하나님의 깊은 뜻이 십자가에 숨어 있다는 것을 알아야 합니다. 하나님 나라는 욕심과 권력으로 이루어지는 것이 아닙니다. 힘과 능력으로 이루어지는 것이 아니라 희생, 섬김과 나눔, 그리고 사랑이 있을 때 이루어집니다. 가정에도, 교회도, 이 나라도 십자가가 없으면 하나님 나라는 이루어질 수 없을 것입니다. 지금 이 세상이 왜 이렇게 혼란합니까? 서로 십자가 지기는 싫어하고 자기 욕심과 자기 나라만 만들려고 하기 때문입니다.

십자가를 알면 예수님을 알 수 있습니다. 십자가를 알면 하나님 나라를 알 수 있습니다. 우리 모두 십자가를 짊어지고 주님을 따라갑시다. 거기에 영성이 있고 하나님 나라가 있습니다.

7. 죽음의 준비와 하나님 나라

우리가 죽음을 알고 믿는다면 죽음을 준비해야 합니다. 무슨 준비든지 빨리 하는 것이 좋은 일입니다. 옛날에 할아버지 할머니들은 자기 죽음을 준비하기 위해 수의를 만들어 놓기도 하였고, 자기 묘 터를 봐 놓기도 하였습니다. 자기가 죽으면 입을 옷과 묻힐 묏자리를 본다는 것은 의미 있는 일입니다. 죽음은 누구에게나 오는 것입니다.

그러므로 죽음을 늘 준비하는 사람이 슬기로운 사람입니다. 언젠가 있을 나의 죽음을 믿고 준비하는 사람은 이 세상을 보람 있게 감사하며 살아갈 수 있습니다. 우리 그리스도인들은 이런 준비를 신앙 안에서 해야 할 줄 압니다. 수의나 준비하고 묏자리를 좋은 데 봐서 자손들에게 좋은 일이 생기도록 하는 식으로 준비하는 것이 아닙니다. 우리의 죽음 준비는 세상 사람과는 달라야 할 것입니다.

1) 믿음의 준비

죽음을 아는 사람은 먼저 믿음을 준비해야 합니다. 죽을 때가 되면 사람들은 저 세상을 생각하게 되고, 종교에 의지하려고 합니다. 예수님은 늘 나를 믿는 자는 죽어도 산다고 하셨고, 살아서 믿는 자는 영원히 죽지 않는다고 하셨습니다. 이 말은 믿음이 얼마나 중요한가를 말해 주고 있습니다.

"하나님이 세상을 이처럼 사랑하사 독생자를 주셨으니 이는 그를 믿는 자마다 멸망하지 않고 영생을 얻게 하려 하심이라"(요 3:16)고 하셨습니다. 믿음의 준비만큼 중요한 것은 없습니다.

그런데 중요한 문제는 내가 진정으로 믿는가입니다. 교회에 다니는 사람은 누구든지 다 예수님을 믿는다고 할 것입니다. 그런데도 우리가 생활 가운데서 믿음 생활을 잘 하지 못합니다. 내가 진정 믿으면 모든 삶에서 예수님의 향기와 열매가 나타날 것입니다.

제사장, 서기관, 바리새인들도 하나님을 잘 믿었습니다. 그들은 천사도 믿었고 천국도 믿었습니다. 그러나 예수님은 그들 속에는 하나님의 사랑이 없다고 책망하셨습니다. 사랑이 없는 믿음은 진정한 믿음이라고 할 수 없습니다. 하나님을 믿으면 하나님을 사랑해야 합니다. 예수님을 믿으면 예수님을 사랑해야 합니다. 지금 우리 성도들도 믿는다고 하면서 예수님을 향한 사랑은 너무 적어 보입니다.

어떤 분은 자기는 예수님을 사랑한다고 말할 것입니다. 그러면 성경을 얼마나 보고, 기도를 얼마나 하는가 자문해 보시기 바랍니다. 사랑하면 알고 싶고 만나고 싶어집니다. 그것이 없다면 진정한 사랑이 아닙니다. 사랑하는 사람은 하루 안 보아도 보고 싶어 죽을 지경이 됩니다. 그런데 우리가 예수님을 만나려고 하지 않고 만나지 않아도 만날 생각을 안 하는 것을 보면 사랑이 없음을 알 수 있습니다.

예수님은 최고의 율법은 "하나님을 사랑하고 이웃을 내 몸과 같이 사랑하는 것"이라고 하셨습니다. 이것이 율법의 완성이라고 한 것입니다. 아무리 믿는다고 하여도 하나님과 이웃을 사랑하지 않으면 그 믿음은 소리 나는 빈 깡통과 같습니다. 믿음과 사랑은 깊이 들어가면 하나입니다. 믿으면 사랑하고 사랑하면 믿게 됩니다. 부부 관계와 같습니다. 아내를 사랑하면 믿게 되고, 믿으면 사랑하게 됩니다. 우리가 예수님을 믿으면 사랑하게 되고, 사랑하면 믿게됩니다.

죽음의 준비는 우리 예수님을 믿고 사랑하는 것입니다. 그리고 예수님을 믿고 사랑하면 그분이 말씀하신 것을 사랑하게 되고 그분을 알고 싶어집니다. 사랑하는 사람이 생기면 그 사람을 알고 싶어지는 것처럼 당연한 일입니다. 그래서 늘 그분이 쓴 사랑의 편지를 읽고 또 읽어 봅니다. 그분이 좋아하는 것은 무엇인지 알아서 나도 그렇게 하려 할 것입니다. 또 그분이 너무 보고 싶어서 시간만 있으면 만나려고 할 것입니다. 그리고 막상 그분을 만나면 너무 좋고 즐거운 시간을 보낼 수 있게 됩니다.

그것이 바로 기도입니다. 앞에서도 말씀드렸듯이, 우리 한국 교회의 위기는 기도의 위기입니다. 교회는 많이 다니는데 기도하는 사람은 너무 적습니다. 믿음에 서 있는가는 여러분이 얼마나 기도하는가에 달려 있습니다. 기도하지 않으면 여러분은 예수님을 진정 믿고 사랑한다고 말할 수 없습니다. 성경에는 귀신도 예수님을 믿고 떤다고 하였습니다. 귀신도 하나님을 믿고 예수님을 믿고 떠는 것입니다. 그러나 귀신은 사랑으로 믿지는 않습니다. 사랑 없이 믿는 것은 바리새인의 믿음과 같습니다.

주일날 교회만 다닌다면, 여러분의 믿음은 너무 메마른 믿음이란 사실을 알아야 합니다. 정말 믿으면 그분을 사랑하게 되어 있습니다. 그러면 그분과 날마다 깊은 사랑의 만남을 즐길 수 있습니다. 저는 예수님을 사랑하고부터 하루에 적어도 한 시간은 기도의 시간으로 보냅니다. 어떤 날은 몇 시간을 묵상과 기도로 주님을 만나기도 합니다. 그 시간이 얼마나 즐겁고 기쁜지 모릅니다.

모든 성도들이 예수님을 믿으면 구원을 얻는다고 알고 있습니다. 진정으로 믿는다면 그분과 사랑의 관계를 가져야 합니다. 그런데 바쁘다고 피곤하다고 사랑하는 사람을 멀리 한다면 정말 믿는 것이 아닐지도 모릅니다.

우리나라 사람들이 텔레비전으로 보내는 시간이 하루에 8시간 이상이라고 합니다. 그런데 우리 성도들이 기도하는 시간은 얼마나 될까요? 그러면서 예수님을 믿고 사랑한다고 할 수 있을까요? 사랑하면 그 사랑하는 사람과 많은 시간을 보내려고 할 것입니다. 이제부터 8시간 중에 한 시간은 예수님을 만나는 데 보냅시다.

죽음의 준비는 예수님을 진정으로 믿고 진정으로 사랑하는 것밖에는 없습니다. 그분을 대문 밖에 세워 두지 맙시다. 지금도 예수님을 우리 마음의 대문에 세워 두고 기다리게 하는 성도들은 깊이 회개해야 할 것입니다.

2) 사랑의 준비

죽음의 준비를 믿음과 착한 행실로 함께 준비합시다. "주여, 주여" 하는 자마다 천국에 들어가는 것이 아니라고 하였습니다. 우리는 오직 믿음으로 천국에 간다고 믿고 착한 행실은 신경 쓰지 않으려고 합니다. 그래서 교회만 열심히 다니면 된다고 생각하는 사람들이 참 많습니다.

예수님은 절대로 그렇게 가르치지 않았습니다. 어떤 목회자는 교회 중심으로 살아갈 것을 강요합니다. 그것이 다 맞는 말은 아닙니다. 예수님도 최고의 계명이 하나님을 사랑하고 네 이웃을 네 몸과 사랑하는 것이라고 하셨습니다. 네 이웃은 누굴 말하는 것입니까? 나의 이웃이 우리 교회 성도만 말하는 것입니까? 아니면 내 가족만 말하는 것입니까? '네 이웃'은 모든 사람을 말합니다.

그런데 '네 이웃'을 내 교회나 내 가족, 아니면 내 교단으로만 생각하는 성도들이 많습니다. 우리의 이웃은 세상 모든 사람을 말하는 것임을 깊이 깨달아야 합니다. 특히 나와 함께하는 사람들은 다 나의 이웃이라는 것을 깨달아야 합니다. 예수님은 참된 이웃이 제사장도 서기관도 아닌 사마리아인이라고 하였습니다. 사마리아인은 모든 사람을 사랑하고 자신의 몸과 같이 생각하며 섬겼기 때문이었습니다.

그러나 제사장과 서기관들은 이웃을 자기 동족으로만 생각하고 사랑했습니다. 자기들과 같은 교파만 사랑함이 그들의 죄였습니다. 유대인들도 사랑했습니다. 그러나 자기들끼리만 사랑한 것입니다. 지금의 우리 성도들도 이런 죄를 지을 때가 참 많습니다.

우리의 이웃은 내 이웃 사람도 되지만 북한 동포도 됩니다. 저 아프리카에 굶어가는 어린아이들이 내 이웃입니다. 내 옆에 있는 다른 종교를 가진 사람도 나의 이웃입니다. 우리 성도들은 특히 나와 다른 종교를 가진 사람들을 미워하고 정죄할 때가 많습니다. 그들과 잘 어울리지 못하고 그런 사람들을 피할 때가 많습니다. 이런 것은 예수님의 사랑을 잘 몰라서입니다.

우리 집안은 유교 집안이었습니다. 그래서 우리 집만 교회에 다녔습니다. 사촌형님들은 다 제사를 지내고 유교의 예법을 따라 살고 있었습니다. 형님들도 우리 집을 교회에 다닌다고 좋게 여기지 않았고, 저도 형님들을 멀리하였습니다. 명절이나 집안의 큰일에도 잘 가지 않았습니다.

그런데 제가 어느 날 기도하는데, 이것이 걸렸습니다. 성령님께서 '너는 사촌들과도 잘 지내지 못하면서 원수를 사랑할 수 있는가?'라는 말씀이 내 속을 찔렀습니다. 성경대로 잘한다고 생각해 왔지만, 기도 가운데 제가 잘못한 것이 생각나서 깊이 회개하였습니다. 지금은 사촌형님들과 잘 지내고 있습니다. 그동안 우리가 남을 너무 정죄했고 사랑하지 못했던 것이 큰 죄라는 사실을 깨달았습니다. 우리가 그들을 사랑하지 못한다면 어떻게 소통하고 전도할 수 있습니까.

우리는 모든 사람들이 나의 이웃이고 동반자라는 것을 깨닫고 그들을 사랑하며 살아가야 합니다. 예수님은 다른 사람을 미워하면 살인하는 것과 같다고 하였습니다. 미움에는 악독이 있어서 그것이 커지면 사람을 죽이는 것이 되고 맙니다.

어떤 남편이 자기 아내가 이단에 다닌다고 살해한 사건을 신문에서 보았습니다. 이것이 사랑일까요? 물론 이단은 나쁩니다. 그렇다고 아내를 죽여야 됩니까? 다른 종교를 가졌다고 가족끼리 얼마나 미워하고 저주하며 삽니까? 또 교회에 안 나온다고 자녀들과 남편을 얼마나 미워했습니까? 이런 마음이 죄라는 것을 알고 회개해야 합니다.

사랑으로 그들에게 다가갈 때 마음이 열립니다. 따라서 이 죄를 우리가 알고 깊이 회개하고, 사랑의 마음으로 그들이 주님의 품으로 돌아오도록 기다리고 기도해야 합니다.

입으로만 사랑하고 기도하면 주님은 응답하지 않으십니다. 고넬료가 기도하면서 이웃을 구제했기에 응답되었습니다. 요한복음 5장 29절을 보면 "선한 일을 행한 자는 생명의 부활로, 악한 일을 행한 자는 심판의 부활로 나오리라"고 분명하게 말하고 있습니다.

우리 교회나 우리 교인들에게만 잘 하는 모습이 선하지 않음을 알아야 합니다. 우리도 내 이웃을 내 몸과 같이 사랑하는 것이 무엇인지 알아야 합니다. 죽음을 준비하고 사는 사람은 늘 사랑의 착한 행실로 이웃을 사랑할 수 있어야 합니다.

3) 평화의 준비

죽음을 준비함은 죽음을 의식하며 사는 것을 말합니다. 믿음의 준비, 사랑의 준비와 함께 평화의 준비가 얼마나 중요한지 모릅니다. 국가 간에도 평화가 얼마나 중요합니까. 한반도에서 남북이 대치하면 국민들이 늘 불안하고 두려워하며 살아야 합니다. 그래서 남북통일이 절실한 것입니다. 서로 으르렁거리면 국민들이 무서워서 마음 놓고 살지 못합니다. 나라끼리도 평화가 있어야 하고, 사람끼리도 마찬가지입니다.

마태복음 5장 9절에도 "화평하게 하는 자는 복이 있다"고 하였습니다. 이런 사람이 하나님의 아들이라 하였습니다. 이 화평은 사람끼리의 평화를 말합니다. 우리는 사람들과 얼마나 평화롭게 살고 있습니까? 예수님은 원수를 사랑하고 기도하라고 하였습니다. 다른 사람과의 평화를 이루기 위해서는 남을 용서해야 합니다. 주기도문을 외면서 남을 용서한 것처럼 나의 죄를 용서해 달라고 기도하고 있지만, 남을 용서하지 못해 평화를 누리지 못하고 사는 사람들이 많습니다.

예수님은 이렇게 평화롭게 살지 못하는 사람들을 화평하게 하기 위해서 이 땅에 오셨고, 십자가로 평화를 만들어 주셨습니다. 하나님과의 벽을 허물어 주시고 인간과의 벽을 허물어 주신 것이 바로 십자가의 역사입니다.

그런데 아직도 이런 벽을 가지고 살아가는 성도들이 너무 많다는 것이 문제입니다. 왜 행복하지 못합니까? 우리가 마음의 벽을 쌓으면서 살기 때문입니다. 마음의 벽을 깨지 못하면 기쁨이 없어지고 맙니다. 가정의 행복이 깨지고 이웃과의 행복이 깨집니다. 용서하지 못함으로 마음의 벽을 쌓고 있기 때문입니다. 남편을 용서하지 못하고 아내를 용서하지 못하면 그 가정은 행복할 수 없습니다. 남편의 죄를 생각하면 화가 나고, 아내의 실수를 생각하면 신경질이 납니다. 그런 마음으로는 행복해질 수 없습니다.

우리는 다 죄인이며 평생 죄를 지으면서 살아간다는 사실을 알아야 합니다. 죄인이 죄인을 용서하지 못한다는 것은 참으로 이상하지 않습니까? 예수님의 비유에서도 많은 빚을 탕감 받은 사람이 자기에게 조그마한 빚을 진 사람을 용서하지 못하였습니다. 그 사람을 고소하고 감옥에 보내는 비유를 아무리 읽어도 우리는 남을 정죄하는 데 너무 길들여져 있습니다.

교회에 나와서 은혜 받으면 죄와는 상관이 없고 죄를 안 지을 거라는 생각은 버려야 합니다. 우리는 아무리 교회 생활을 잘해도 앞으로 살면서 늘 죄와 싸우며 또 죄를 지으면서 살아가야 합니다. 죽기 전까지는 죄 속에 살아야 한다는 것을 깨달아야 합니다. 우리에게 두 가지 특권이 있다는 것이 다른 사람들과 다를 뿐입니다.

주님께 회개하면 용서하신다는 것과 또 다른 사람을 용서할 수 있다는 것입니다. 이것을 모르고 교회 다니면 죄와 상관없고 절대로 죄를 안 지을 것이라고 생각하는 사람들이 있습니다. 예수 믿고 구원 받으면 완전한 사람으로 변신할 거라는 착각을 버려야 합니다. 이런 착각 때문에 죄를 지으면 낙심하고 나를 용서하지 못하는 성도들이 참 많습니다.

내가 나를 용서할 줄도 알아야 합니다. 많은 사람들이 자책감에 빠져 나를 용서하지 못하고 살고 있습니다. 작은 죄에도 죄책감에 빠져서 헤매는 사람들이 참 많습니다. 우리 성도들은 남을 용서하기 전에 나를 용서할 줄 알아야 행복한 사람이 될 것입니다.

저는 목사입니다마는, 아직도 제 속에 엄청난 죄성이 있다는 것을 깨닫고 있습니다. 사실, 이것을 감추기만 하고 용서하지 못할 때가 많았습니다. 그러나 지금은 스스로를 용서하며 살고 있습니다. 나의 죄와 실수를 용서할 때 참된 평화가 옵니다. 여러분도 자기를 용서하는 것이 무엇인지 배우기 바랍니다.

인간은 갈대라고 하였습니다. 죄와 유혹에 약한 갈대입니다. 교회에 다녀도 우리는 날마다 죄와 유혹 속에 살 수밖에 없습니다. 우리가 죄를 지으면 회개하여 예수님의 십자가의 피로 용서받으면 됩니다. 아직도 죄를 지으면 고민하고 나를 자책하고 자학하며 사는 성도들이 참 많습니다.

이런 사람들은 나와의 평화가 무엇인지 나를 용서하며 사는 것이 무엇인지 모르고 삽니다. 회개하면 용서하시는 주님을 의심하는 성도들이 없기를 바랍니다. 그래서 날마다 우리는 예수님을 만나 회개하고 또 기도하며 삽니다.

이제 우리는 마귀의 말에 속지 말아야 합니다. 마귀는 우리를 넘어지게 하며 용서받지 못하게 합니다. 예수 믿으면 완전해야 하는데 또 죄를 지었으니 너는 구원을 받은 게 아니라고 미혹합니다. 여기에 속아서는 안 됩니다. 이런 유혹을 이겨야 참 평화를 얻을 수 있습니다. 내가 죄를 지어도 내가 용서하고 회개하면 주님께서 기뻐하시고 깨끗이 용서해 주신다는 사실을 믿어야 합니다.

따라서 자기를 너무 자책하고 자학하는 성도들은 그 습관을 빨리 고쳐야 합니다. 그래야 나와의 평화가 이루어집니다. 요사이 자살하는 사람들이 늘어나고 있습니다. 그들 중에는 자기의 죄와 실수를 용서하지 못한 사람들이 많습니다. '나는 안 돼. 나는 죄인이야. 또 죄를 짓고 또 실수를 할 거야' 하면서 자책합니다. 자기를 용서하지 못하고 사랑하지 못한 사람이 남을 용서하고 사랑할 수 있을까요? 절대로 그럴 수 없습니다.

어떤 죄라도 회개할 때 우리 주님은 다 용서해 주십니다. 그런데 내가 나를 용서하지 않는다면 나는 불신의 죄를 짓는 것입니다. 주님이 용서한 것을 내가 정죄하는 것은 불신이 아니고 무엇입니까? 빨리 스스로를 용서하기 바랍니다. 그러면 내 안에서 참된 평화와 평안이 찾아올 것입니다.

언제 죽을지 모르는 것이 우리입니다. 그러므로 평소에 다른 사람과 평화를 만들어야 합니다. 저는 어떤 장례식장에서 충격적인 말을 들었습니다. 60대 남편이 죽었습니다. 그는 세상적으로도, 가정 안에서도 성공한 사람이었습니다. 이분은 어느 대학교에서 근무하다가 정년 은퇴한 분이었습니다. 친구들이나 주변 사람들에게 인정받은 사람이었습니다. 은퇴하여 이제 행복한 여생을 보낼 나이에 죽었으니 얼마나 가족들이 슬퍼하겠습니까.

이 부부는 너무 사랑했고 행복하게 살았습니다. 그런데 이분이 늘 손님을 접대하다 보니 술집 여자와 실수를 하고 말았습니다. 그때부터 부부 사이는 금이 가고 말았습니다. 아내는 배신감으로 잠을 자지 못하고, 남편을 용서할 수 없었습니다. 자기가 그렇게 사랑했는데 어떻게 그럴 수 있을까 하고 말입니다. 남편은 너무 미안한 마음에 아내에게 사과하고 늘 용서를 구했지만, 아내는 그를 받아 주지 않았습니다. 그러면서도 이 아내는 자존심이 있어서 남이 보는 앞에서는 아무 일 없는 잉꼬부부같이 지냈고, 집에만 들어오면 각방으로 들어가 버리고 말았다고 합니다.

사실, 이 남편은 마음도 너무 착해서 자기 조카가 어려운 것을 알고 그에게 수천만 원을 대출까지 해서 도와주었습니다. 아들도 아닌 조카에게 이렇게 하는 것이 쉽지 않습니다. 자기가 가진 돈이 적어서 대출까지 해서 조카를 도와주는 아름다운 마음을 가진 사람이었습니다. 게다가 그 돈을 갚기 위해서 아파트 경비까지 했다고 합니다.

그 날도 그 조카와 저녁 식사를 하고 집으로 돌아오는 길에, 아파트 엘리베이터에서 갑자기 쓰러져 병원에 실려 갔으나, 일어나지 못하고 죽고 만 것입니다. 남편의 갑작스런 죽음으로 그 부인은 넋이 나갔고, 온 가족들의 슬픔은 말로 표현할 수 없었다고 하였습니다. 이 아내의 마음이 어떨까요? 용서해 주지 못하고 보낸 그의 마음이 얼마나 미안할까요? 그 죄스러움은 아마 평생을 가지고 살아가야 할 것입니다.

죽음이 언제 올지 아무도 모릅니다. 그러므로 우리는 용서하고 화해하며 살아야 합니다. 저는 강영우 박사의 별세를 보고 은혜를 받았습니다. 암으로 죽음이 한 달밖에 안 남았다는 사실을 알면서도 겁내지 않고 죽음을 준비한 것을 보면서 신앙의 힘이 이렇게 위대하다고 느꼈습니다.

게다가 그분이 죽음을 준비하면서 자기가 아는 사람들에게 편지를 보낸 내용은 정말 감동적이었습니다. 그동안 너무 많은 사랑을 받고 살았다고 감사하며 사랑한다고 쓰여져 있었습니다. 아내와 사랑하는 아들들에게도 감사와 사랑의 편지를 남긴 모습을 보며 정말 죽음의 준비를 잘한 분이라고 생각했습니다. 죽기 전에 신문 기자가 죽음이 겁나지 않느냐고 물었을 때, 더 아름다운 곳을 가는 과정이라고 한 그의 말이 아직도 제 마음을 찡하게 만들었습니다. 이웃과 화평하며 하나님과 평화로웠던 사람은 죽음도 이토록 아름답지 않습니까.

성도들이여, 우리는 이런 죽음의 준비를 할 수 없을까요?

4) 부자들은 조심해야 합니다

어떻게 죽음을 준비해야 합니까? 앞에서 믿음의 준비, 사랑의 준비, 평화의 준비를 언급했습니다. 마지막으로는 부자들에게 말씀을 드리겠습니다.

부자가 천국에 가는 것은 낙타가 바늘구멍에 들어가는 것보다 힘들다고 하였습니다. 삼성 그룹의 창업자 고 이병철 회장이 이 말씀을 가지고 고민했다는 이야기를 신문에서 보았습니다.

즉, 부자들이 천국에 가는 것은 거의 불가능하다는 말입니다. 여기서 말하는 부자는 재산이 많은 사람만이 아닙니다. 물론 재산이 많은 사람들도 해당됩니다. 그리고 부자 같은 마음을 가진 사람을 말합니다. 부자와 거지 나사로의 비유에 보면, 부자는 거지를 인간 취급도 하지 않았다고 합니다. 부자들은 교만하여 자기만 생각하고 가난하고 천한 사람을 무시하고 깔보는 습성이 있습니다. 이런 심성을 가지고는 천국에 들어가지 못합니다.

교회에 다니는 회장이나 사장들도 이런 근성이 살아 있습니다. 운전기사나 직원들을 머슴처럼 대우하는 것을 보았습니다. 교회는 잘 다니고 헌금도 많이 하고 자기 교회 목회자들은 대접을 잘하면서, 자신의 운전 기사나 비서, 직원들은 인간 취급을 안 하는 모습을 간혹 보았습니다. 이런 사람은 깊이 회개해야 합니다.

그리고 큰 교회에 다니는 성도들은 조심해야 합니다. 작은 교회를 무시하는 근성을 버려야 합니다. 큰 교회에 다니는 것을 큰 벼슬로 아는 성도들을 많이 보았습니다. 큰 교회에 다니는 성도들은 작은 교회가 눈에 잘 보이지도 않을 것입니다. 오직 자기 교회가 최고라는 교만이 들어가서 그런 것 같습니다. 자기 교회 목사가 최고이고, 자기 교회 건물이 최고이고, 자기 교회 자랑만 하는 성도들을 저는 많이 보았습니다. 부자만 교만한 것이 아닙니다. 그들은 신앙의 교만이 얼마나 큰 죄인지 모르고 있습니다.

바리새인들이 왜 책망을 받았습니까. 그들만이 하나님의 택함을 받은 백성이라고 다른 사람들을 무시하고 깔보았습니다. 율법만 지키고 아브라함의 혈통이면 무조건 구원 받았다고 생각하는 그들에게 뭐라고 하였습니까. 저 돌을 가지고도 아브라함의 자손으로 만들 수 있다고 하신 말씀을 기억해야 합니다.

큰 교회만 다니면 자기들은 천국 안방을 차지한다는 잘못된 생각은 버리기 바랍니다. 자기 교회만이 가장 좋은 교회고, 자기 교회 목사만이 가장 능력 있다는 생각을 버리기 바랍니다. 그래서 다른 교회에 다니는 사람들을 보면 불쌍한 마음이 드는 것은 교만의 극치라는 것을 알아야 합니다.

이런 생각이 바로 바리새적인 생각입니다. 이런 마음으로는 결코 천국에 들어가지 못합니다. 부자들이 천국에 들어가기가 낙타가 바늘귀에 들어가기보다 어렵습니다. 너희가 어린아이같이 되지 않으면 결단코 천국에 들어가지 못한다고 하신 주님의 말씀을 깊이 새기기 바랍니다. 포도나무 되시는 예수님에게 붙어 있는 가지만이 천국에 들어갈 것입니다.

저는 작은 교회에 시무하면서 참으로 많은 수모를 당했습니다. 제가 전도사 시절에 우리 교회 처녀가 대구 어느 교회 장로의 아들과 결혼을 하였습니다. 결혼식장에서 제가 기도할 줄 알고 준비해 갔더니, 순서지에 제 이름은 없고 신랑측 교회 장로 이름이 있는 것을 보고 놀랐습니다. 작은 교회 전도사라고 부끄러워서 그랬던 것 같았습니다. 이런 것이 바로 작은 자를 깔보고 무시하는 일입니다.

또 다른 교회에 다니는 우리 교회 집사의 시부모나 친정 부모가 돌아가시면 장례식장에 가서 기도라도 시킬 줄 알고 가보면, 여지없이 자기 교회 부목사나 장로들을 시키는 것을 보았습니다. 그들의 눈에는 작은 교회 목사는 주의 종으로 보이지 않았습니다. 그들은 너무 큰 종이었기 때문이었습니다.

마음이 가난한 자는 복이 있나니 천국이 그들의 것이라고 하였습니다. 마음이 가난한 자는 겸손한 자를 말하는 것입니다. 작은 소자에게 한 것이 곧 나에게 한 것이라는 말씀이 무슨 뜻인지 알지 못하는 부자들은 천국 갈 준비가 되지 않았습니다.

큰 교회에 다니는 성도들이여, 성경을 다시 한번 보시기 바랍니다. 예수님은 얼마나 작은 자였습니까? 우리같이 작은 자를 구원하기 위해서 친히 작은 자로 오셨고, 작은 자를 위해서 고난과 죽음을 당하신 것을 기억하시기 바랍니다.

재산이 많은 부자들도 조심해야 합니다. 마찬가지로 신앙의 부자들도 조심해야 합니다. 죽음을 준비하는 사람은 작은 소자에게 한 것이 주님에게 한 것이라는 것을 압니다.

8. 하나님 나라와 영성

성경 말씀을 한 단어로 요약한다면 어떤 단어가 될까요? 저는 예수님이라고 생각합니다. 또 두 단어로 요약한다면 어떤 단어가 나올까요? 아마 "예수님과 하나님 나라"가 아닐까 생각합니다. 예수님과 하나님 나라는 떨어질 수 없는 관계라고 생각합니다. 예수님이 있는 곳에는 언제나 하나님 나라가 있습니다. 그리고 하나님 나라의 주인은 우리 예수님이라고 믿습니다. 하나님 나라는 성경의 최대 목표이고, 우리의 목표가 될 것입니다.

그런데 우리는 이 하나님 나라 신앙에 별로 관심을 갖지 않고 있는 것 같습니다. 하나님 나라보다는 이 세상 나라에 더 관심을 가지고 이 땅에서 어떻게 성공하고 축복을 받을까 하며 살고 있습니다. 하나님 나라가 없다면 우리가 예수님을 믿을 필요도 없고, 교회에 다닐 필요도 없습니다. 우리 성도들의 최고의 목적은 하나님 나라가 되어야 합니다.

예수님은 늘 하나님 나라에 대한 말씀을 하시면서 유대인들을 설득

했습니다. 그러나 그들은 여기서 잘살고 축복 받는 것에 눈이 팔려서 눈에 보이지 않는 하나님 나라에는 별로 관심을 가지지 않았습니다. 예수님과 유대인들이 소통할 수 없었던 것은 하나님 나라와 이 세상 나라의 충돌이 있었기 때문이라고 생각합니다. 그들이 하나님 나라를 생각하고 믿었다면 예수님의 말씀을 이해할 수 있었을 것입니다.

그러나 그들은 천국을 믿는다고 하면서 이 세상을 더 사랑하였습니다. 이 세상의 욕심을 버릴 수 없는 그들에게 예수님의 말씀이 귀에 들릴 리 없었습니다. 하나님 나라보다 이 세상을 더 사랑하는 이상 우리도 성경 말씀을 바르게 이해하기 힘듭니다. "너희는 먼저 그의 나라와 그의 의를 구하라"고 하신 말씀이 바로 하나님 나라, 천국을 말하고 있습니다. 성경을 보면 하나님 나라의 사상과 신앙이 유유히 흐르고 있다는 사실을 알 수 있습니다.

성경에 나타난 하나님 나라의 신앙을 살펴보겠습니다.

1) 야곱의 하나님 나라

야곱이 무슨 하나님 나라를 말했느냐고 생각할지 모릅니다. 그러나 저는 창세기 28장 10절 말씀을 보고 하나님 나라를 생각했습니다. 그는 부모의 집을 떠나 외삼촌 집으로 도망가다가 하란에서 잠을 자게 됩니다. 거기서 자다가 꿈을 꾸는데, 하늘과 땅에 잇닿은 사닥다리를 보았습니다. 그는 거기서 사다리 위에 계신 하나님의 음성을 들었습니다. 그리고 천사들이 올라가고 내려오는 모습을 보았습니다.

그는 여호와께서 과연 여기 계셨는데 자기는 지금까지 몰랐다고 고백했습니다. 그리고 이런 광경이 두렵고 두렵다고 하여 그곳을 "하나님의 집이요 하늘의 문"이라고 했습니다.

여기서 말하는 하나님의 집과 하늘의 문이 무엇입니까? 이것이 바로 천국, 하나님 나라의 문이 아니고 무엇이겠습니까? 그 사다리는 하늘에 닿았다고 하였습니다. 그 하늘은 곧 하나님 나라를 말합니다.

이를 통해 하나님 나라는 어딘가 따로 있는 나라가 아니라 이 세상과 연결되어 있음을 알 수 있습니다. 야곱의 사다리는 이 세상과 하나님 나라를 연결시켜 주는 사다리라고 믿습니다. 야곱은 거기서 하나님께 십일조 드릴 것을 약속하고, 나중에 다시 고향으로 돌아올 것을 약속하였습니다. 그는 그 약속을 지켰고 하나님의 큰 축복을 받고 고향으로 돌아와서 형님 에서와 화해하는 역사가 일어났습니다.

야곱은 어려울 때마다 하란에서 있었던 하늘의 사다리를 생각하며 살았을 것입니다. 즉, 그는 하나님 나라를 바라보고 살았다고 할 수 있습니다.

그는 또 천사와 씨름을 하기도 합니다. 천사와 씨름했다는 것은 무엇을 의미합니까? 천사는 이 세상 사람이 아닙니다. 하나님이 쓰는 일꾼입니다. 그는 하나님 나라에서 온 천사를 붙들고 자기에게 축복하지 않으면 보내지 않겠다고 하였습니다. 밤새 씨름하여 허벅지 관절이 부러졌지만, 그는 새 이름을 받았습니다. 야곱이 아니라 이스라엘이라는 이름을 얻었습니다. 그 이름이 지금은 이스라엘의 나라 이름이 되었습니다.

이스라엘은 하나님이 지어 주신 이름이었습니다. 땅의 이름에서 바뀐 하늘의 이름이 이스라엘이었습니다. 야곱이 이스라엘로 변화된 것은 그가 이제 하나님의 사람이 된 것을 말해 줍니다. 즉 야곱은 거듭났습니다. 하나님 나라는 거듭난 사람만이 가는 나라가 아닙니까?

2) 다니엘의 하나님 나라

다니엘 7장 13절 이하를 보면 그는 환상 중에 하나님 나라를 보게 됩니다. "인자 같은 이가 하늘 구름을 타고" 온다고 하였으며, "모든 사람들이 그를 섬긴다고 하였고 그의 나라와 그의 권세는 영원하며 멸망하지 않는다"고 설명하고 있습니다. 또한 지극히 높은 이의 성도들이 나라를 얻는데, 그 나라는 영원하고 영원하다고 하였습니다. 그리고 옛적부터 계신 이가 성도들의 원한을 풀어주신다고, 성도들이 그 나라를 얻었다고 하였습니다.

그 나라는 하나님 나라요 천국을 의미한다고 믿습니다. 하나님은 다니엘의 환상을 통하여 하나님 나라를 보여주시고, 앞으로 오실 그리스도가 그 나라의 왕이 될 것을 예언하고 있습니다.

다니엘이 얼마나 많은 유혹과 시련이 있었습니까? 그러나 그런 시련과 위협을 이길 수 있었던 것은 그가 하나님 나라를 보았고 믿었기 때문이 아닐까요? 하나님 나라를 믿는 사람은 신념이 있고 지조가 있습니다.

다른 사례를 들어보겠습니다. 우리나라는 분단 국가입니다. 그래서 첩보전이 대단합니다. 북한은 늘 간첩을 내려보냈고, 우리나라는 그 간첩을 잡으려고 많은 노력을 하였습니다. 그런데 잡힌 간첩들을 조사하고 전향할 것을 권유하지만, 그들은 대부분 전향하지 않고 감옥에서 평생을 지낸다고 합니다. 왜 그들은 전향하지 않고 감옥에서 그런 고생을 하였을까요?

그들은 북한이라는 나라를 믿었고, 그 수령 김일성 장군이 남북을 통일하여 자기들을 해방시키러 온다고 믿고 있습니다. 그리고 그들은 앞으로 통일 한국에 큰 영웅이 된다는 꿈을 꾸고 있었습니다. 우리가 볼 때는 참으로 어리석은 신념이지만, 그들은 북한과 김일성 장군을 믿었기에 절대로 신념이 변하지 않았습니다. 게다가 그때만 해도 북한이 우리보다 더 잘살았을 때였습니다.

이와 같이 세상 나라에서의 어리석은 믿음도 하나의 사상과 신념이 되고, 그 신념은 한 사람의 운명을 좌우하게 됩니다. 다니엘의 신념과 신앙의 지조가 어디에서 생겼을까요? 제가 보기에 하나님 나라의 환상을 보았기 때문에 그는 사자 굴도 겁나지 않았을 것입니다. 초대 교회 성도들은 불에 타 죽거나 사자나 호랑이에게 찢겨 죽어도 끝까지 신앙의 정조를 지켰습니다. 그런 힘이 어디서 나왔을까요?

제가 보기에는 예수님이 재림하시고 하나님 나라가 이루어질 것을 믿었기 때문에 그런 불 시험도 이긴 것 같습니다. 우리는 하나님 나라에 대한 믿음과 환상이 너무 희미해져 가고 있지 않습니까? 그래서 예수님은 말세에 믿는 자를 보겠느냐고 하신 것이 아닐까요? 하나님 나라를 믿는 사람은 이 세상이 아무리 좋아도 여기에 빠져서 무너지지 않을 것입니다. 하나님 나라를 믿을 때 우리는 세상을 이기고 승리할 수 있습니다.

3) 예수님의 하나님 나라

예수님은 하나님 나라를 너무나 확실히 말씀하셨습니다. 회개하라고, 천국이 가깝다고 하셨습니다. 그리고 자신은 하나님 나라에서 왔고 하나님과 함께하셨으며 하나님을 보았다고 하셨습니다. 이 말을 들은 유대인들은 정말 황당했을 것입니다. 새파란 30대 젊은 청년이

하는 말이, 내가 아브라함보다 먼저 있었다고 하니 어찌 미쳤다고 생각하지 않을 수 있었겠습니까? 제가 거기에 있어도 그런 생각을 했을 것입니다.

그것은 하나님 나라와 이 세상 나라의 차이를 몰랐기 때문입니다. 그래서 예수님은 너희는 땅에서 났고, 나는 하늘에서 왔다고 하신 것입니다. 땅에서 난 자가 어떻게 하늘에서 온 분을 이해하고 믿을 수가 있겠습니까? 그래서 우리도 하늘의 성령을 받지 않으면 예수님을 믿을 수 없고 알 수도 없습니다. 인간의 지식과 생각으로 예수님을 이해하고 믿으려 하면 그것은 큰 잘못입니다.

예수님의 말씀은 전부 하나님의 나라에 대한 비유입니다. 그래서 바리새인들은 그 말씀을 이해하지 못했던 것입니다. 3년간 예수님과 함께하였던 제자들도 예수님을 알지 못하여 십자가에 달리실 때는 다 배신하고 도망치고 말았습니다. 성령을 받지 못하고 거듭나지 못한 그들이 예수님을 이해하기는 너무 어려웠을 것입니다.

그래서 십자가를 지시고 스스로 죽으러 가시는 스승을 이해하지 못하고, 부인하며 도망가는 비겁자가 되고 말았습니다. 하나님의 아들이라면서 힘없이 십자가에서 죽어가는 모습을 보고 그들은 크게 실망했을 것입니다.

지금도 성경을 보면 우리가 이해할 수 없는 것이 얼마나 많습니까? 땅의 지식과 경험으로는 도저히 예수님의 말씀을 이해하지 못합니다. 제자들도 그들이 성령의 은혜를 받은 다음에야 예수님이 하나님의 아들이요 구세주인 것을 믿게 되었습니다. 예수님은 부활하셨고 하늘로 승천하셨습니다. 이 세상에 계속 사신 것이 아니라 하늘나라로 올라가셨습니다.

하나님 나라를 믿지 못한다면 어떻게 이런 것을 이해하고 받아들일 수 있습니까? 또 승천하신 예수님은 하늘 어디에 계실까요? 분명히 예수님이 계신 곳이 있을 것입니다. 그 공간이 바로 하나님 나라가 아닐까요?

게다가 예수님은 때가 되면 다시 이 세상에 오신다고 말씀하셨습니다. 이것을 재림이라고 합니다. 우리는 예수님의 재림을 믿어야 합니다. 그런데 지금 재림하실 예수님에 대해서 너무 관심이 없는 것 같습니다. 정말 예수님이 오신다고 믿는다면 우리는 이렇게 살지 않을 것입니다. 깨어 기도할 것이고 우리의 몸가짐이 달라질 것입니다. 예수님의 말씀은 전부가 하나님 나라와 연관되어 있다는 것을 이해해야 합니다.

요한복음 14장 1-3절을 보면, "내 아버지 집에 거할 곳이 많다"고 하시면서 "내가 너희를 위하여 거처를 예비하러 가노니 가서 너희를 위하여 거처를 예비하면 내가 다시 와서 너희를 내게로 영접하여 나 있는 곳에 너희도 있게 하리라"고 하셨습니다.

내 아버지 집은 어디를 말씀하실까요? 거기가 하나님 나라가 아니고 어딥니까? 너희를 위하여 거처를 예비하러 간다고 하셨습니다. 그 곳이 어디를 말씀합니까? 바로 하나님 나라, 천국이 아닙니까?

예수님은 이렇게 늘 비유를 통해서 하나님 나라는 이렇다고 설명해 주십니다. 이를 통해 모든 말씀이 하나님 나라와 연관되어 있다는 사실을 알 수 있습니다. 그런데 우리는 예수님을 믿는다고 하면서 하나님 나라에 대해서는 너무 무지하지 않습니까? 하나님 나라에 대해서 알려고도, 믿으려고도 하지 않는 성도들이 많다는 것이 문제입니다.

4) 사도 바울의 하나님 나라

사도 바울도 하나님 나라의 상급을 바라보고 살았습니다. 그가 말로 다 할 수 없는 고생을 하고 박해를 받아도 이겨낸 그 힘이 어디서 나왔습니까? 저는 그가 하나님 나라의 소망을 가졌기 때문이라고 믿습니다. 고린도후서 12장 1-6절에 보면, 바울은 그로부터 14년 전에 셋째 하늘에 올라가서 말할 수 없는 것을 보고 들었다고 하였습니다. 그때 그는 하나님 나라를 체험하고, 이 세상에서 하나님 나라를 전파하고 건설하는 것이 그의 사명임을 깨달았습니다.

그가 말하는 셋째 하늘은 천국을 말합니다. 당시 사람들은 첫째 하늘은 지구, 둘째 하늘은 우주, 셋째 하늘은 천국, 하나님 나라를 생각했습니다. 그가 직접 본 하나님 나라는 너무 아름답고 황홀하여 이 세상의 말과 글로는 도저히 표현할 수 없었던 것입니다. 또 보고 들은 것을 그대로 말하면 너희가 도저히 믿을 수 없어 혼란케 될까봐 말할 수 없다고도 하였습니다.

그래서 사도 바울은 그렇게도 예수님을 사랑했고, 하나님 나라의 복음을 위해 목숨을 걸었습니다. 오직 주님과 하나님 나라를 위해서 산 사람이 사도 바울이 아닙니까? 이 세상의 상급보다 하나님 나라의 상급을 바라보았기에 박해를 받고 욕을 먹으며 매맞았던 것입니다. 이런 신앙이 하나님 나라 신앙이라고 할 수 있습니다.

고린도후서 5장 1절 이하에도 보면 "만일 땅에 있는 우리의 장막 집이 무너지면 하나님께서 지으신 집 곧 손으로 지은 것이 아니요 하늘에 있는 영원한 집이 우리에게 있는 줄 아느니라"고 하였습니다.

이 사도 바울은 하나님 나라를 확실히 믿고 모든 박해를 이겨 냈습니다. "이 세상의 고난은 앞으로 올 영광(천국)에 족히 비교할 수 없다"라고 고백한 것을 보면, 하나님의 나라에서 받을 영광을 생각하며 살았던 사도 바울을 알 수 있습니다.

그는 또 고린도전서 13장 12절에서 "우리가 지금은 거울로 보는 것같이 희미하나 그때(천국)에는 얼굴을 대하여 볼 것이라"고 하였습니다. 또 "지금은 내가 부분적으로 아나 그때(천국)에는 주께서 나를 아는 것같이 내가 온전히 알리라"고 말하고 있습니다.

그때가 어느 때일까요? 주님을 만날 때가 아닐까요? 우리가 죽어서 만나든지 아니면 주님이 오시면 만날 때를 말할 것입니다. 우리는 언제가는 주님을 만납니다. 아마 죽어서 천국에서 만날 확률이 높지 않을까 합니다.

이렇게 사도 바울의 사상에는 하나님 나라가 깊숙이 스며 있다는 것을 알 수 있습니다. 그는 자기가 하나님 나라에 갈 날이 가까이 왔을 때 "나는 선한 싸움을 싸우고 나의 달려갈 길을 마치고 믿음을 지켰으니 이제 후로는 의의 면류관이 예비되었으므로 주 곧 의로우신 재판장이 그 날에 내게 주실 것이며 내게만 아니라 주의 나타나심을 사모하는 모든 자에게도니라"고 하였습니다(딤후 4:7-8).

그는 비록 육신은 죽지만 하나님 나라에서 의의 면류관을 받을 것임을 확실히 믿고 하나님 나라의 소망을 가졌습니다.

5) 사도 요한의 하나님 나라

요한계시록에는 하나님 나라가 더 구체적으로 표현되고 있습니다. 사도 요한이 밧모 섬에서 어린양 되시는 예수님과 하나님 나라를 보고 자세하게 기록한 책이 요한계시록입니다.

특히 21장에 보면 새 하늘과 새 땅, 새 예루살렘이 나옵니다. 그곳은 사망이 없고 눈물이 없는 곳이라고 표현하고 있습니다. 그리고 생명수 샘물이 흘러나와 목마른 자는 값없이 마신다고 하였습니다. 아픈 것도 없고 애통하고 곡하는 것이 없는 곳, 죽음이 없는 곳이 천국이라고 하였습니다.

새 예루살렘 성은 너무 아름다웠습니다. 모든 성곽을 보석으로 만들었습니다. 일반적으로 파리의 베르사유 궁전을 세계에서 가장 아름다운 궁전이라 말하기에 수많은 사람들이 관광하고 탄복합니다. 그러나 그 궁전은 천국의 성곽과는 비교할 수 없이 초라합니다. 천국의 성곽은 모든 재료가 보석이기 때문입니다.

또한 태양이나 달이 없습니다. 하나님의 영광이 비치고 어린양 되시는 예수님이 빛이 되기 때문입니다. 하나님과 어린양 되신 예수님이 성전이기에 성전이 보이지 않는다고 말합니다. 보이는 성전을 좋아하고 우상같이 여기는 우리에게 깊은 교훈이 됩니다. 천국에는 성전이 없는데 세상에서는 보이는 성전을 지어 놓고 거기에만 하나님이 임재하는 것처럼 생각하는 것이 이상하지 않습니까?

예수님이 예루살렘 성전을 헐라고 하신 뜻을 알 것 같습니다. 그분 몸이 성전이었고, 우리 성도들의 심령에 성령을 모시면 그곳이 성전입니다. 지금도 우리는 보이는 성전보다 보이지 않는 영혼과 마음의 성전을 만드는 데 힘써야 합니다. 마지막으로 무엇이든지 속된 것이나 가증한 일 또는 거짓말하는 자는 결코 그리로 들어가지 못하되 오직 어린양의 생명책에 기록된 자들만이 들어간다고 하였습니다.

이렇게 성경 말씀은 하나님 나라, 천국에 대해서 많이 언급하고 있습니다. 특히 예수님은 하나님 나라에 대해서 얼마나 강조하신지 모릅니다. 예수님은 잘 믿는데 하나님 나라는 잘 안 믿는 사람들이 많다는 것은 이상하지 않습니까?

천국은 신화나 전설이 아니고 실제적으로 분명히 있다고 저는 믿습니다. 이 우주 공간 저 멀리 어디에 분명히 천국이 실제로 존재하지 않을까 하고 상상해 봅니다. 이 세상에서 예수님을 모시고 사는 것도 천국 생활이지만 우리가 죽으면 영원한 나라에 갈 것을 확실히 믿어야 합니다. 저는 찬송가 480장을 참 좋아합니다. 우리가 영원히 살 곳이 이 세상이 아니라 천국이기 때문입니다. 이 찬송을 부르면 내가 갈 천국이 늘 생각납니다.

1. 천국에서 만나보자 그날 아침 거기서
순례자여 예비하라 늦어지지 않도록
만나보자 만나보자 저기 뵈는 저 천국 문에서
만나 보자 만나보자 그날 아침 그 문에서 만나자.

2. 너의 등불 밝혀 있나 기다린다 신랑이
천국 문에 이를 때에 그가 반겨 만나리
만나보자 만나보자 저기 뵈는 저 천국 문에서
만나 보자 만나 보자 그날 아침 그 문에서 만나자.

3. 기다리던 성도들과 그 문에서 만날 때
참 즐거운 우리 모임 그 얼마나 기쁘랴
만나보자 만나보자 저기 뵈는 저 천국 문에서
만나보자 만나보자 그날 아침 그 문에서 만나자.

9. 묵상 기도와 영성

대구제일교회를 시무하신 고 이상근 목사님이 영남신학대학 학장을 하실 때, 강의 중에 이런 말씀을 하시는 것을 몇 번 들었습니다. 그분은 참으로 청빈하고 경건한 삶을 사시다가 가신 참 목자이시자 신학자였습니다. 우리 후배 목회자들이 본받을 훌륭한 어른이었습니다.

그분이 강의 시간에, 종교 개혁가들이 다 잘하였지만 한 가지 아쉬운 것이 수도원 제도를 버린 것을 가장 안타까워 하신 것을 들었습니다. 그때는 이 말씀이 무슨 말씀인지 잘 몰랐습니다. 이제야 그 뜻을 조금 알 것 같습니다. 천주교회가 많은 문제가 있지만, 지금도 세계 종교를 이끌어 가는 것은 수도원에서의 영성 운동 때문이 아닌가 하고 생각해 봅니다.

수도원에서는 주로 묵상 기도를 하면서 영성을 쌓아간다고 합니다. 복잡하고 시끄러운 곳을 피하여 침묵으로 하나님을 만나는 곳이 수도원이라고 생각합니다. 많은 사람들이 심신이 피곤할 때 수도원을 영혼의 안식처로 알고 찾고 있습니다.

우리 교회에서도 기도원을 수도원으로 만들어 현대인들에게 영혼의 안식처를 만들어 주면 큰 역사가 일어날 것으로 믿습니다. 수도원에서는 주로 침묵으로 기도하여 우리의 영혼을 맑게 하고 텅 빈 영혼을 채워주고 있습니다. 우리 한국 교회에서도 이제 수도원 같은 공동체를 만들어 성도들의 영성을 성숙하게 해야 합니다. 지금 한국 교회에 이런 수도원 운동이 일어나고 있다는 것은 크게 환영할 일이라 생각합니다.

사실, 침묵 기도나 묵상 기도라고 하면 잘 모르고 이상하게 생각하는 사람들이 많습니다. 묵상 기도의 유래를 한번 알아보면 큰 도움이 될 것입니다. 우리는 오래전부터 묵상 기도를 해 오고 있었는데 그것을 잘 모르고 생소하게 생각합니다.

1) 묵도가 묵상 기도의 약자입니다

묵상 기도의 유래를 찾아보면 예배 전에 하는 묵도가 있었습니다. 예배 전에 잠깐 눈을 감고 조용히 마음을 가다듬고 예배를 준비하는 마음으로 하는 기도입니다.

잡담을 하다가도 '다 같이 묵도합시다'라고 하면 모든 것을 멈추고, 조용히 눈을 감고 오늘의 예배를 생각하며 마음의 준비를 합니다. 거의 모든 교회에서 예배드리기 전에 묵도로 시작합니다. 이것은 세상의 마음과 생각을 단절하고 하나님과 그분의 나라를 생각하는 시작입니다. 지금까지는 나의 시간을 가졌지만 묵도라는 말과 함께 장면이 바뀌어 영성으로 들어가는 문이 열린다고 생각하시면 좋겠습니다.

잠깐의 시간이지만 여기에는 큰 의미가 있습니다. 예배를 드리는 시간이니까, 모든 생각과 행동을 멈추라는 의미입니다. 복잡한 생각을 멈추고 하나님을 생각하라는 뜻입니다. 하나님께 집중하라는 말씀입니다. 조용히 흐트러진 마음을 모으라는 뜻도 있습니다.

우리나라에서는 교회가 생길 때부터 이 묵도가 있었을 것으로 추측됩니다. 저는 이 묵도가 참 좋은 것이라고 생각합니다. "묵도합시다" 라고 하면 모두 '아! 예배를 드리는구나' 생각하면서 몸과 마음으로 준비하기 때문입니다.

2) 큐티가 있습니다

큐티(Quiet Time)는 조용한 시간을 갖고 하나님의 말씀을 묵상하는 것입니다. 큐티의 역사를 자세히는 모릅니다. 다만, 우리나라에서 처음 시작한 교회가 아마 고 하용조 목사님이 시무하시던 온누리교회인 것으로 알고 있습니다. 저도 온누리교회의 고무송 목사님을 통해서 큐티를 배웠습니다.

한때는 큐티가 굉장히 유행하여 교회마다 큐티 노트를 가지고 다니는 성도들이 많았습니다. 지금도 서울 새벽교회(이승영 목사)에서는 큐티를 통하여 성도들의 영성을 높이고 있습니다. 큐티는 참으로 좋은 시간입니다. 큐티에서 더 길게 기도하는 것이 묵상 기도라고 생각하면 이해하기 쉽습니다.

큐티는 조용한 시간에 성경 말씀 몇 절을 몇 번씩 읽고 그 말씀을 깊이 묵상하는 것입니다. 말씀을 중심으로 5-10분 정도 묵상을 하고, 나에게 적용하고 은혜 받은 것을 묵상 노트에 적어서 나중에 성도들과 나누는 시간을 갖습니다. 저는 큐티를 배워서 해봤기 때문에 묵상 기도가 더 친근하고 쉽게 느껴졌습니다. 큐티는 정말 좋은 기도라고 생각합니다.

묵상 기도는 큐티와 비슷합니다. 말씀만 묵상하는 것은 말씀 묵상입니다. 몇 분 동안 말씀을 읽고 그 말씀을 깊이 묵상하는 것을 말합니다. 그렇게 하면 그 말씀의 의미를 더 깊이 체험할 수 있습니다.

그러나 저는 말씀만 아니라 모든 것을 묵상하며 기도하고 있습니다. 하루의 삶을 생각하며 묵상할 수 있고, 이 나라를 위해서 묵상할 수도 있습니다. 교회를 위해서 성도들 한 사람 한 사람을 떠올리면서 묵상하기도 합니다. 저는 제가 하는 묵상을 말씀 묵상과 함께 '생활 묵상'이라고 이름을 붙여 보았습니다.

생활 묵상은 모든 삶과 나의 마음과 영혼 그리고 생활 전체를 묵상하는 것입니다. 그러다가 설교를 준비할 때 말씀을 떠올리면 말씀 묵상이 됩니다. 그리고 큐티보다는 오래 묵상합니다. 적어도 30-40분은 묵상합니다. 노트에 적으면 더 좋지만 안 적어도 됩니다. 저는 특별히 은혜 받은 것이나 체험한 것만 적습니다.

3) 묵상과 명상, 참선과 묵념

모든 종교에는 이런 묵상이나 침묵이 다 있습니다. 천주교에서는 오래전부터 수도원에서 명상 기도를 하고 있습니다. 명상 기도가 어떤 기도인지는 잘 모릅니다. 묵상 기도와 명상 기도는 닮은 점이 많을 것입니다. 다른 점은 그들은 예수님만 기도의 대상이 아니라 마리아도 기도 대상입니다. 또한 명상할 때 묵주를 사용합니다. 우리의 묵상 기도는 오직 하나님과 예수님, 그리고 성령님이 기도 대상이 되십니다. 그리고 묵주는 절대 사용하지 않습니다.

불교에서 하는 참선도 저는 잘 모릅니다. 그저 조용한 산사에서 눈을 감고 속세의 모든 번뇌를 잊으려는 자기 수양으로 알고 있습니다. 그들이 하는 참선은 자기 수양에 초점을 두고 있습니다. 참선을 통하여 자기를 성찰하여 수도를 합니다. 지금 불교에서 하는 템플스테이가 참선을 통하여 현대인들에게 다가가고 있습니다. 불교 스님들이 동안거 하안거를 하는 것도 참선으로 심신을 훈련하는 것이라고 생각합니다.

동안거와 하안거는 우리 교회가 본받을 좋은 제도라고 생각합니다. 우리가 일 년에 100일은 아니라도, 적어도 일주일은 깊은 기도원이나 수도원에서 묵상으로 하나님께 기도하고 자신을 성찰하는 기회를 가진다면, 우리나라 교회가 새롭게 거듭날 것입니다.

나의 수양만이 아니라 하나님과 만남과 대화로써 자신을 돌아보고 회개하고 반성하는 것이 묵상 기도입니다. 《아직도 가야 할 길》을 쓴 미국의 유명한 기독교 정신의학자 스캇 펙 박사는, 그의 책에서 20년 동안 참선을 하다가 참 신이신 예수님을 만났다고 고백하고 있습니다. 그는 믿음의 사람으로 변화되어 세례를 받고 참된 신자가 되었습니다. 그가 쓰는 책마다 그리스도를 전하는 전도지로 변했습니다.

우리 교회가 너무 시끄럽고 분주하여 묵상하는 곳을 만들지 못했기에 현대인들을 절간이나 수도원으로 빼앗기고 있지 않나 하는 아쉬운 마음이 듭니다. 템플 스테이에 참여하는 사람들 중에 기독교인들이 20%나 된다는 기사를 보고 더 안타까운 마음이 들었습니다. 우리 교회가 영성에 더 신경을 썼다면 이런 사람들을 줄일 수 있었을 것입니다. 지금부터라도 교회가 묵상 기도를 통하여 성도들을 더 깊은 영성으로 인도해야 합니다.

유교에도 조용히 묵념하는 시간이 있습니다. 유교는 제사를 가장 큰 예식으로 삼고 돌아가신 조상들의 기일에 제사를 드리며 추모합니다. 제사를 드릴 때 제삿밥에 수저를 얹어 놓고 조상이 진지 드시는 시간이 있습니다. 이때 모든 제관들은 조용히 묵념하는 것을 볼 수 있습니다. 그때는 문을 열어 놓고 조상님이 들어와서 식사하시는 시간을 드리는 것이라고 합니다.

이때 모든 제사를 드리는 자손들이 머리를 숙이고 한참 기다리면서 묵념을 하고, 돌아가신 조상님을 생각하고 자신을 돌아보는 시간을 갖습니다. 제 생각으로 유교에서 가장 조용한 시간은 이때라고 생각합니다. 저도 어릴 때 어른들과 함께 제사를 드리면서 그렇게 하는 모습을 많이 봐 왔습니다.

한국의 국가 기념식에도 국가 선열에 대한 묵념이 들어 있습니다. 이것도 하나의 묵도입니다. 그때 모든 사람들은 조용히 이 나라를 위해서 산화한 우리의 조상들을 생각하고 추모합니다. 그리고 나를 돌아보고 이 나라를 위해서 내가 무엇을 해야 할 것인지 다짐하기도 합니다.

이와 같이 모든 종교에는 이런 조용한 시간들이 있습니다. 다른 종교에 있다고 우리가 무조건 따라 하는 것이 아닙니다. 예수님이 성경에서 말씀하신 묵상 기도를 다시 한번 생각하며 발전시켰으면 합니다.

10. 성경에 나타난 묵상 기도

저는 묵상 기도를 처음 접했을 때 이것이 성경에 있는가 하는 의문이 생겼습니다. 그래서 성경을 통하여 묵상에 대한 것을 찾아보았습니다. 자세한 것을 다 찾지는 못하였고 몇 구절만 참고하였습니다.

1) 이삭의 묵상

창세기 24장 63절에 보면, 이삭이 들에서 묵상하다가 그의 신부 리브가를 맞이하는 모습이 나옵니다. 해가 질 무렵에 이삭은 들에서 조용히 묵상하면서 하루를 마치고 감사하며 기도하였을 것입니다. 그리고 자기 신부를 구하러 간 하인을 생각하며 '언제 올까? 또 어떤 신부를 데리고 올까?' 하면서 묵상하고 기도하였을 것입니다.

그래서 그런지 이삭의 생애를 보면 그는 참 조용한 삶을 살아온 사람이었습니다. 별로 이름을 내지 않고 믿음의 조상 아브라함의 아들로 태어나 살다가, 아들 야곱에게 신앙을 이어주는 역할을 잘해냈습니다. 그는 아버지가 자기를 데리고 모리아 산으로 갈 때도 아버지의 말씀대로 순종하였습니다. 하나님의 제물이 되어 칼로 잡아 죽이려 할 때도 늙은 아버지에게 반항하지 않았습니다. 그대로 묶여서 하나님과 아버지에게 자기 목숨을 맡기는 순종의 사람이었습니다.

지금 한국 교회가 이삭과 같은 소리 없이 조용히 순종하는 목회자와 성도들이 참으로 필요한 때라고 생각합니다. 요란하게 자기 이름을 내고 자기 교회의 영광만 찾는 소리가 얼마나 시끄럽습니까. 교회 안에서나 세상 속에서 이삭같이 소리 없이 주님께 순종하며 빛이 되고 소금이 되는 사람이 꼭 필요한 시대입니다. 자기가 죽을 지경에 있어도 소리 내어 살려고 발버둥치지 않고 하나님께 모든 것을 맡기는 그 깊은 믿음과 마음이 어디서 왔을까요?

저는 그것이 이삭이 어릴 때부터 해온 묵상 기도를 통한 깊은 영성에서 온 것이라 믿습니다. 그리고 그는 타향에서 우물을 파면 원주민들에게 빼앗기는 수모를 당하여도 그들과 싸우고 다투지 않았습니다. 판 우물을 그대로 그들에게 주고 다시 우물을 파는 너그러운 성품의 사람이었습니다. 사실 우물은 당시 큰 자산이었고 생명줄이었습니다. 그런 중요한 자산을 그대로 포기하고 주는 것은 참으로 깊은 영성이 아니면 불가능했을 것입니다. 이런 것이 다 묵상 기도로 다져진 그의 영성에서 나온 것이 아닐까 싶습니다.

2) 시편의 묵상

시편 1편 1-6절의 말씀은 우리 성도들이 애독하는 성경 구절입니다. 이 말씀을 모르는 성도들은 거의 없을 것입니다. 여호와의 율법을 주야로 묵상하는 자가 복이 있다고 하였습니다. 그러나 하나님의 말씀을 듣고 실천으로 옮기는 성도들은 너무 적다고 생각합니다. 그러므로 설교 말씀을 듣고 음미하고 묵상하는 성도들이 복이 있습니다.

초대 교회 성도들도 사도 바울의 말씀을 듣고 그것으로 끝나는 것이 아니라, 집에 가서 그 말씀이 어떤 말씀인지 묵상하고 음미했습니다. 지금도 우리 성도들은 목회자의 설교를 듣고 그냥 흘려보내지 말고 집에서 그 말씀을 묵상하며 다시 한번 되새김질한다면 큰 은혜를 체험하게 될 것입니다. 구약에는 되새김질을 하지 않는 짐승을 부정하다 하여 먹지 말라고 하였습니다. 되새김질을 할 때, 먹은 풀들이 더 잘게 부서지고 맛있는 영양분을 다 흡수할 수 있습니다.

우리도 영적으로 말씀을 되새김질하는 성도가 되어야 합니다. 우리 성도들이 한 주간을 보내고 교회에 와서 설교를 들을 때, 지난 주일 설교 제목을 물으면 아는 성도들은 거의 없습니다. 한 주간 동안 그 말씀을 되새김질하지 못하였기 때문입니다. 성경을 읽고 설교를 들어도 그 말씀을 묵상하지 않으면 우리의 마음과 영혼에 피가 되고 살이 될 수 없습니다. 시편 기자처럼 우리도 날마다 하나님의 말씀을 깊이 묵상할 때 예수님을 닮아가는 사람이 됩니다.

3) 예수님의 묵상

사실, 예수님이 언제 묵상하셨을까 하고 의아해할 성도들이 많을지도 모릅니다. 허나 우리는 성경을 통해 예수님이 일상생활 속에서 묵상하신 것을 얼마든지 추측해 볼 수 있습니다. 예수님은 일찍 일어나셔서 늘 한적한 곳을 찾으셨습니다. 거기서 통성으로 기도하시지는 않았으리라 생각합니다. 대화식으로 소곤소곤 기도하셨을 수도 있습니다. 그러나 조용하고 한적한 곳에서 기도하실 때 깊은 묵상으로 하나님과 만나신 것이 아닐까 생각합니다.

예수님이 평소 하신 기도는 묵상 기도가 더 많지 않았을까 생각합니다. 겟세마네 동산에서 크게 기도하신 것을 빼고는 매일 새벽마다 깊은 묵상으로 기도하신 것으로 추측해볼 수 있습니다. 실제로도 바리새인들이 사람들 앞에서 크게 기도하는 것을 외식의 기도라고 책망하셨고, 골방에서 문을 잠그고 은밀히 보시는 하나님께 기도하라고 하셨습니다. 여기서 주님이 말씀하신 기도는 골방의 기도, 즉 묵상 기도가 더 어울릴 것입니다(마 6:5-8).

또 기도할 때에 이방인같이 중언부언하지 말라고, 그들은 말을 많이 하여야 들으실 줄 생각한다고 하신 말씀도 묵상 기도를 생각나게 하는 말씀입니다. 하나님은 구하기 전에 이미 우리에게 있어야 할 것을 다 아신다고 하였습니다.

이런 말씀을 종합해 보면, 우리 예수님이 묵상 기도를 좋아하셨고 날마다 조용한 곳에서 하나님을 만나셨다고 이해할 수 있습니다.

그 후 예수님은 성령에 이끌리어 광야로 나가셨습니다. 거기서 40일간 금식하시며 지내셨습니다. 40일간 광야에서 먹지도 마시지도 않고 지내시기가 얼마나 힘드셨을까요? 며칠만 금식해도 힘이 없는데, 40일간 금식하면 모든 진액이 다 빠질 정도입니다. 그때 예수님의 기도는 어떤 기도였을까요? 소리 내어 큰소리로 기도하시지는 않았을 것입니다. 조용한 대화로 하나님과 기도하셨든지, 아니면 묵상 기도가 아니었을까 하고 추측해 봅니다.

예수님은 묵상 기도만 강조하시지 않았습니다. 구하라, 찾으라, 문을 두드리라고 하신 말씀은 통성의 기도를 말합니다. 묵상 기도와 통성으로 하는 기도가 조화되면 정말 금상첨화라고 할 수 있을 것입니다. 저는 혼자 있을 때 늘 묵상으로 기도합니다. 그러나 다른 성도들과 함께 있을 때는 통성으로 기도합니다. 묵상 기도와 통성 기도가 균형을 이루면 신앙과 생활도 균형이 이루어져 참 좋습니다.

4) 사도 바울의 묵상

사도 바울이 묵상 기도했다는 말도 있을까 생각하는 독자들을 위해 정리해 보았습니다. 예수님을 만난 후에 바울의 삶은 180도로 변했습니다. 이와 같이 예수님은 변화의 인자가 되십니다. 예수님을 만난 사람은 다 변화를 체험하였습니다. 죽은 사람이 어떻게 부활할 수 있느냐고 부인하던 사울이 다메섹으로 가다가 주님의 음성을 듣고 부활의 주님을 만났습니다. 예수 믿는 사람을 박해하기 위해서, 죽이기 위해서 가다가 부활의 주님을 만나고 회심하게 되었습니다.

그는 나중에는 자신이 예수님의 12사도가 아니라 하나님의 은혜로 사도가 된 사람이라고 고백합니다. 그는 회심한 후에 베드로나 다른 사도들을 만나지 않고 먼저 아라비아 사막으로 갔다고 하였습니다. 거기서 3년을 지냈습니다.

저는 사막에서 3년을 지낸 사도 바울의 모습을 묵상해 보았습니다. 광야도 아니고 모래밖에 없는 사막에서 3년을 지냈다는 것은 얼마나 힘든 생활이었을까요? 한 달도 몇 달도 아닌, 3년을 보내는 것은 인간의 한계를 뛰어넘는 고난입니다.

이를 통해 우리는 예수님을 만난 사람은 고난의 길, 좁은 길을 자원하여 가는 모습을 볼 수 있습니다. 요즘은 은혜를 받았다고 하면 왜 넓고 좋은 길로만 가려고 하는지 이해가 가지 않습니다. 처음부터 축복의 길만이 하나님의 길이라 생각하는 사람들이 너무 많은 것 같습니다.

사도 바울은 예수님을 만났다고 좋아서 예루살렘으로 가서 베드로와 다른 사도들을 만나 자기의 체험을 내세우며 자랑하지 않았습니다. 얼마든지 자기가 체험한 것을 자랑하고 간증할 수도 있었습니다.

그런데 사도 바울이 간 곳은 아무것도 살지 않는 황량한 사막의 길이었습니다. 물론 오아시스 근처에서 지냈을 것입니다. 허나 무엇을 먹고 지냈을까요? 그리고 그의 기도 생활은 어땠을까요? 사막에서 큰소리로 기도할 때도 많았을 것입니다. 그러나 많은 시간을 그는 묵상하며 자신을 돌아보고 회개하고, 주님의 십자가의 아픔과 부활의 능력을 체험하는 시간을 가졌을 것입니다.

그때 앞으로 무엇을 할 것인지 설계하지 않았을까요? 그는 이때 선교 활동도 깊이 묵상하면서 큰 그림을 그렸을 것입니다. 그는 방언으로 많이 기도했다고 하였습니다. 사막에서 기도할 때 방언기도가 큰 힘이 되었을 것입니다. 그러나 사막이 얼마나 한적한 곳입니까? 먹을 것도 없는 그곳에서 통성으로 기도하기보다는 많은 시간을 묵상하면서 지내지 않았을까요? 조용히 주님과 깊이 만남으로 그의 영성이 형성되었을 것이라 생각됩니다.

그 후에 많은 수도자들이 사도 바울을 따라 사막에서 영성을 길러왔습니다. 조용한 사막을 찾아서 시끄럽고 복잡한 세상의 일을 잊고, 오직 말씀을 묵상하며 영성을 쌓았습니다. 이런 사람들을 사막의 성자라고 합니다.

이와 같이 묵상 기도에 대하여 성경도 찾아보고 상상도 해보았습니다. 묵상 기도가 근거 없는 기도가 아니라, 잊혀진 기도라고 생각해서 이렇게 찾아보았습니다. 우리가 말씀 묵상이라는 말은 많이 하지만, 실상 묵상이 어떤 것인지 자세히는 몰랐습니다. 말씀을 묵상한다는 것은 그 말씀을 생각하며 적어도 30-40분 동안 조용한 곳에서 묵상하며 기도하는 것을 말합니다. 그냥 조금 생각하는 것은 묵상이라고 할 수 없습니다. 묵상 기도는 우리의 영혼을 깊은 곳으로 인도하는 좋은 기도라는 것을 알고 힘썼으면 합니다.

11. 묵상 기도의 방법

이제 묵상 기도하는 방법을 알아보고, 어떻게 나에게 맞는 묵상 기도를 해야 하는지 생각해 봅시다.

1) 한적한 곳을 만들어야 합니다

예수님은 늘 한적한 곳을 찾아서 기도하셨습니다. 여기서 말하는 한적한 곳이란 조용하다 못해 적막이 흐르는 고요한 곳을 말합니다. 예수님은 기도하시려고 새벽 미명에 한적한 곳을 찾으셨는데, 바리새인들은 반대로 시끄럽고 복잡한 시장이나 사람들이 많은 곳을 찾아서 기도하였습니다. 많은 사람들이 있으면 기도하였고, 사람들이 없을 때는 기도할 생각을 하지 않았습니다.

기도와 금식은 하나님께 하는 것입니다. 그런데 그들은 사람에게 하는 것으로 착각했습니다. 이런 사람은 사람이 없으면 기도하지 않을 것입니다. 이런 기도가 외식의 기도라고 하는 것입니다.

지금도 우리 성도들이 주일날 교회에 와서 기도합니다. 그러나 주일을 지나고 집에서 혼자 있을 때는 어떻게 기도할 줄 모릅니다. 우리도 예수님의 기도 습관을 배워야 합니다. 예수님은 많은 사람들을 만나며 선교 활동을 하시고, 새벽에 일어나서는 늘 한적한 곳을 찾아 혼자서 깊은 묵상의 시간을 만드셨습니다. 어떤 때는 산으로 혼자 올라가셔서 밤을 새우신 적도 있었습니다.

우리도 한적한 곳을 찾든지, 그런 곳이 없으면 한적한 곳을 만들어야 합니다. 사실 너무 조용하면 무서워하는 사람들이 많습니다. 묵상 기도는 조금이라도 소리가 나면 마음이 그 소리에 가게 되어 기도가 잘 되지 않고, 영혼이 흐트러질 수 있습니다. 그러므로 한적한 곳을 찾는 것이 참으로 중요합니다.

묵상 기도를 해보면 새벽이 가장 좋다는 것을 느낍니다. 그래서 예수님도 새벽 미명에 한적한 곳을 찾지 않으셨을까 생각합니다. 저는 새벽 5시에 새벽 기도를 마치고 한 30~40분간 묵상 기도를 합니다. 그때가 하루 중 가장 조용하고 한적한 때이기 때문입니다.

실제로 묵상을 해보면 새벽보다 묵상하기 좋은 때는 없었습니다. 아무리 조용하다고 해도 낮이나 밤은 자동차 소리, 사람들 소리가 나기 마련입니다. 정말 아무 소리 나지 않는 때는 새벽밖에는 없습니다. 그래서 예수님이 새벽 미명 한적한 곳을 찾아 묵상으로 하루를 시작하신 것이 아닌가 생각해 봅니다. 습관적으로 이 시간을 찾아서 하나님과 깊은 만남의 시간을 가지셨다고 믿습니다.

그리고 저녁에는 자기 전에 10시나 11시에 20-30분간 조용히 하루를 묵상으로 반성하며 회개하고 감사로 하루를 마칩니다. 그래서 하루 1시간 이상 묵상 기도를 합니다. 이때 방 안에서 아무 소리도 나지 않아야 합니다. 제 방에 벽시계가 있었는데 초침 소리가 그렇게 크게 들리는지 그때 알았습니다. 결국엔 무소음 시계로 교체해 조용한 시간을 가지고 있습니다.

묵상 기도를 해보면 한적한 곳이 어떤 곳인지를 알게 됩니다. 조그마한 소리도 마음의 집중을 방해하기에 거슬리는 것을 느낍니다. 우리는 날마다 여러 소음들 속에서 얼마나 많은 스트레스를 받고 사는지 모릅니다. 왜 예수님이 한적한 곳을 찾아가셨는지 이제 조금 알 듯합니다.

여러분도 한적한 곳을 찾아보십시오. 한적한 곳이 없으면 한적한 곳을 만들어 보십시오. 그러면 주님과 깊은 만남을 통해서 영성이 날로 깊어질 것입니다.

2) 집중력이 중요합니다

묵상 기도에는 집중력이 대단히 중요합니다. 집중하기 위해서 세 가지를 하지 말아야 합니다. 보지 말고, 듣지 말고, 말하지 말아야 합니다. 이 세 가지를 해야 집중력이 생깁니다. 눈을 뜨면 다른 것이 보이고 집중이 되지 않아 산만해집니다. 그래서 눈을 꼭 감아야 합니다. 입은 절대로 열어서는 안 됩니다. 묵상 기도라는 말은 말 그대로 말하지 않고 마음과 생각으로 기도하는 것입니다. 듣지 말아야 합니다. 그래서 조용한 곳을 찾아가든지 아니면 조용하게 만들어야 합니다.

저도 처음에 묵상을 할 때 '주여!'라는 소리가 나와서 애를 먹었습니다. 늘 '주여!' 라고 기도하던 습관이 입에 배어서 기도만 하면 '주여!' 라는 말을 먼저 했기 때문이었습니다. 입으로 말을 하면 나의 생각과 말이 먼저 나오고 나의 소원과 내 이기적인 기도가 먼저 나오기 때문입니다. 우리가 기도를 해보면 거의 모든 기도가 내 중심의 기도이며 이기적인 기도가 참 많습니다. 했던 말을 또 하는 중언부언이 늘 따라다닙니다.

그러므로 묵상 기도는 절대로 입을 열지 않고 해야 합니다. 생각과 마음으로 기도하고 하나님의 음성을 기다리는 것이 참 중요합니다. 입으로 기도하면 그 음성을 기다리지 못하고 내 말만 다 하고 기도를 마칠 때가 참 많습니다. 우리는 기도를 하나님과의 대화라고 배웠습니다. 대화라는 것은 둘이서 서로 주고받아야 하는데, 우리의 기도를 가만히 들어보면 나 혼자 다 해버리고 마는 일방적인 기도가 많습니다. 하나님께 아뢰고는 하나님께서 말씀하실 시간은 주지 않고 나가버리고 맙니다.

그런 기도가 어떻게 대화라고 할 수 있습니까? 하나님이 우리에게 말씀하실 수 있게 시간을 드리고 기다리는 것이 묵상 기도입니다. 지금까지 일방통행의 기도였다면, 묵상 기도는 하나님의 음성을 그분의 뜻을 생각하고 들어보며 내 마음으로 소통하는 기도라고 생각합니다.

그다음으로 귀에 뭔가 들리면 기도가 되지 않습니다. 그래서 더욱 조용하고 한적한 곳을 찾아야 합니다. 내 귀에 아무것도 들리지 않는 장소와 시간을 만들어서 묵상하면 참으로 좋습니다. 그래서 새벽 시간이 좋고, 새벽에 일어나면 다른 것부터 하지 말고 잠자리에 일어나 화장실에 가든지 물을 한 컵 마신 후, 조용히 무릎을 꿇고 머리 숙여 묵상 기도를 하시면 참 좋습니다. 다리가 불편하면 편한 자세로 앉아서 한 30분간 조용히 하루를 생각하며 주님과 마음으로 대화를 해보면 참 좋을 것입니다.

눈을 감는 것도 눈에 무엇인가가 보이면 딴 생각과 마음이 들어오기 때문입니다. 예수님도 유대인들에게 너희가 봄으로 죄를 짓는다고 하였습니다. 봄으로 욕심이 생기고 안목의 죄가 생깁니다. 견물생심이라는 말도 그래서 나온 것입니다. 그러므로 묵상을 할 때는 눈을 꼭 감는 것이 중요합니다.

묵상을 하면 처음에는 지루합니다. 이것이 기도인가 하고 생각할 때도 있습니다. 온갖 잡념이 나를 사로잡습니다. 이런 생각들이 나의 마음이요 나의 실체라는 것을 깨달아야 합니다. 그것들이 나를 사로잡고 있다는 사실을 알아야 합니다. 우리 속에는 의식적이든 무의식적이든 많은 것들이 혼재해 있습니다. 이런 생각과 마음이 우리를 혼란케 하고 하나님과의 관계를 방해합니다. 하나님과의 관계를 방해하는 것들은 다 회개해야 할 것들입니다.

이렇게 숨겨져 있는 속을 우리는 미처 알지 못하고 늘 숨기고 있었습니다. 이런 마음과 생각이 나의 속사람인데도 늘 우리는 미화하고 다듬어서 좋은 것만 밖으로 내놓고 살아왔습니다. 묵상을 하면서 이런 마음을 숨기지 않고 그대로 주님께 내놓으면, 그 모든 것을 성령님의 은혜로 회개할 것은 회개하고 잊을 것은 잊게 해주십니다.

걱정하지 않아도 되는 것은, 우리가 묵상으로 기도할 때에 주님께서 깨끗이 정리해 주십니다. 또 새벽시간이 어려우면 가정주부들은 TV 아침마당을 보시고 10시에 문을 잠그고 TV를 끄고 조용히 30분 정도 묵상하시면 참 좋습니다. 하루를 이렇게 시작하시면 하루가 하나님과 함께하게 되는 것을 체험할 수 있습니다.

3) 묵상 기도와 호흡

묵상 기도와 호흡은 참 중요합니다. 묵상 기도는 긴 호흡이 필요합니다. 짧은 호흡을 하면 오래 기도하지 못하기 때문입니다. 긴 호흡을 하여 공기를 내 뱃속까지 채우고 또 내 속에 있는 나쁜 공기를 밖으로 내보내야 합니다. 성격이 급한 사람은 대부분 호흡이 짧습니다. 대체적으로 사람들의 성격이 급한 이유는 호흡이 짧은 탓이 많습니다.

묵상 기도는 마음이 급하면 할 수 없는 기도입니다. 잠깐 하고 다음에 빨리 무슨 일을 하려는 사람은 집중을 하기가 어렵습니다. 다음에 할 일이 나를 사로잡기 때문입니다. 느긋한 마음으로 푹 쉰다는 생각으로 해야만 내 마음에 여유와 평화가 옵니다.

예수님은 성령을 설명하면서 바람에 대한 비유를 하셨습니다. 성령은 바람 같다고 하셨습니다. 저는 이 바람이 공기를 의미하는 것으로 이해하고 있습니다. 또 부활하신 예수님은 제자들에게 나타나셔서 숨을 크게 내쉬시면서 너희는 성령을 받으라고 하셨습니다. 숨이 바로 긴 호흡, 즉 복식 호흡일 것입니다.

그리고 오순절 마가의 다락방에서 성령이 임하실 때도 강한 바람 같은 소리가 있어 그들이 앉은 집에 가득하였습니다. 이 모든 말씀을 보면 바람과 공기, 그리고 숨을 내쉬는 것이 다 우리의 호흡과 깊은 관계가 있다고 볼 수 있습니다.

그래서 묵상 기도를 할 때는 최대한 편한 자세로 복식 호흡을 해야 합니다. 호흡도 우리에게는 하나의 육체적인 생명 운동입니다. 호흡이 없는 사람은 죽은 사람입니다. 기도도 영혼의 호흡과 같습니다. 기도하지 않으면 우리의 영혼은 죽은 것과 같습니다. 생명이신 예수님과 연결시켜 주는 것이 기도입니다.

묵상 기도는 생명을 받아들이는 것과 같습니다. 묵상 기도는 복식 호흡을 하면서 마음의 안정과 안식을 얻음으로 오랫동안 묵상으로 기도할 수 있습니다. 묵상 기도할 때 입으로 숨을 쉬어서는 안 됩니다. 입으로 숨을 쉬면 목이 빨리 마르고 호흡이 안정되기 어렵기 때문입니다. 또 입으로 숨을 쉬면 소리가 나기 때문에 묵상 기도를 할 때 코로 깊이 숨을 쉬는 것이 참 좋습니다.

우리가 기도하는 자세도 편안해야 하나님과의 만남도 잘됩니다. 우리 마음이 분주하고 불안정하면 기도도 잘 안 되고 성령님과의 대화가 끊겨 버릴 때가 많습니다. 기도하기 전에 우리의 몸과 마음의 준비가 참 중요합니다. 묵상은 잠깐 생각하며 기도하고 가는 것이 아닙니다. 적어도 30-40분을 하나님과 마음놓고 대화하는 시간을 갖기 위해서는 깊은 호흡이 꼭 필요합니다.

하나님의 성령의 바람이 우리의 마음과 몸, 그리고 우리 영혼 속으로 깊숙이 들어오시기를 기원해 봅니다.

12. 묵상 기도를 하면 무엇이 좋은가?

저는 몇 년 전부터 묵상 기도를 하고 있습니다. 묵상 기도를 하기 전에는 통성으로 기도하고 더 오래 하기 위해서는 방언으로 기도했습니다. 그렇게 기도를 해도 오랫동안 기도할 수가 없었습니다. 그런데 묵상 기도는 나의 신앙을 유지하는 데 참 좋은 기도라고 생각합니다. 앞에서도 말씀드렸습니다만, 우리 성도들의 대부분이 주일날 교회에 갔다 오는 것으로 나의 책임을 다했다고 생각하고, 주님과의 관계는 매일 갖지 못하는 경우가 참 많습니다.

아침에 일어나면 잠깐 기도하든지, 아니면 식기도로 하루의 삶을 살아가고 있습니다. 주님과 늘 함께하지 못하고 나 혼자서 하루하루를 바쁘게 지내면 영혼이 너무 피곤하고 복잡해집니다. 그러다 보면 영혼이 메말라 버리고 감사보다는 불평이 생겨서 스트레스로 몸과 마음이 무거워집니다.

묵상으로 하루를 시작하고 묵상으로 하루를 마무리하니까, 주님과 함께하는 것을 알게 되고 신앙 생활이 이렇게 즐겁단 사실을 알게 되었습니다. 지금 한국 교회의 위기는 우리 성도들의 기도의 위기에서 왔다고 생각합니다. 우리는 기도하지 않는 것이 얼마나 큰 죄인 줄 잘 모르고 살아가고 있습니다. 사무엘 선지자는 기도를 쉬는 죄를 짓지 않겠다고 하나님께 서원했습니다. 우리는 기도를 쉬는 것이 얼마나 큰 죄인지 깨달아야 합니다.

예수님은 항상 깨어 기도하라고 하셨고, 사도 바울은 쉬지 말고 기도하라고 하였습니다. 우리 하나님의 자녀들은 날마다 하나님과 교제를 가져야만 하늘에서 오는 능력을 힘입어 살아갈 수 있습니다. 종교 개혁가 루터는 하루 3시간을 기도하지 않으면 마귀에게 끌려간다고 생각했습니다. 다니엘은 하루 세 번씩 자기 방에서 왕의 명령을 어기면서 죽음을 무릅쓰고 기도하였습니다. 창문을 열어놓고 하나님께 기도하다가 사자굴에 잡혀 가기도 하였습니다.

그런데 이렇게 편하게 살면서도 집에서 기도하는 성도들을 찾아보기 힘든 것은 참으로 이상합니다. 승리하는 삶은 기도하는 사람에게 있습니다. 깨어 기도하라, 쉬지 말고 기도하라고 하였지만, 우리는 기도하지 못하고 있습니다.

그런데 기도하지 못하는 것을 가슴 아파하고 하나님께 죄라는 것을 느끼지 못합니다. 영혼의 호흡이 끊겨도 아무 감각 없이 사는 것이 더 큰 문제입니다. 이것이 쌓여 나중에 영혼의 중병이 들 때, 그때서야 당황하고 어쩔 줄 몰라 하는 성도들도 많이 보았습니다.

그러므로 우리가 매일매일 주님과 묵상으로 동행하는 성도가 된다면 영혼의 위기도, 이런 한국 교회의 위기도 넉넉히 이길 수 있습니다. 도리어 우리에게 더 좋은 기회를 주신 하나님의 뜻을 알고 감사하게 될 것입니다.

1) 내 영혼이 채워집니다

요한삼서 1장 2절 말씀에 "사랑하는 자여 네 영혼이 잘됨같이 네가 범사에 잘되고 강건하기를 내가 간구하노라"고 했습니다.

이 말씀은 3박자 구원의 요절로, 조용기 목사님이 좋아하시고 여의도 순복음교회 성도들이 가장 좋아하는 성경 구절이 아닌가 싶습니다. 이 말씀은 여의도 순복음교회만 아니라 모든 한국 교회 성도들이 외우다시피 하고 있습니다. 저 또한 이 말씀을 오래전부터 좋아하고 있습니다.

그런데 '영혼이 잘되는 것이 무엇인가? 어떤 것이 영혼이 잘되는 것인가?' 그것을 확실히 아는 성도들은 많지 않습니다. 여러분은 이 말씀이 어떤 뜻인지 잘 알고 계십니까? 저는 목사지만 영혼이 잘된다는 것이 어떤 상태를 말하는지 분명하게 알지 못했습니다. 영혼이 잘되는 것이 성령 충만한 것이라고 짐작만 하였습니다.

집회에서도 많은 성도들은 성령 충만하기를 바라면서 소리 질러 "주여! 주여!" 부르짖고 있습니다. 그렇게 기도하면 하늘에서 불이 내려와 머리부터 발끝까지 불로 충만해질 것처럼 믿고 부르짖습니다. 저도 그런 사람 중에 한 사람이었습니다. 지금도 많은 성도들이 성령 충만하기 위해서 부흥회나 기도원에 가면 큰소리로 기도하고 부르짖습니다. 저는 이런 기도도 꼭 필요하다고 믿습니다.

많은 성도들이 모이면 한마음으로, 통성으로 기도합니다. 성도들이 마음을 모아 기도한다는 것은 매우 중요하기 때문입니다. 오순절 날 제자들은 한마음으로 기도하여 큰 은혜를 체험하였습니다. 한마음으로, 통성으로 기도한다는 것은 큰 힘이 됩니다.

그런데 집에 돌아오면 혼자서 기도하는 것을 잊어버린다는 사실이 문제입니다. 무슨 기도든지 집에서도 혼자서 할 줄 알아야 하는데 말입니다. 우리 성도들은 혼자 있을 때나 집에 있을 때는 거의 기도하지 않고 지냅니다. 교회에서나 집회에서는 다 기도합니다. 그러나 혼자 집에 있을 때나 여행을 할 때는 기도할 줄 모른다는 것이 문제입니다.

이런 기도는 외식의 기도가 되기 쉽습니다. 사람을 의식하여 기도하기 때문입니다. 기도는 하나님께 하는 것인데, 사람을 의식해서 한다면 문제가 있습니다. 기도하지 않으면 우리의 영혼은 메마를 수밖에 없고, 영혼이 잘될 수 없는 것입니다.

저도 지난날에는 혼자 있을 때 거의 기도하지 않았습니다. 교회에서나 예배를 인도할 때는 당연히 함께 기도하고 기도를 인도하였습니다. 그러나 혼자 있을 때는 거의 기도하지 못하였습니다. 그러니 제 영혼이 얼마나 망가져 있었을까요? 지금은 묵상 기도를 배워서 매일 기도하고, 묵상 기도를 하면서 '이것이 영혼이 잘되는 것'이라는 사실을 체험할 수 있었습니다. 저는 지금까지 영혼의 메마름 때문에 마음과 영혼이 텅 빈 상태가 된 것도 모르고 살아왔습니다.

하나님과 매일매일 만나지 못하면 아무리 능력 있는 목사라도 그 영혼은 힘을 잃고 말 것입니다. 천하의 장사 삼손도 머리카락이 깎이자 힘을 잃듯이, 천하의 주의 종이라도 매일 기도하지 않으면 영혼이 힘을 잃고 나중에는 병들고 맙니다. 우리 영혼은 하나님을 날마다 만나야 시냇가에 심은 나무같이 사철 푸르고 싱싱하여 열매를 맺습니다. 한번 체험하고 능력 받았다고 자만하여 기도하지 않고 날마다 하나님을 만나지 않으면, 그 영혼은 힘을 잃고 말 것입니다.

한국 교회의 위기는 날마다 기도를 하지 않은 데서 왔다고 봅니다.

과거에 우리 성도들은 밤을 새워 가면서 기도하였습니다. 그런데 요사이 밤새워 기도하는 성도는 보기 힘듭니다. 과거에는 기도원마다 성도들로 인산인해를 이루었습니다. 그러나 요사이 기도원은 사람이 없어 문을 닫고 있습니다. 그러면 집에서라도 기도하는 성도가 있어야 하는데, 그렇지 못하여 한국 교회가 이렇게 추락하고 만 것이 아닐까요?

말세에 깨어 기도하라고 하신 주님의 말씀을 기억하고 회개하며 기도해야 합니다. 그렇다고 묵상 기도만 하라는 말은 결코 아닙니다. 무슨 기도든지 하나님은 바른 기도를 원하시고, 또 매일매일 기도하는 삶을 살아야 우리의 영혼이 살아나고 영혼이 잘되는 삶으로 인도될것입니다.

2) 묵상 기도를 하면 예수님을 닮아갑니다

우리 성도들은 신앙생활의 가장 큰 목표가 건강하고 돈 잘 벌고 성공하는 것이라고 생각할 때가 많습니다.

물론, 이것이 잘못이라고 할 수는 없습니다. 그러나 우리의 참된 목표는 우리의 영혼이 구원을 얻고 우리의 삶이 예수님을 닮아가는 것이 되어야 합니다. 교회에 다니면 다닐수록 점점 예수님을 닮아가는 성도들이 많아져야 합니다. 생각이 예수님을 닮고, 마음이 예수님을 닮고, 행함이 예수님을 닮으면 됩니다.

우리나라 성도들이 예수님만 닮으면 우리나라를 구원하고도 남을 것입니다. 지금의 위기는 예수님을 닮지 않고 세상을 따라가며 자기만 생각하는 이기주의가 판을 치기 때문입니다. 자기 교회만 성장하고 부흥하기를 바라고, 자기 가정과 자기 회사만 잘되기를 바라는 마음이 이런 위기를 자초한 것이라 생각합니다.

예수님은 그런 예수님이 아닙니다. 이제부터라도 우리의 기도가 변해야 합니다. 우리의 기도를 들어보면 거의가 우리 가정, 우리 교회, 우리나라, 우리 기독교가 잘되기를 바라는 기도입니다.

그래서 절에 몰래 들어가서 두 손을 들고 통성으로 "사탄아, 물러가라"라고 기도하다가 세상 사람들에게 비난을 받는 것도 보았습니다. 나중에 그 대표가 사과를 한다고 야단을 치는 모습까지도 말입니다. 참으로 부끄러운 일이 아닙니까. 이것이 불교를 모독하는 것이 아니라, 우리 예수님을 모독하고 전도의 문을 막는 중대한 범죄 행위가 아니고 무엇입니까? 사랑의 예수님이 그런 예수님입니까? 잘못된 기도는 사람을 이상하게 만들고 기독교를 광신 집단으로 만들 수 있습니다.

사람들은 자기가 보는 것을 따라가는 습성이 있습니다. 우리가 이 세상을 자꾸 보면 이 세상을 따라가기 마련입니다. 이 세상에 살지만 우리는 예수 그리스도를 자꾸 봐야 예수님을 닮게 됩니다. 그런데 우리 그리스도인들이 예수님을 닮아가고 따라가는 사람들이 너무 적어 보입니다. 왜 그럴까요? 예수님을 자주 보지 못하고 만나지 못하기 때문입니다.

소돔과 고모라 성이 왜 그렇게 불바다가 되었습니까? 왜 그렇게 죄악으로 물들었습니까? 베드로후서 2장 8절에 "이는 이 의인이 그들 중에 거하여 날마다 저 불법한 행실을 보고 들음으로 그 의로운 심령이 상함이라"고 하였습니다.

아무리 의롭게 살려고 해도 세상과 죄악만 자꾸 보고 들으면 세상을 닮아갑니다. 그러므로 이런 악한 세상에서도 우리가 의롭게 되려면 날마다 예수님을 만나고, 그분의 말씀을 들어야 합니다. 그렇지 않으면 어떤 능력자라도 세상을 따라가고 말 것입니다.

다니엘은 하루 세 번 하나님께 기도했습니다. 이것은 큰 의미가 있습니다. 하루 세 번은 주님과 깊은 만남이 있어야 승리할 수 있다고 믿습니다. 새벽에 한 번, 정오에 한 번, 저녁에 한 번, 이렇게 세 번을 주님을 만나면, 이 세상에서도 의롭게 살 수 있는 능력을 얻을 것입니다.

그런데 지금 성도들은 하루 한 번도 주님을 만나지 못한다면 어떻게 세상을 이기고 예수님의 제자라 될 수 있습니까? 바쁘다는 핑계로 피곤하다고 예수님을 만나지 않으면 우리 영혼은 어떻게 되겠습니까?

예수님은 너희가 거듭나지 않으면 천국에 들어가지 못하고, 천국을 보지도 못한다고 하였습니다. 우리의 근본이 변해야 하는데 겉모습만 변하고 속의 욕심과 미움을 그대로 가지고 있다는 사실을 알아야 합니다. 그래서 기도가 더욱 필요합니다.

저는 이 묵상 기도를 하면서 나 자신 속에 더러운 마음과 생각이 너무 많이 잠재되어 있다는 것을 알고 깜짝 놀랐습니다. 이런 모든 더러운 것들이 우리를 더럽게 하고, 세상에서 그리스도의 향기를 가로막아 더러운 냄새를 내는 것을 알았습니다. 탐욕과 교만, 질투와 미움이 우리 속에 꽉 들어 차 있었습니다. 이런 마음으로는 천국에 들어갈 수는 없습니다.

마태복음 18장 3절에 "너희가 돌이켜 어린 아이들과 같이 되지 아니하면 결단코 천국에 들어가지 못하리라"고 하셨습니다. 어린아이처럼 겸손하지 않으면 천국에 못 간다는 말입니다.

이것이 예수님을 닮는 것입니다. 교회는 잘 다니는데 아직도 교만하여 자기만 알고 남을 무시하는 버릇을 가지고 산다면 묵상 기도를 통해서 나의 내면의 교만을 발견해야 고쳐집니다. 내 속에 잠재해 있는 더러운 죄성을 깨달아야 회개할 줄도 압니다. 날마다 묵상을 통하여 나의 내면의 모습을 발견하고 회개함으로 예수님을 닮는 체험을 하시기를 바랍니다.

3) 묵상 기도는 성숙한 성도를 만듭니다

신앙은 깊이가 있어야 합니다. 이것을 성숙이라고 합니다. 성숙한 성도, 성숙한 신앙이 이 시대에 요구되고 있습니다. 음식도 성숙한 발효 식품이 세계 사람들의 이목을 끌고 있습니다.

옛날에는 선진국에서 즐겨먹는 인스턴트 음식을 좋아했지만, 요사이는 인스턴트 음식의 부작용이 발견되고 있습니다. 고혈압, 비만, 당뇨 등, 각종 성인병이 인스턴트 음식과 고기를 많이 먹어 생긴다고 합니다. 이에 반해 우리나라 음식은 유엔에서도 웰빙 음식으로 소개하고 또 추천하고 있습니다.

발효 식품이 시간은 오래 걸리지만 우리에게 많은 유익을 주고 고혈압이나 비만과 당뇨에도 매우 좋다는 연구 결과가 나오고 있습니다. 우리나라 음식은 거의 발효 음식이 많습니다. 된장, 고추장, 간장을 비롯해서 식혜, 김치, 젓갈 등 거의 모든 음식을 발효시켜서 먹습니다.

따라서 우리나라 국민들의 평균 수명은 선진국과 어깨를 나란히 하고 있습니다. 여기에는 우리가 먹는 음식이 건강에 좋기 때문입니다. 밥을 해도 뜸이 들어야 밥맛이 좋습니다. 바쁘다고 뜸이 안 된 밥을 먹으면 맛이 없어 먹을 수 없습니다. 김치도 시간을 가지고 삭혀서 먹으면 맛도 나고, 영양가도 더 좋습니다. 이렇듯 모든 음식은 일정한 시간이 필요합니다.

저는 신앙도 시간이 지나서 성숙해야 한다고 생각합니다. 속까지 변하여 그리스도의 향기가 나기까지는 많은 시간과 연단이 필요합니다. 성경 속에 나오는 많은 사람들도 하나님은 성숙한 인격과 신앙이 되었을 때 사용하였습니다. 구약의 대표 인물 모세를 보면 참으로 긴 세월 동안 하나님이 그를 훈련시켜서 출애굽이라는 대업을 완성하였습니다.

그는 출중한 인물이었습니다. 애굽의 문물을 다 습득한 애굽의 왕자였습니다. 그러나 그의 급하고 과격한 성격은 하나님이 보시기에 아직도 성숙하지 못했습니다. 그런 그를 하나님은 외로운 미디안 광야에서 양을 치고, 가정을 가지고 자녀를 낳아 길러 보게 하였습니다. 사람도 철이 들어야 합니다. 우리의 신앙도 철이 들어야 이 사회에서 그리스도의 향기를 나타냅니다.

저는 오래전에 어느 교회 신문에서 이런 글을 읽은 것이 생각납니다. "잿더미에서 얻은 두 개의 다이아몬드"라는 글이었습니다. 강원도 어느 시골 교회 목사가 쓴 것입니다.

그 교회가 어느 날 전기 누전으로 불이 나서 예배당이 다 불타 버렸다고 하였습니다. 시골 교회 예배당이 불이 나서 다 타 버렸으니 그 교회 목사는 큰 충격을 받았을 것입니다. 소방차가 와서 불은 다 껐으나, 다음에 할 일이 태산이었습니다. 화재가 나면 그 건물 대표가 책임이 큽니다. 목사는 조사를 받으러 경찰서에 가야 했습니다. 화재의 원인이 무엇인지, 관리는 어떻게 했는지, 관리가 잘못된 것은 아닌지, 경찰들은 세세한 부분까지 물으며 조사했습니다.

목사가 한참 조사를 받고 있는데 그 교회 장로 한 분이 달려와서는, 목사님이 책임질 일이 아니고 관리 장로인 내가 책임을 져야 한다면서 목사님은 그만 집에 가시라고 했다고 합니다. 그러면서 자기가 대신 조사를 받겠다고 했습니다. 서로 조사 받겠다고 목사와 한참 실랑이를 하는데, 또 다른 장로가 오더니 내가 이 교회 수석 장로이기에 내가 조사를 받고 책임을 지겠다고 하는 것입니다. 세 사람이 서로 자기가 조사를 받겠다고, 자기 책임이라고 하다가 경찰서 조사실에서 세 분이 부둥켜안고 엉엉 울었다고 하였습니다.

이런 일을 겪은 목사가 너무 감격하여 예배당은 불에 다 타서 잿더미가 되었으나, 거기서 두 개의 다이아몬드를 발견했다는 글이었습니다. 이것을 본 제 마음도 눈물이 나왔습니다.

신앙은 어려운 일을 당할 때 더 알 수 있는 것입니다. 성숙한 신앙은 교회가 어렵고 가정이 어려울 때 십자가를 지려는 사람입니다. 그 교회 목사는 교회 건물은 불에 타 없어져도 이런 장로가 있는 한 마음이 든든했을 것입니다. 우리나라에는 이런 장로들이 곳곳에 숨어 이름 없이 빛도 없이 충성하기 때문에 교회의 어려움에도 든든하게 서 갈 수 있는 것이 아닐까요?

우리도 어려울 때 교회를 위해 헌신하고 희생하는 성도들이 되기를 바랍니다. 교회가 어려우면 이때다 싶어 도망치는 성도들이 얼마나 많습니까? 특히 작은 교회에서는 장로나 권사들까지도 교회가 어려울 때를 틈타서 도망치는 모습이 많이 보입니다. 나중에 보면 다 큰 교회에 가서 편하게 대우받으며 신앙생활 하는 것을 많이 보았습니다. 장로와 권사 직을 받을 때는 좋아했을 것입니다. 그러나 교회가 어려울 때 목사와 성도들과 함께 십자가를 지는 성도들은 거의 보지 못했습니다.

성숙한 성도는 그렇게 하지 않습니다. 철없던 제자들은 예수님과 십자가를 두고 다 도망갔습니다. 그러나 그들이 성령의 은혜를 받아 신앙이 성숙해지자 예수님을 위해 십자가를 지고 다 순교하였습니다.

철이 들고 신앙이 성숙해지면 그 사람은 교회가 어려울수록 주님의 십자가를 지고 자기를 희생하게 됩니다. 하나님은 이런 사람을 사랑하시며 또 찾고 있습니다.

지금도 한국 교회가 욕을 먹으니 교회를 떠나 다른 종교로 넘어가서 뒤에서 돌을 던지는 자들이 얼마나 많은지 모릅니다. 또 교회와 성도들이 성숙하지 못하여 세상 사람들에게 나쁜 인상을 준 적이 한두 번이 아니었습니다. 이제 우리 목사들과 성도들도 성숙한 신앙으로 이 세상에서 소금이 되고 빛이 되어, 썩어질 한 알의 밀알이 되어야 합니다.

묵상 기도는 우리를 그리스도의 성품으로 성숙하게 만들어 주는 동력이 됩니다. 그리고 깊은 신앙의 세계로 우리를 인도할 것입니다.

4) 묵상 기도는 몸과 마음의 안식을 줍니다

우리 기독교는 안식의 종교라고 할 수 있습니다. 예수님은 "수고하고 무거운 짐 진 자들아 다 내게로 오라 내가 너희를 쉬게 하리라"(마 11:28)고 하셨습니다.

모든 짐을 다 주님께 가져오면 주님은 우리의 짐을 대신 져주십니다. 그런데 우리 성도들 중에 안식을 누리고 평안을 누리며 사는 사람들이 얼마나 될까요? 주님과 날마다 만나는 기도가 없이 지내는 성도들이 많아서 그런지, 안식과 평안을 누리며 사는 성도들이 의외로 많지 않습니다. 겉으로는 감사요 기쁨으로 사는 것처럼 말하지만, 속에 들어가 보면 마음에 평안과 안식을 누리며 사는 성도들이 의외로 적다는 사실입니다.

왜 그럴까요? 날마다 주님과 동행하지 못하기 때문이 아닐까요?

주일날 한 번 드리는 예배로 우리가 안식과 평안을 얻기에는 부족하기 때문입니다. 기도는 우리가 매일 먹는 밥과 같습니다. 매일매일 하루 세 끼 밥을 꼭 챙겨 먹어야 건강에도 좋고 우리가 생활하는 데 활기도 얻습니다.

기도 생활도 매일 매일 해야지 하늘의 양식을 얻을 수 있습니다. 주기도문에도 주님은 "오늘 우리에게 일용할 양식을 주시옵고"라고 기도하라고 하셨습니다. 물론 이 말씀은 우리가 먹는 양식을 의미하기도 합니다. 그러나 저는 영적인 양식도 포함된다고 믿습니다. 이 말씀은 매일 기도하고 말씀을 보라는 의미입니다. 매일매일 기도하는 데 묵상 기도보다 더 좋은 것이 없습니다.

여러분도 매일 한 번 이상 묵상으로 기도해 보십시오. 마음에 참된 안식과 기쁨 그리고 평안을 얻을 수 있습니다. 6일 동안 세상에서 열심히 일하게 하시고, 하루는 몸과 마음을 쉬게 하시며 안식하라고 하신 하나님의 뜻이 무엇인지 우리는 깊이 묵상해야 합니다. 그래서 주일이 얼마나 중요한지를 깨달아야 합니다.

저는 주일이 세상의 일을 멈추고 하늘나라를 생각하며 천국을 준비하는 날이라고 생각합니다. 그런데 이 날을 내 마음대로 산다면 큰 죄가 아닐까요? 주일은 우리 성도들의 참된 안식일이 되어야 합니다.

묵상도 세상 일과 생각을 멈추고, 주님을 만남으로 우리의 영혼을 채우고 안식하는 시간이 되어야 합니다. 멈춘다는 것은 대단히 중요합니다. 자동차도 계속 가면 사고가 납니다. 가끔씩 브레이크를 밟아줘야 합니다. 우리가 살아가면서 하루에 적어도 한 번 정도 가던 길을 멈추고 주님과의 조용한 만남을 가진다면 우리는 하늘의 안식을 누릴 수 있을 것입니다.

한국 교회가 현대인들에게 안식이 아닌, 너무 많은 짐과 스트레스를 주어서는 안 될 것입니다. 헌금의 스트레스, 전도의 스트레스, 기도의 스트레스, 건축의 스트레스를 주는 교회가 많습니다. 그래서 교회 오기를 꺼리는 사람들도 많습니다.

한번은 전도를 하는데, 그 사람이 '돈을 벌어놓은 다음에 교회에 가겠습니다'라고 하였습니다. 자기도 옛날에 교회에 다녔는데, 돈 없으면 교인 대접을 안 하더랍니다. 교회 짓는 데 헌금도 해야 하고, 전도 회비도 내야 하고, 주일 헌금, 십일조, 감사 헌금을 내야 하는데 말입니다. 그것을 다 하지 못하니 뭔가 마음이 좋지 않아 미안해서 교회에 다니지 못했다고 하였습니다.

이제 교회는 사람들에게 이런 헌금 스트레스를 주는 교회가 아니라, 누구든지 와서 안식을 누리는 교회가 되었으면 합니다. 헌금이 좀 덜 나오면 어떻습니까? 교회 성장이 좀 늦으면 어떻습니까? 헌금 때문에, 성도들이 다른 종교로 옮기는 것을 종종 보았습니다. 우리 교회가 다른 종교에 비해서 헌금을 너무 강조하는 것 같아 마음이 아픕니다.

예수님의 말씀대로 수고하고 무거운 짐 진 자들이 교회에 와서 참된 안식을 누리고 자유를 맛보는 교회가 되어야 합니다. 교회에 가면 천국 같은 기쁨이 있고 안식이 있다면 모든 국민들이 사랑하고 오고 싶어 할 것입니다. 이제부터 교회 본연의 모습을 찾는 데 모든 성도들이 힘써야 합니다.

주님은 우리에게 "진리를 알지니 진리가 너희를 자유롭게 하리라"(요 8:32)고 하셨습니다. 죄와 마음의 상처에서 해방과 자유를 주시고 참된 안식을 주시는 예수님입니다. 모든 사람들에게 마음과 영혼의 안식, 또 기쁨을 주는 교회가 되기를 바랍니다. 이렇게 되면 지금 멀어져 가는 우리의 마음도 교회를 사랑하고 심신이 피곤하고 괴로울 때 안식을 찾으러 교회로 올 것입니다.

5) 예수님과 사랑의 만남이다

묵상 기도는 예수님과 사랑의 만남입니다. 사랑하면 보고 싶어지고 만나고 싶어집니다. 또 만나면 즐겁고 많은 이야기를 나누게 되며 시간 가는 줄도 모를 것입니다. 우리가 예수님을 믿고 사랑한다면 그 증거는 예수님과 함께하는 시간이 많아진다는 사실입니다.

마가복음 3장 13절에, 예수님은 제자들을 세우면서 먼저 자기와 함께하기 위해서 전도와 귀신을 쫓는 권능을 주셨다고 하셨습니다. 제자를 세우신 목적이 전도나 귀신을 쫓는 것이 우선이 아니라, 예수님과 함께하는 것이라고 하신 말씀은 의미심장합니다. 자기와 함께하지 않으면 어떤 일도 할 수 없기 때문입니다. 주의 이름으로 귀신을 쫓아냈다고 자랑할 때 예수님께서는 그들을 불법을 행한 자라고 책망하셨습니다. 그 이유가 뭘까요?

그들은 예수님과 함께하는 것보다 자기의 이름을 위해서 능력을 행하였다고 봅니다. 주님이 우리를 택하신 이유도 제자들을 택한 이유와 같을 것입니다. 먼저 주님과 함께하는 것이 무엇보다 중요함을 알아야 합니다. 우리는 예수 믿으면 교회에 나오고, 그리고 예배드리고 헌금하고 전도해야 한다고 생각합니다.

그러나 예수님과 함께하는 것을 배우지 않으면 그 어떤 것도 바르게 할 수 없습니다. 전도를 많이 했다고 자랑합니까? 교회를 지었다고 자랑합니까? 아니면 주의 이름으로 병을 고치고 귀신을 쫓았다고 자랑할 것입니까.

저는 신학교에 다닐 때 많은 병자를 고치셨던 고 현신애 권사님 집회에 참석해 보았습니다. 그분은 많은 병자에게 안수 기도를 하며 불치의 병을 많이 고쳤습니다. 그런데 그분이 한번은 잠을 자면서 꿈을 꾸었다고 합니다. 그때 예수님을 만나서 자기는 현신애 권사라고 하면서 주님께 인사를 드렸다고 하였습니다. 그런데 예수님은 자기를 알아보지 못하더라는 얘기였습니다.

그 꿈을 꾸고 난 후에 현신애 권사는 자기의 잘못이 무엇인지 깊이 회개하였다고 합니다. 그 후에 그는 더 겸손하게 병자를 고치고 어려운 사람을 도와주는 등 좋은 일을 많이 하였다고 들었습니다.

꿈이라서 우리가 다 믿을 필요는 없지만, 우리에게 주는 교훈은 크다고 할 수 있습니다. 우리가 보는 눈과 주님이 보시는 관점은 분명히 다릅니다. 아무리 우리가 주님을 위해 큰 교회를 건축하고, 헌금을 많이 하고 남을 도와주었다고 자랑해도, 우리 주님과 함께하지 않았다면 주님은 우리를 책망하실 것입니다.

보통 주일을 잘 지키고 헌금도 잘하고 전도도 잘하면 일등 교인으로 인정합니다. 성도라면 당연히 이런 것도 잘해야 합니다. 그러나 가장 중요한 것은, 예수님과 함께하는 삶을 배워야 합니다. 예수님과 함께한다면 이런 것은 말하지 않아도 다 잘하게 될 것입니다.

사실 우리 성도들이 예수님을 사랑한다고 하면서도 예수님과 한 시간도 함께하지 못하는 경우가 너무 많습니다. 우리 속에 예수님의 사랑이 없다는 증거가 아닐까요? 바리새인들이 하나님을 믿는다고 하면서도 예수님을 미워하고 죽이려 한 것을 보시고 예수님은 너희

속에 하나님 사랑이 없다고 말씀하셨습니다.

우리도 모든 일의 우선순위가 예수님을 사랑하는 것이 되어야 하고 그럴 때 주님과 함께하는 성도가 되어야 합니다. 사랑하면 주님과 함께하는 시간을 많이 가질 것입니다. 그분이 좋아하는 것이 무엇인지 싫어하는 것이 무엇인지 알아볼 것입니다. 사랑하는 사람은 둘만의 은밀한 시간을 좋아할 것입니다. 골방에서 문을 닫고 그분과 은밀한 만남을 가질 것입니다. 그것을 골방의 기도라고 합니다.

우리는 예수님을 사랑한다고 하면서 너무 그분을 멀리하고 문 밖에 세워 둘 때가 많습니다. 지금부터라도 우리는 신랑 되시는 예수님과 사랑의 만남, 사랑의 생활을 하는 성도가 됩시다.

바리새인들은 늘 시끄러운 곳을 좋아했습니다. 사람들이 많은 시장 통이나 복잡한 거리를 찾았습니다. 거기서 사람들이 들으라고 크게 기도하였고, 성경을 큰소리로 외우고 금식하였습니다. 그러나 우리 주님은 조용한 시간만 있으면 하나님과 만남을 가졌습니다. 새벽 미명에 습관적으로 기도하셨고, 골방에서 하나님과의 은밀한 만남을 가졌습니다. 우리도 우리의 영원한 연인인 예수님과 은밀한 시간을 많이 가져야 합니다. 하루의 첫 시간을 주님과 만남으로 시작하여 저녁에 주님과 만남으로 마치는 아름다운 사랑의 삶을 살아야 합니다.

묵상 기도는 사랑하는 우리 예수님과 함께하는 것이고 사랑의 만남입니다. 이 만남을 날마다 계속하는 것이 묵상 기도입니다. 우리가 이 세상을 떠나 천국에서 예수님을 만날 때까지 계속 주님을 사랑함이 참된 사랑이 아닐까요? 여러분도 예수님과 깊은 관계를 맺어 주님과 영적인 결혼 생활을 하시기 바랍니다.

제3부 영성의 말씀

1. 3·1 운동과 한국 교회

"여러 해 후에 애굽 왕은 죽었고 이스라엘 자손은 고된 노동으로 말미암아 탄식하며 부르짖으니 그 고된 노동으로 말미암아 부르짖는 소리가 하나님께 상달된지라 하나님이 그들의 고통 소리를 들으시고 하나님이 아브라함과 이삭과 야곱에게 세운 그의 언약을 기억하사 하나님이 이스라엘 자손을 돌보셨고 하나님이 그들을 기억하셨더라"(출 2:23-25)

3월 1일은 대한민국 만세 운동의 기념일입니다. 세월이 지나도 뜻 깊은 날은 잊혀지지 않습니다. 우리 일생 중에도 큰 슬픔이나 감동적인 일은 잊혀지지 않습니다. 이처럼 해마다 나라에서도 3·1절 만세 운동을 기념하고 있습니다.

3·1절 만세 운동은 우리 기독교와 밀접한 관계가 있습니다. 독립선언서에 서명한 사람들이 33명인데 거기에 목사와 장로 그리고 기독교인들이 16명이라고 합니다. 절반이 교회에서 나왔다고 합니다. 이것만 보더라고 우리 성도들이 얼마나 나라를 위해서 큰일을 하였는가를

알 수 있습니다.

일본의 압제에서 우리나라를 독립시키는 데 우리 교회가 크게 앞장섰던 것입니다. 또 3·1절 만세 운동은 우리 한국 교회가 주동이 되어서 일어난 민족 운동이었습니다. 그때는 교회도, 교인도 아주 적을 때였습니다. 그런 때에 만세 운동이라는 엄청난 일을 했던 것은 지금 생각하면 기적과도 같습니다. 즉, 이 운동의 배후에 하나님이 역사하신 것을 알 수 있습니다.

우리가 잘 아는 유관순도 천안의 매봉교회에 다닌 여학생이었다고 합니다. 이 젊은 여학생의 마음에 나라 사랑의 뜨거운 마음을 넣어준 곳이 우리 교회였고, 우리 하나님이었습니다. 이 여학생을 통하여 온 나라와 민족의 가슴에 불같은 나라 사랑이 불붙었습니다. 그때 많은 교회가 불탔고, 많은 목사님들과 교인들이 죽임을 당하였고 투옥되었습니다. 3·1 만세 운동은 한국 교회가 나라를 위해서 한 가장 의미 있는 일이라고 봅니다. 그때 교회와 교인들은 하나님 사랑은 곧 나라 사랑이었고 민족을 사랑하는 것이었습니다.

한국 교회가 이런 운동을 하니까, 깨어 있는 젊은이들이 교회로 모여들었습니다. 그분들이 우리나라를 다시 세웠습니다. 이승훈, 서재필, 안창호, 윤치호, 조만식, 김구, 이승만 등 수많은 선각자들이 교회를 통하여 나라 사랑 운동을 하였습니다. 지금 우리 한국 교회와 성도들은 그때를 회상하면서 무엇을 위해 기도하고 살아야 하는지 깨달아야 합니다.

당시는 교회가 돈에 눈이 멀지 않았고, 권력이나 감투를 탐내지도 않았습니다. 작은 밀알 같았으나 밀알들이 땅에 떨어져 썩음으로 많은 열매를 맺었습니다. 교인이 많다고 큰일을 하는 것은 아닙니다. 지금 교회는 넘치고 교인들도, 교회 건물도 많고 웅장합니다. 돈이 없는 것도 아닙니다. 사람이 없는 것도 아닙니다. 그러나 참된 목자, 참된 성도가 없다는 것입니다. 세상의 소금이 되고 빛이 되는 성도가 없다는 것입니다.

이 나라가 일본에 강제 점령당했을 때, 하나님은 한국 교회 성도들의 기도를 들어주셨습니다. 이스라엘 민족이 애굽에서 부르짖듯이 적은 성도였지만 새벽마다 교회와 산, 그리고 집에서 나라 잃은 한을 하나님께 부르짖고 호소했습니다. 이 기도를 하나님은 외면하지 않으셨습니다. 그 기도의 소리가 작은 불씨가 되었습니다. 작은 불씨가 큰 화산이 되어 만세 운동이 온 나라를 덮었고 그 불길이 세계를 덮었습니다.

그때까지 세계 사람들은 대한민국이 어디 있는 줄도 몰랐습니다. 지도에도 우리나라는 일본 제국에 속해 있었습니다. 잊혀진 나라, 잊혀진 민족을 다시 찾는 사건이 3 · 1 만세 운동이었습니다. 미국과 영국 등 강대국들도 이 작은 나라에 손을 놓고 있을 때, 아무도 도우려 하지 않을 때, 만세 운동은 대한민국을 이 지구상에서 살아 있다고 크게 알린 사건이었습니다. 아무도 관심 없었던 대한민국의 독립을 알린 사건이 3 · 1 만세 운동이었습니다.

그리고 만세 운동은 하나의 기도 운동이었습니다. 이스라엘 민족은 애굽에서 종살이가 너무 괴로워 그 아픈 마음을 풀 수가 없어서 하나님께 부르짖었습니다. 애굽의 종살이에서 해방시켜 달라고 하나님을 찾았습니다.

기도는 아픈 마음을 가지고 하나님에게 풀어 놓는 것입니다. 그 기도를 들으시고 하나님은 숨겨 둔 모세를 불러내어 이스라엘 민족을 애굽에서 해방시키는 역사를 이루셨습니다. 우리 민족도 지금까지 고통과 아픔을 가지고 참고 참았습니다. 우리 민족은 아픔과 고통을 참는 것이 미덕인 줄 알고 수많은 환난과 아픔을 참아 온 민족이었습니다.

그런데 우리나라에 하나님의 복음이 들어와서 기도가 무엇인지 알게 되었습니다. 참고 울고 죽는 것만이 나라를 구하는 길이 아니라는 것을 알고 하나님께 부르짖는 법을 알았고, 무저항으로 독립 운동하는 법을 깨닫게 되었습니다. 민족의 해방이 무엇인지, 무지한 백성을 일깨워준 곳이 교회였고 하나님이었습니다. 5천 년간 강대국에 침략당하며, 나라를 빼앗기고, 종으로 팔려 가야 하는 신세가 되어도 운명이자 팔자라고 생각하며 살았던 이 민족에게 희망의 복음이 들어왔습니다.

너무 무지하게 살며 미신과 우상만 섬기던 이 민족에게 해방의 복음, 생명의 복음을 주신 하나님이었습니다. 사막에 오아시스 같았고, 가뭄에 단비가 내리는 듯했던 우리 하나님의 생명이 이 민족의 가슴에 불을 당겼습니다. 따라서 독립의 불, 자주의 불을 당긴 것이 바로 생명의 복음이었습니다. 그리고 한탄하며 하늘을 향해 원망만 하던 이 민족이 하늘을 향해 기도하였고, 무저항으로 만세를 불렀습니다.

이런 힘을 주신 분이 누굽니까? 이런 지혜를 주신 분이 누구입니까? 우리 아버지 하나님이었습니다. 불의에 항거할 줄 아는 힘을 주신 분이 누구입니까? 지금까지 숨었고 도망갔고 참기만 했던 이 민족에게 이런 정의의 뜨거운 불을 주신 이는 우리 하나님이었습니다.

그때 일본의 압제로 나라를 잃고, 말과 글을 잃고 그 울분을 풀 길이 없어서 자결하는 사람들도 얼마나 많았습니까? 한 많은 조국을 등지고 망명한 애국지사들도 얼마나 많았습니까? 이런 민족의 한과 아픔을 표현한 것이 3 · 1 만세 운동이었습니다. 이 운동은 하나님께 드리는 기도였고, 마음의 울분을 토해내는 민족의 활화산이 되어 터져 나온 통성의 기도였습니다.

하나님은 연약한 교회와 힘없는 민족의 기도를 외면하지 않으셨습니다. 온 나라 백성들이 한마음이 되어 독립을 위한 기도를 하나님께 올렸습니다. 그 기도가 바로 3 · 1 만세 운동이 되어 온 국민들의 가슴을 열고 대한 독립 만세를 하나님께 부르짖게 한 것입니다.

온 국민이 드린 기도는 하나님이 받으시고 응답해 주셨습니다. 그로부터 26년 후에 광복이라는 큰 선물을 하나님께 받게 된 것입니다. 이렇게 찾은 이 나라 이 민족이 지금 어디로 가고 있습니까? 한국 교회는 어디로 가고 있습니까? 돈과 영광만을 따라가는 한국 교회를 보시고 하나님의 마음은 어떠실지 생각해 봅니다. 우리 믿음의 조상들이 기도와 피눈물로 찾은 이 나라, 이 교회를 도둑의 소굴로 만들지 말아야 합니다. 한국 교회의 지도자들이여, 지금은 무릎을 꿇고 눈물로 회개해야 할 때입니다.

우리 성도들이 다시 한번 3 · 1 만세 운동 정신으로 돌아가야 합니다. 나라와 땅덩어리는 찾았으나 그 아름다운 정신과 영혼은 점점 잃어가고 있습니다. 교회의 순수함도 잃어가고 나라 사랑, 심지어는 이웃을 사랑하는 것도 보기 힘들게 되었습니다. 같은 민족인데도 서로 미워하고 물고 뜯는 정치계와 종교계가 이 민족의 현주소가 아닙니까? 같은 성도들끼리도 내 교단, 내 교회만 위해 서로 미워하고 싸우는 모습을 보시는 하나님의 마음은 얼마나 아프실까요?

지금은 깨어 기도하고 회개할 때입니다. 그래야 이 교회가 살고 이 나라가 다시 일어납니다.

2. 사순절에 십자가를 묵상하며

"이에 총독의 군병들이 예수를 데리고 관정 안으로 들어가서 온 군대를 그에게로 모으고 그의 옷을 벗기고 홍포를 입히며 가시관을 엮어 그 머리에 씌우고 갈대를 그 오른손에 들리고 그 앞에서 무릎을 꿇고 희롱하여 이르되 유대인의 왕이여 평안할지어다 하며 그에게 침 뱉고 갈대를 빼앗아 그의 머리를 치더라 희롱을 다 한 후 홍포를 벗기고 도로 그의 옷을 입혀 십자가에 못 박으려고 끌고 나가니라"(마 27:27-31)

사순절은 예수님의 십자가를 깊이 묵상하며 나의 삶을 돌아보는 기간입니다. 십자가에 달리시기 전 40일을 정하여 사순절이라 하여, 교회마다 특별 집회나 새벽 기도회 등 많은 행사를 합니다.

십자가는 기독교의 상징이요 교회의 표시가 되었습니다. 그러나 이 십자가의 큰 뜻을 깨닫고 사는 사람들이 너무 적습니다. 수많은 십자가 네온으로 밤을 밝히는 나라는 세계에서 보기 힘들 것입니다. 이것은 교회가 많다는 것이고, 교인들이 많이 있다는 증거입니다.

그리고 우리나라에 주어진 종교의 자유를 알려 줍니다. 이런 자유를 주신 하나님께 감사하고, 우리나라와 국민들에게도 감사해야 합니다. 외국 관광객들이 밤에 호텔에서 창문 커튼을 열면 붉은 십자가를 보고 놀란다고 합니다. 서울이나 부산에 많은 공동묘지가 있는 줄 알고 놀란다고 합니다. 그러나 또 아침에 일어나보면 공동묘지가 아니라 곳곳에 서 있는 교회들을 보고 놀란다고 합니다.

저는 목사로서 많은 십자가를 탓할 입장은 못 됩니다. 십자가가 아무리 많아도 그 십자가의 의미를 깨닫고 우리 성도들이 변하여 이 세상에서 빛과 소금이 된다면, 이보다 더 많으면 어떻습니까? 김구 선생님이 말씀하셨습니다. 경찰서를 열 개 짓는 것보다 교회 하나를 짓는 것이 낫다고요. 참 의미 있는 말씀입니다.

국민들을 통제하고 벌 주는 곳보다는 인간을 변화시키는 교회라면 이보다 많으면 어떻습니까? 그러나 현실은 그렇지 않습니다. 교회는 많고 교인 수는 많으나 이 세상의 소금은 없고 작은 빛도 보기 힘들기 때문입니다. 십자가는 예수님의 사형 형틀입니다. 그리고 사순절은 가장 부끄러운 형틀에서 죽으신 예수님을 묵상하는 기간입니다.

그 부끄럽고 수치스러운 형틀에서 예수님은 친히 못 박혀 피흘리고 처형을 당하셨습니다. 남을 죽인 형틀이 아니라, 자신이 죽은 형틀이 십자가입니다. 남을 죽이고 자기들만 살려고 발버둥치는 이런 세상에서 자기는 죽고 남을 살리는 형틀이 십자가입니다.

지금 세상의 관점에서 예수님은 가장 큰 실패자였고, 가장 어리석은 바보였습니다. 이런 바보가 어디 있습니까? 지금 세상은 이렇게 바보같이 살려는 사람은 없고 모두 다 성공하고 축복만 받기를 원하는 사람들뿐입니다. 이 십자가를 지고 이 좁은 길을 가려는 자들이 누가 있습니까. 다 넓은 길, 높은 길, 영광의 길만 찾아다니는 사람들뿐입니다. 예수님이 십자가에 달렸으니 우리는 구원받아 넓고 편한 길로 가야 한다고, 우리는 성공의 길로 가야 한다고, 이것이 축복이라고 십자가는 내팽개쳐버리고 말았습니다.

“나를 따라오려면 자기 십자가를 지고 자기를 부인하고 나를 따라오라”는 말씀은 너무 찾기 힘들어 버리고 말았습니다. 오직 성공과 출세, 건강과 성장만을 좇아 간 우리 교회와 성도들이 아닙니까? 예수님도 얼마든지 살 수 있었고 살 수 있는 시간도 있었습니다. 변명할 수도 있었습니다.

그러나 예수님은 그들의 계략을 알면서도 편한 길을 택하지 않으시고 험한 길을 택하셨습니다. 이것이 인류를 살리는 길이기 때문입니다. 하나님의 보좌를 버리신 하나님의 아들, 그분이 십자가에 못 박히셔도 아무도 그분을 따라 자기의 부귀와 편한 자리를 내놓을 생각을 안 하는 것이 지금의 교회요 성도들입니다.

한국 교회의 지도자들이 이번 사순절에 모두 겸손하게 내려앉아 보면 어떨까요? 몸소 실천하신 예수님처럼 비싼 승용차를 알맞은 차로 바꾸고, 높은 자리도 양보하고, 많은 연봉도 줄일 생각을 해보면 어떨까요? 그리고 십자가를 묵상하며 회개해 보십시오. 거기에 한국 교회의 살길이 있다는 사실을 알 것입니다.

그것이 십자가의 삶입니다. 그렇지 않고는 아무리 큰 이벤트를 해도 국민들에게 감동을 줄 수 없습니다. 무릎 꿇어 기도하고 소리쳐서 부르짖어도 십자가를 실천하기 전에는 그 기도가 하나님께 들리지 않을 것입니다.

예수님은 이방인들의 손에 죽지 않았습니다. 도리어 율법을 잘 지킨다는 제사장들과 바리새인들의 손에 무참히 죽으셨습니다. 지금도 예수님을 십자가에 다시 못 박는 것은 세상 사람들이 아닙니다. 바로 예수를 잘 믿는다는 우리가 예수님의 얼굴에 먹칠을 하고 예수님의 이름을 욕되게 하는 것이 아닙니까? 우리 교회 지도자들이 우리 성도들이 예수님의 얼굴에 먹칠하고도 회개할 줄 모르는 무심한 인간들이 아닙니까?

그때 십자가에 못 박은 유대인들이나 우리가 무엇이 다릅니까? 악랄한 율법주의자와 교권주의자들의 손에 무참히 짓밟힌 하나님의 아들이 아닙니까? 자기들의 눈에 들보는 볼 줄 모르고 남부터 정죄하던 그들에게 무슨 권면이 필요하며, 무슨 설교가 먹히겠습니까? 피도 눈물도 없는 율법에 눈이 멀어, 천하보다 귀한 생명을 무참히 죽여 그들의 자리를 보전한 것입니다.

지금도 교권주의와 외식주의자들은 이 한국 교회를 멍들게 하고 있습니다. 십자가의 이름으로 우리는 얼마나 남을 정죄하고 마음을 아프게 하였습니까? 우리는 이제 이렇게 기도해야 합니다.

> 십자가의 이름으로 세상 사람을 정죄하였고, 우리와 생각이 다른 사람들을 정죄한 죄를 용서하여 주소서.
> 이 사순절, 우리 교회와 성도들이 주님과 함께 십자가에서 죽는 체험을 하게 하소서.
> 그리고 이 나라 이 민족을 끌어안고 기도하고 사랑하는 교회가 되게 하소서.
> 그들이 돌을 던지면 그 돌을 맞아 죽으면서도 용서하고 사랑하게 하소서.
> 스데반 집사같이 죽으면서도 천국에 계신 주님을 볼 수 있게 하소서.
> 이것이 십자가의 길이고 교회가 사는 길이 아닙니까.
> 주여! 우리의 죄를 용서하여 주소서.

3. 세례식과 성찬식

"그들이 먹을 때에 예수께서 떡을 가지사 축복하시고 떼어 제자들에게 주시며 이르시되 받아서 먹으라 이것은 내 몸이니라 하시고, 또 잔을 가지사 감사 기도 하시고 그들에게 주시며 이르시되 너희가 다 이것을 마시라. 이것은 죄 사함을 얻게 하려고 많은 사람을 위하여 흘리는 바 나의 피 곧 언약의 피니라"(마 26:26-28)

교회에서는 두 가지 성례전이 있습니다. 세례식과 성찬식을 말합니다. 천주교에서는 일곱 가지나 된다고 합니다. 그러나 우리 개혁교회들은 두 가지를 성례전으로 지키고 있습니다. 두 가지 다 예수님이 직접 행하신 것입니다. 세례식은 예수님이 친히 요단 강에 내려가서 세례 요한에게 세례를 받았습니다. 세례 요한은 예수님이 하나님의 아들이신 것을 알았기에 도저히 자기는 세례를 줄 수 없다고 사양했습니다. 그러나 예수님은 하나님의 의를 위해서 하는 것이 합당하다고 하시면서 그에게 세례를 받았습니다. 죄인들이 받아야 할 세례를 하나님의 아들이신 예수님이 받으셨다는 것은 참으로 큰 충격이 아닐 수 없습니다.

세상의 사람들은 높은 사람이 낮은 사람에게 주는 것이 상식입니다. 그런데 하나님의 아들이신 예수님은 죄인인 세례 요한에게 직접 세례를 받았습니다. 여기에서 예수님의 겸손하신 모습을 볼 수 있습니다. 세례는 겸손한 자만이 받을 수 있습니다. 세례 요한은 내가 예수님에게 세례를 받아야 하는데 어떻게 내가 주님께 세례를 줄 수가 있습니까 하고 사양한 것입니다. 그러나 예수님은 이것을 통하여 하나님의 영광을 나타낸다고 하셨습니다(마 3:15). 하나님의 의를 위해서는 죄인같이 낮아지신 예수님의 모습을 보고 우리는 무엇을 느끼고 있습니까. 좀 있다고 얼마나 교만하며 좀 안다고 우리는 얼마나 교만했습니까.

겸손한 자만이 받을 수 있는 것이 세례가 아닌가 생각합니다. 자기가 죄인인 것을 인정하고 예수님에게 머리를 숙이는 자만이 세례를 받을 수 있을 것입니다. 세례는 예수님을 믿으면 다 받아야 하는 것입니다. 진정으로 겸손한 자가 예수님을 믿을 수 있기 때문입니다. 베드로는 이렇게 말했습니다.

"너희가 회개하여 각각 예수 그리스도의 이름으로 세례를 받고 죄 사함을 받으라 그리하면 성령의 선물을 받으리니" (행 2:38).

세례가 이렇게 중요한 것을 말해 줍니다. 이 세례는 내가 회개하고 예수님을 믿고 죄를 씻음 받음으로 하나님의 자녀가 되었다는 표시라고 할 수 있습니다. 세상 사람에서 하나님의 자녀가 되는 것이 세례라고 할 수 있습니다. 그런데 세례를 너무 가볍게 생각하는 성도들이 있습니다. 자기가 언제 세례를 받았는지도 잘 모르는 성도들이 많다는 것은 세례를 잘 모르고 받았다는 것을 의미합니다. 세례는 세상 사람에서 하나님의 사람으로 태어나는 것을 말합니다.

또 하나님이 세례를 얼마나 기뻐하시는지 알 수 있습니다. 예수님이 세례를 받고 올라오실 때 하늘이 열렸습니다. 성령이 임하시고 하늘에서 소리가 났습니다. 이는 내 사랑하는 아들이요 내 기뻐하는 자라고 하였습니다(마 3:15-17). 예수님이 세례 받으실 때 우리 하나님은 너무 너무 기뻐하신 모습을 볼 수 있습니다. 우리도 세상의 죄를 끊고 회개하여 세례를 받으면 하나님은 너무 기뻐하실 것입니다. 이것을 보면 세례가 얼마나 중요한 예전인지 알 수 있습니다.

그리고 세례를 받았다고 다 된 것이 아닙니다. 세례 받고 집사가 되고 장로가 되면 다 되었습니까. 이제부터는 성찬식을 통하여 우리가 하나님 나라에 갈 때까지 생명의 떡을 계속 공급 받아야 합니다. 이스라엘 백성들이 광야에서 만나를 먹고 살았습니다. 하나님이 주신 만나를 먹고 그들은 광야에서 고난의 과정을 이겨 나가서 드디어 요단강을 건너서 젖과 꿀이 흐르는 땅으로 들어갔습니다. 광야 같은 이 세상에서 우리도 하늘에서 오는 산 떡이신 예수님의 살과 피를 먹고 마심으로 이 세상을 승리할 줄 믿습니다. 마지막에 젖과 꿀이 흐르는 영원한 천국이 우리를 기다릴 줄 믿습니다.

초대교회에서는 모이면 떡을 떼고 잔을 돌렸습니다. 우리도 이제부터 성찬식을 자주 하여 예수님의 살과 피를 먹고 마심으로 예수님과 관계를 계속 가져야 합니다. 세례는 영적으로 새로 태어난 것을 의미한다면 성찬식은 더 영적으로 주님과 연합하는 것이고 영적으로 자라게 하는 양식입니다.

우리 교회가 개혁하면서 이 성찬식을 많이 줄이고 말씀이 중심이 되다 보니 성찬식이 덜 중요시 된 것은 참으로 안타깝습니다. 성찬식도 직접 예수님이 행하신 예전이라 믿는다면 매주일 말씀과 함께 행하여야 할 줄 믿습니다. 지금 매주일 성찬식을 하는 교회들도 생긴다고 들었습니다. 앞으로 이런 교회가 더 많아지기를 기원해 봅니다. 이런 것은 참으로 좋은 현상이라고 생각합니다. 일 년에 한두 번 하는 교회들도 매주일 성찬식을 하여 더욱 주님과 하나 되고 영성이 깊어졌으면 합니다.

세례식은 평생 한번 받으면 됩니다. 그러나 성찬식은 우리가 살 동안은 천국에 갈 때까지 늘 행하여 예수님이 우리에게 주시는 사랑과 은혜를 받고 살아가야 할 것입니다. 예수님은 죽기 전에 사랑하는 제자들을 다 불러놓고 이 성찬식을 행하였습니다. 사람이 죽기 전 임종 시에 가장 중요한 말을 남깁니다. 예수님도 십자가의 죽음을 앞두고 사랑하는 제자들에게 가장 중요한 것을 남기고 싶었을 것입니다. 그것이 성찬식이 아닌가 생각합니다.

떡을 가지고 축복하셨습니다. 그리고 떡을 떼어 주시면서 "이 떡은 내 몸이라"고 하셨습니다. 이 말을 들은 제자들은 이것이 무슨 뜻인지 그때는 몰랐을 것입니다. 예수님이 주시니 그냥 받아먹었을 것입니다. 또 잔을 들고 감사기도 하시고 주시면서 "이 잔을 마시라 이 잔은 나의 피 곧 언약의 피라"고 하셨습니다. 이 잔도 마시면서 그들은 잘 몰랐을 것입니다. 아직 영의 눈을 뜨지 못한 그들에게는 너무 어려운 말이었을 것입니다.

그러나 그들이 십자가에서 죽으신 예수님을 보고, 부활의 주님을 만나고 그리고 성령의 은혜를 받은 다음에 최후의 만찬을 기억했을 것입니다. 그래서 모이면 떡을 떼고 잔을 마셨을 것입니다. 성찬식을 통하여 한 피 받은 한 형제로 서로 사랑하고 어려운 시험과 박해를 이겨 나갔을 것입니다. 그리고 이 떡은 예수님의 살이고 이 잔은 우리를 위해 흘리신 예수님의 피라고 고백하면서 마셨을 것입니다. 그러면서 그들은 이 성찬식을 행할 때마다 십자가를 상기하며 우리 같은 죄인을 위해서 죽으신 그 사랑을 체험하며 눈물을 흘리며 감격하고 회개했을 것입니다.

철없이 받아먹었던 성찬식의 떡과 포도주가 이제 주님의 사랑과 희생을 체험하는 예식이 되었을 것입니다. 성찬식은 하나의 의식이 아니라 예수님이 우리를 위해 자기의 생명을 주신 것입니다. 말과 글로는 아무리 표현해도 그 은혜를 표현할 수 없을 것입니다. 그러므로 몸소 떡과 포도주 잔을 주시면서 시청각으로 우리에게 가르쳐 주신 것이 아닐까 생각해 봅니다.

자기를 주시기 위해서 이 땅에 오신 하나님의 아들을 제자들은 나중에야 깨달았습니다. 우리도 마찬가지입니다. 철이 없을 때는 떡과 잔이 별 의미가 없었지만 이제 신앙의 철이 들면 이 떡과 이 잔은 예수님의 살과 피로 보일 것입니다. 예수님은 나를 위해 이렇게 찢으시고 피를 흘렸는데 우리는 그것도 모르고 내 욕심대로 산 것을 회개하게 될 것입니다.

떡과 잔은 예수님의 생명이었습니다. 자기의 생명을 온 인류를 위해 주신 것을 알아야 할 것입니다. 세상에서는 왕이나 교주들이 높임받고 백성들 위에 영광을 받고 삽니다. 어느 교주나 왕이 백성들과 신도들을 위해 자기의 몸을 주려 한 사람들이 있습니까. 작은 희생도 하기 싫어하는 그들 아닙니까. 도리어 백성들과 신도들을 이용해서 자기들이 영광 받고 높임을 받으려 하지 않습니까. 국민들을 죽이고 말 안 듣는 신도들을 죽여서라도 자기들은 호화판으로 살려고 하고 있습니다. 그러나 우리 주님은 우리를 위해 자기의 모든 것을 주기 위해서 오셨고, 십자가에서 살과 피를 주신 것입니다.

예수님의 생명을 먹고 마시면 우리도 예수님같이 변화되어야 할 것입니다. 거룩하고 깨끗한 피를 먹고 마시면 우리도 예수님의 마음으로 예수님의 정신으로 변해야 할 것입니다. 그래서 고린도전서 11장 28절에 성찬식을 먹을 때마다 자기를 살피고 그 후에 성찬식에 참여하라고 하였습니다. 우리는 자신을 돌아보고 나의 죄가 무엇인지 살펴야 합니다. 예수님같이 살지 못하고 내 뜻대로 산 것을 회개해야 할 것입니다.

주님은 자기의 생명까지 주셨는데 우리는 어떻게 살아왔는지, 교회에 잘 다니고 충성하는 집사고 권사며 장로라고 자랑하며 살고 있습니까. 주님은 자기를 주고 죽으려고 오셨는데 우리는 늘 받으려 했고 칭찬 듣고 싶어 했고 편한 자리만 찾지 않았습니까. 하나님보다는 사람에게 인정받으려고 교회에 나오지 않았는지 말입니다.

예수님의 생명을 받은 우리가 왜 이렇게 예수님은 닮지 않고 세상과 똑같이 살아가는지 한번 깊이 묵상해 봐야 할 것입니다. 겉 사람은 변한 것 같습니다. 집사도 되었고 권사도 되었고 장로도 되었습니다. 남이 봐도 거룩해 보이고 좋은 사람같이 보입니다. 그러나 속사람은 아직도 예수님을 닮기에 너무 먼 나를 발견해야 할 것입니다. 교회는 다니면서 서로 미워하고 욕심을 가지고 살았고 겉과 속이 다른 것을 회개해야 할 것입니다.

한국 교회를 보십시오. 주님은 우리 위해서 죽으셨는데 자기들끼리는 죽어라 싸우는 저들을 어떻게 보아야 합니까. 예수님이야 십자가에 죽었든지 말든지 거기에 관심은 없어 보입니다. 오직 자기들의 욕심과 높고 좋은 자리를 위해 계속 싸우자고 작정한 자들 같습니다. 그런

자들이 천국에 갈 수 있을까요. 그렇게 예수님의 이름에 먹칠을 하면서도 구원받았다고 자랑할 수 있습니까.

성찬식을 하면서 우리는 내가 어떻게 변해야 하는지를 알아야 할 것입니다. 내 속에 예수님의 생명이 있다면 이 세상보다 천국을 더 바라보고 살아야 할 것입니다. 천국의 소망을 가진 자들이 천국에서 어떤 평가를 하실지 생각을 하면서 살아가고 있습니까. 앞으로 주님의 나라에 가서 어떤 평가를 받을지를 생각한다면 우리는 이렇게 살지는 않을 것입니다.

천주교에서는 성찬식을 매주일 행합니다. 그리고 그들은 화체설이라 해서 성도들이 떡을 먹는 순간 떡은 예수님의 살로 변하고 포도주는 예수님의 피로 변한다고 합니다. 우리가 생각하면 좀 과장된 표현 같지만 성찬식을 너무 귀하게 여기다 보니 조금 오버한 것이 아닌가 생각합니다. 그러나 성찬식을 소중한 예식으로 여긴다는 것은 알아줘야 할 것입니다.

중세 유럽에서는 포도주를 만드는 사람들은 예수님의 피라 생각하고 포도를 가꾸고 포도주를 만들었다고 합니다. 그렇게 하다 보니 세계적인 와인을 만들게 되었고 유럽의 여러 나라들이 와인 생산국으로 유명합니다. 처음에는 교회에서 쓰는 포도주를 생산하다가 이렇게 유명한 와인을 생산하게 되었다는 것입니다.

지금까지 우리는 너무 성찬식을 소홀하게 생각하지 않았나 깊이 생각하고 고쳐야 할 것입니다. 여러 신학자들이 성찬식에 대해서 깊이 연구하고 성찬식의 중요성을 다시 일깨우고 있습니다. 앞으로 우리 모든 교회들이 성찬식을 일 년에 한두 번 하는 것으로 끝나지 말고 매주일 성찬식을 정착시켜서 예배의 중요한 자리를 차지하기를 바랍니다.

성찬식은 예수님이 직접 행하신 예전입니다. 그러므로 성찬식이 얼마나 중요한지 깨달아서 우리가 죽을 때까지 이 성찬식을 통하여 주님의 십자가의 사랑과 은혜로 변화 받아 이 세상에서 십자가의 증인들이 되었으면 합니다.

천주교는 너무 의식과 형식 중심의 예배를 드리고 있다면 우리는 말씀 중심의 예배를 드린다고 성찬식을 가볍게 생각한 것 같습니다. 균형 있는 예배를 위해서 천주교는 말씀을 더 준비하고 우리 개혁교회들은 성찬식을 예배의 말씀과 함께 행한다면 참으로 좋은 예배가 아닐까 생각합니다. 많은 교회가 성찬식은 시간이 너무 많이 걸려서 안 된다고 합니다. 그것은 교회에 맞게 준비하면 얼마든지 시간을 단축할 수 있습니다.

저는 이 성경 말씀을 묵상하면서 성찬식이 얼마나 중요한 예전인지 깨닫고 놀랐습니다. 이런 좋은 예전이 성경에 분명히 있는데도 사용하지 않았다는 것이 주님께 너무 죄송한 마음이 드는 것입니다. 주님의 십자가는 아무리 강조해도 부족할 것입니다. 그래서 사도 바울은 자기는 십자가 외에 자랑할 것이 하나도 없다고 고백하였습니다. 십자가의 역사와 성찬식은 우리 기독교만이 가지는 특별한 은혜입니다. 이런 주님의 뜨거운 사랑과 희생을 우리는 매주일 묵상하고 기억하여 이 십자가를 자랑하고 전도하는 우리가 되어야 할 것입니다.

입으로만 찬양하고 귀로만 들었던 주님의 십자가 사랑을 몸으로 체득함으로 더 큰 은혜를 체험하는 것이 성찬식입니다. 우리 교회의 예배는 누가 뭐래도 말씀을 듣는 것이 가장 중요합니다. 귀로는 말씀을 듣고 은혜 받고 우리의 몸으로도 주님의 사랑을 체득하는 성찬식이 되기를 기원합니다. 그래서 더 오랫동안 우리 속에 주님의 사랑과 은혜를 간직하여 이 세상에서 주님의 제자로 살아가는 성도들이 되었으면 합니다. 앞으로 이 성찬식의 깊은 뜻을 깨달아 주님과 하나가 되고 성도간에도 화평하는 역사가 일어나기를 기도합니다.

한국 교회의 위기와 하나님 나라

2012년 9월 5일 인쇄
2012년 9월 10일 발행

지은이 | 서우재
발행인 | 이형규
발행처 | 쿰란출판사

주소 | 서울특별시 종로구 이화동 184-3
TEL | 02-745-1007, 745-1301, 747-1212, 743-1300
영업부 | 02-747-1004, FAX / 02-745-8490
본사평생전화번호 | 0502-756-1004
홈페이지 | http://www.qumran.co.kr
E-mail | qrbooks@gmail.com
qrbooks@daum.net
한글인터넷주소 | 쿰란, 쿰란출판사

등록 | 제1-670호(1988.2.27)

책임교열 | 오완 · 홍다나

값 10,000원

ISBN 978-89-6562-336-6 93230